FACULTÉ DE DROIT DE POITIERS.

DES

QUESTIONS PRÉJUDICIELLES

EN DROIT ROMAIN ET EN DROIT FRANÇAIS.

THÈSE

PRÉSENTÉE A LA FACULTÉ DE DROIT DE POITIERS

POUR OBTENIR LE GRADE DE DOCTEUR

Et soutenue le 28 décembre 1872, à 5 heures du soir

DANS LA SALLE DES ACTES PUBLICS DE LA FACULTÉ

PAR

LOUIS ÉNOU

Né à Mirebeau (Vienne).

POITIERS

IMPRIMERIE DE A. DUPRÉ

RUE NATIONALE

1872

FACULTÉ DE DROIT DE POITIERS.

DES
QUESTIONS PRÉJUDICIELLES

EN DROIT ROMAIN ET EN DROIT FRANÇAIS.

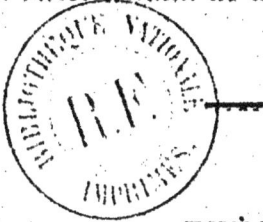

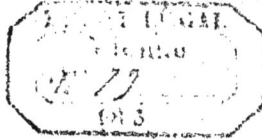

THÈSE

PRÉSENTÉE A LA FACULTÉ DE DROIT DE POITIERS

POUR OBTENIR LE GRADE DE DOCTEUR

Et soutenue le 28 décembre 1872, à 3 heures du soir

DANS LA SALLE DES ACTES PUBLICS DE LA FACULTÉ

PAR

LOUIS ÉNOU

Né à Mirebeau (Vienne).

POITIERS

IMPRIMERIE DE A. DUPRÉ

RUE NATIONALE

1872

FACULTÉ DE DROIT DE POITIERS.

MM. LEPETIT ✿, doyen, professeur de droit commercial.
BOURBEAU, C. ✿, doyen honoraire, professeur de procédure civile et de législation criminelle.
RAGON ✿, professeur de droit romain.
MARTIAL PERVINQUIÈRE, professeur de droit romain.
DUCROCQ, professeur de droit administratif.
ARNAULT DE LA MÉNARDIÈRE, professeur de Code civil.
LECOURTOIS, professeur de Code civil.
THÉZARD, professeur de Code civil.
LE COQ, agrégé, chargé d'un cours de droit pénal.
NORMAND, agrégé.

M. ARNAUD, secrétaire agent comptable.

COMMISSION.

PRÉSIDENT, M. THÉZARD.

SUFFRAGANTS, { M. LEPETIT, ✿, doyen,
M. DE LA MÉNARDIÈRE,
M. MARTIAL PERVINQUIÈRE, } Professeurs.
M. NORMAND, Agrégé.

MEIS ET AMICIS.

TABLE DES MATIÈRES.

DROIT ROMAIN.

DROIT FRANÇAIS.

DES QUESTIONS PRÉJUDICIELLES DEVANT LES TRIBUNAUX RÉPRESSIFS. — Généralités.

DROIT ROMAIN.

DES PRÆJUDICIA.

PRÉLIMINAIRES.

Nous nous proposons d'étudier les *præjudicia* sous les deux aspects principaux sous lesquels ils se présentent dans la législation romaine. En laissant de côté les sens plus ou moins éloignés qu'il faut attribuer à cette expression, le mot *præjudicium* désigne tantôt les questions préjudicielles: il est alors synonyme, sous la procédure formulaire, des mots *formula præjudicialis*, tantôt les *exceptions préjudicielles*, appelées aussi *præscriptiones præjudiciales* ou parfois *exceptiones præjudiciales*.

Cette identité d'expressions pour désigner deux choses différentes, les rapports qu'elles ont entre elles, nous ont conduit à comprendre dans une même étude les exceptions et les questions préjudicielles. Elles ont été si souvent confondues, on a cru découvrir entre elles une similitude ou tout au moins une si grande analogie, qu'il nous a semblé que les deux sujets gagneraient en clarté et en précision à être présentés dans un même travail; que de ce rapprochement ressortiraient mieux les rapports qu'ils pouvaient avoir, et surtout les différences capitales qui les séparent. Aussi, après avoir traité dans une première partie des questions préjudicielles (*præjudicia*), consacrerons-nous une seconde partie de notre travail à l'étude des exceptions préjudicielles, désignées aussi sous le nom de *præjudicia*.

PREMIÈRE PARTIE.

QUESTIONS PRÉJUDICIELLES.

———

SOMMAIRE.

I. 1. — Si nous ne consultions que les auteurs qui ont écrit avant la découverte du manuscrit de Gaïus, nous n'hésiterions pas à considérer les questions préjudicielles comme synonymes de questions d'état. Se fondant sur le texte des Instituts, où nous ne trouvons citées comme exemples de questions préjudicielles que des questions relatives à l'état des personnes, les Romanistes les plus autorisés n'ont voulu voir dans ces questions que celles relatives aux divers éléments du *status :* la liberté, la cité, l'ingénuité, la paternité, etc. Heineccius les définit : « *actiones quibus de statu disceptatur*, » et Doneau les caractérise ainsi : « *actiones ad statum personæ pertinentes*. »

La découverte du manuscrit de Gaïus, en nous révélant des questions préjudicielles d'une nature toute différente, est venue démontrer la fausseté des définitions données, et prouver aux jurisconsultes qu'il ne fallait pas chercher exclusivement dans les questions d'état les actions préjudicielles. Il cite en effet des questions préjudicielles relatives aux obligations, aux contrats ; le Digeste lui-même en citait un exemple n'ayant point trait à l'état des personnes (L. 30, *de reb. auct. j., D.*).

2. — Le *præjudicium* (synonyme de question préjudicielle) doit être considéré aujourd'hui comme une instance se présentant dans des conditions de fond et de forme toutes particulières, qui lui ont donné son nom en même temps qu'elles permettent de déterminer son caractère. Le *præjudicium* désigne le procès soulevé à l'occasion d'une question litigieuse dont la connaissance est portée au tribunal à l'effet d'obtenir une décision dont on ne veut actuellement tirer aucun profit, sauf, dans une instance postérieure, à s'en prévaloir pour fonder une demande ayant trait à des avantages pécuniaires.

3. — Souvent, en effet, il arrive qu'une personne, voulant réclamer l'exécution d'obligations, en vertu d'un titre qu'on lui dénie, fait statuer préalablement sur l'existence du titre dont elle se prévaut, sauf, plus tard, à lui faire produire les conséquences pécuniaires qu'il est destiné à donner : c'est ce qui a lieu, notamment, pour certaines questions d'état ayant pour objet des pouvoirs domestiques : puissance dominicale, paternelle ou de patron donnant droit à des avantages pécuniaires, mais qui, déniés par celui qui en est le sujet passif, donnent lieu à une demande préalable de la part de celui qui s'en prétend titulaire pour faire statuer exclusivement sur son droit, sauf à se servir, dans des procès ultérieurs, de la sentence préjudicielle rendue à son profit.

4. — La dénomination de *præjudicium* vérifie ce qui précède. L'étymologie (*præ judicare*) indique en effet une instance préalable, un procès portant sur une question ayant trait à d'autres procès : *Præjudicium est judicium præcedens quod ad sequentem disceptationem spectat*, dit un jurisconsulte.

5. — Toutefois n'exagérons pas la portée de ce qui précède, et, si cette connexité avec un autre procès est le caractère ordinaire des *præjudicia*, elle n'en est ni le caractère principal ni la

condition indispensable. Nous aurons à démontrer, au contraire, qu'il peut y avoir *præjudicium* sans qu'un autre procès soit connexe avec la question préjudicielle.

Le mot *præjudicium* ne désigne pas seulement l'ensemble de l'instance préjudicielle ; on désigne aussi par cette expression la sentence elle-même rendue sur une question de cette nature.

6. — Donc, dans la question préjudicielle, le but poursuivi par la partie qui le soulève, c'est d'obtenir la constatation judiciaire d'un droit, d'un fait dont elle espère plus tard tirer des conséquences : c'est un certificat judiciaire qu'elle réclame, auquel elle fera plus tard produire ses résultats. On voit par là combien il serait faux de vouloir limiter aux questions d'état les questions préjudicielles. Tout en reconnaissant que l'état des personnes donne lieu aux questions préjudicielles les plus nombreuses et plus importantes, il faut admettre ce caractère dans toute autre question portée en justice dans le but d'obtenir une sentence dépourvue de tout effet actuel pécuniaire ou susceptible d'être apprécié en argent, et qu'il importe de résoudre soit pour un autre procès actuellement intenté, soit pour une instance postérieure.

7. — La procédure employée pour les questions préjudicielles a varié avec les différents systèmes de procédure suivis sous la législation romaine, en même temps qu'elle a revêtu des caractères spéciaux dus à la nature même de ces actions. — Au temps des actions de la loi, le *sacramentum*, par la généralité de son application en même temps que par son mécanisme même, a dû se prêter à l'exercice des questions préjudicielles, quelle que fût du reste leur nature : Procédure de droit commun embrassant toutes les poursuites, celle de droits de créance comme celle des droits personnels, le *sacramentum* était pour ainsi dire préjudiciel lui-même : la sentence n'aboutissait pas directement à la reconnaissance du droit réclamé ; elle portait sur le *sacramentum*, qu'elle déclarait *justum vel injustum*, et résolvait ainsi préjudiciellement la question qui faisait l'objet vrai du litige. Or ce moyen dut d'autant mieux se prêter à l'exercice des questions préjudicielles que les parties, ne voulant pas obtenir une condamnation, se provoquaient à un *sacramentum* qui permettait de vérifier indirectement si le droit litigieux existait ou non, en déclarant le *sacramentum justum vel injustum*, sauf ensuite au magistrat à trouver dans l'autorité dont il était investi les pouvoirs suffisants pour faire exécuter les droits reconnus au dé-

mandeur, lorsque le *sacramentum* de ce dernier avait été déclaré
justum.

Aussi, lorsque la création des autres actions de la loi eut di-
minué la sphère du *sacramentum* et démembré sa compétence
générale, cette procédure antique fut néanmoins conservée
pour les questions préjudicielles : la *condictio* et la *judicis postulatio* ne pouvant se prêter à l'exercice des questions de cette
nature.

8. — La procédure *per sponsionem*, qui marque la transition
entre les actions de la loi et le système formulaire, servit probablement aux parties à faire statuer sur des questions préjudicielles : l'analogie entre le *sacramentum* et cette procédure permet du moins de le supposer. Il est probable, en effet, que la
procédure *per sponsionem* servit sinon pour toutes, du moins
pour un grand nombre de questions préjudicielles. N'était-il pas
naturel en effet, à une époque où les questions litigieuses
n'étaient tranchées qu'indirectement, où la solution qu'elles
recevaient n'était que la conséquence de la vérification du *sacramentum* ou de la *sponsio*, que l'on recourût à ce moyen, alors que
les parties ne voulaient obtenir que la constatation préalable d'un
droit, sans espérer aucune condamnation ? Aussi, lorsque, incidemment ou préalablement à une instance, s'élevait une question dont la solution formait un élément nécessaire au procès,
les parties, soit spontanément, soit sur l'ordre du magistrat,
lorsque celui-ci le jugeait à propos, se faisaient-elles des *sponsiones* réciproques, dont la vérification aboutissait indirectement
à faire statuer sur la question préjudiciellement soulevée.

9. — Cette procédure *per sponsionem* avait servi d'intermédiaire entre la procédure formulaire et la procédure des actions
de la loi pour les réclamations de droits réels; elle était alors
simplement *præjudicialis; pœnalis*, au contraire, lorsqu'il s'agissait de droits de créance. Il semblerait donc que les questions
préjudicielles relatives à l'état des personnes dussent passer, eu
égard à leur analogie avec les droits réels, par la même filière
que ces derniers, c'est-à-dire du *sacramentum* à la procédure
per sponsionem : il n'en fut rien. Les questions préjudicielles
relatives à l'état des personnes passèrent directement de la procédure de l'action de la loi à la *formula præjudicialis.*

10. — Lorsque en effet la procédure formulaire eut remplacé celle des actions de la loi, que la formule put, dans une de
ses parties, contenir la mention même du droit invoqué par le

demandeur, qu'en un mot l'*intentio in jus* fut créée, une formule spéciale fut imaginée pour l'exercice des questions préjudicielles : nous n'en trouvons pas d'exemple dans les textes; nous savons du moins par eux la composition même de sa rédaction.

11. — A la différence des autres formules, qui pouvaient contenir jusqu'à quatre parties distinctes, l'*intentio* seule, partie vitale de toute formule, composait la *formula prœjudicialis*. « *Aliquando intentio sola invenitur, sicut in prœjudiciis formulis.* » Les pouvoirs du *judex* se trouvant indiqués dans la formule, il s'ensuivait que, la *formula prœjudicialis* ne contenant point de *condemnatio*, le *judex* n'avait ici qu'à constater le droit indiqué dans l'*intentio*, sans avoir ni condamnation ni adjudication à prononcer. Aussi la sentence prononcée en vertu de la formule préjudicielle prenait-elle spécialement le nom de *pronuntiatio*.

12. — La rédaction de cette formule, singulière au premier abord, n'était que la conséquence logique de la nature même de la question posée, et n'était telle que par application des principes mêmes régissant la *conceptio* des formules : rien en effet n'y était laissé à l'arbitraire du préteur. Étant donnés la nature du droit, le but poursuivi par le demandeur, on pouvait en déduire sans peine la *conceptio formulœ*. Suivant que le droit poursuivi est réel ou personnel, l'*intentio* est, en principe du moins, *in rem* ou *in personam*; et, si parfois la corrélation entre la *conceptio* de la formule et la nature du droit n'existe plus, cette dérogation s'explique encore par la nature toute spéciale de l'action à laquelle le préteur obéit encore, même en abandonnant les règles ordinaires. Dans les questions préjudicielles un droit, un fait à vérifier : c'est le seul objet de la demande; partant, point de démonstration; la reconnaissance ou la constatation de l'existence ou de la non-existence du titre, voilà le résultat auquel on tend : point de *condemnatio*, par conséquent. Composée simplement de l'*intentio*, la *conceptio* de la formule *prœjudicialis* trouve donc son explication dans la nature même de la demande.

13. — Nous ne voulons pourtant pas conclure de là que toute question se présentant sous cette forme ne peut jamais donner lieu à une condamnation. Mais dans les hypothèses où le demandeur ne se contentait pas de la vérification du titre, mais voulait, dans l'instance même, lui faire produire des conséquences, alors

la formule se complétait et devait comprendre une *condemnatio*.

14. — La construction même de la *formula præjudicialis* vient ajouter une nouvelle preuve à celles que nous avons fournies sur la nature même des questions préjudicielles. Nous les avons montrées avec ce caractère distinctif qu'elles n'aboutissent pas à une condamnation, mais à la simple constatation judiciaire d'un droit dont on se prévaudra dans un autre procès soit déjà engagé, soit à intenter plus tard ; le défaut de *condemnatio*, dans la *formula præjudicialis*, vérifie suffisamment l'exactitude de ce caractère.

15. — Quoique composée d'une seule partie principale, la *formula præjudicialis* n'exclut pourtant pas toute autre partie accessoire *(adjectio)*, et notamment les exceptions. Toutefois la nature même des questions préjudicielles produit ici encore des conséquences et restreint singulièrement le nombre des adjections susceptibles de trouver place dans la *formula præjudicialis*. En général, les exceptions introduites dans les formules peuvent aboutir à l'un ou l'autre des effets suivants : à l'absolution du défendeur, si le fait invoqué par le demandeur se trouve infirmé, paralysé par un droit équivalent allégué par le défendeur dans l'exception et que le *judex* aura constaté, ou à faire diminuer la condamnation. Dans la *formula præjudicialis*, le seul effet que puissent produire les exceptions, c'est de faire absoudre le défendeur, l'exception ne pouvant évidemment porter que sur l'*intentio*, puisque la *condemnatio* fait défaut.

16. — Les autres *adjectiones*, et notamment les *præscriptiones*, pouvaient aussi être insérées dans la formule préjudicielle. Toutefois nous pourrons constater que la nature même des causes, se présentant sous la forme d'une question préjudicielle, rendait inutile le plus souvent l'insertion de ces *præscriptiones* et surtout des *exceptiones* ou *præscriptiones præjudiciales* : souvent, en effet, la *formula præjudicialis* était donnée à l'occasion d'une *exceptio præjudicialis* insérée dans une autre formule.

17. — Lorsque la *procédure extraordinaire* eut complétement supplanté la procédure formulaire, les actions préjudicielles, tout en conservant leur nature intrinsèque, se présentèrent sous la même forme que toutes les autres actions, et furent portées désormais devant le magistrat, cumulant les rôles autrefois distincts du magistrat et du *judex*. Mais, ici encore, elles n'aboutirent point à des condamnations, car, même sous ce système de procédure, on les définit encore, comme au temps de Gaïus, les actions dans lesquelles l'*intentio* seule existe : « Ἐστὶ τόπος ἀπὸ ἱντιντίωνος μόνας συγκείμενος, οὐδὲ γὰρ ἔχει καταδίχον ἐν ἑαυτῇ » (Théophile Paraph., Inst., § 13, *de act.*).

18. — *Præjudicium*, telle est la dénomination par laquelle les textes désignent les questions préjudicielles. D'où vient cette expression ? L'étymologie elle-même va jeter un nouveau jour sur le rôle de la question préjudicielle. *Præjudicium* n'a pas, en droit romain, un sens bien précis : c'est ainsi que, prenant cette expression pour titre de notre travail, nous sommes amenés à traiter de deux questions n'ayant entre elles que des rapports éloignés : les questions et les exceptions préjudicielles ; encore cette expression reçoit-elle de nombreux sens différents que nous devons laisser de côté. *Præjudicium* vient de *præ judicare ;* il désigne ici une instance particulière n'aboutissant qu'à la constatation préalable d'un droit, mais en vue d'une autre instance soit déjà engagée, soit à intervenir. On donne aussi cette dénomination aux exceptions et aux prescriptions préjudicielles ; il désigne aussi parfois des preuves ; on l'applique enfin pour désigner un préjugé sur une affaire, un obstacle à une nouvelle instance (1). Ces significations si différentes n'ont pas peu contribué à obscurcir la matière des *præjudicia* et à faire admettre des erreurs les plus grossières sur la nature même du *præjudicium*. La plupart des auteurs, en effet, s'attachant exclusivement à l'une ou à l'autre de ces significations, la prenaient pour base exclusive de la théorie qu'ils construisaient sur cette donnée, sans s'apercevoir qu'ils laissaient de côté des aspects complétement différents sous lesquels se présentaient les *præjudicia*.

Aussi, pour découvrir l'étymologie du mot *præjudicium*, laissons de côté les sens dérivés qui, plus tard, ont été donnés à cette expression. Le *præjudicium* a désigné, à l'origine, une instance particulière (*judicium præ*), puisqu'il est devenu le nom de certaines formules sous la procédure ordinaire. Or, cette instance désignée n'est autre qu'un procès préalable, connexe avec une autre question déjà soumise aux tribunaux, ou qui, plus tard, pourra donner lieu à un procès. Ici, rien de commun entre le *præjudicium* ainsi interprété et les significations qui précèdent. Or, de même que souvent on donne le nom de *judicium* non-seulement à l'ensemble de procédure, mais aussi à la sentence à laquelle elle aboutit, de même on a aussi, restreignant un peu le

(1) Dirksen, *Manuale*, v° *Præjud.*

sens propre du mot *prœjudicium*, désigné par cette expression
la sentence préalable, le jugement préjudiciel; de là à signifier
les preuves employées, le préjugé établi, la somme due dans
l'instance, il n'y a qu'un pas.

Mais la nature même des causes qui ont fait l'objet des formules préjudicielles vient confirmer le sens principal, conforme
à son étymologie, que nous donnons au mot *prœjudicium*. Entre
elle et cette dénomination, il y a corrélation parfaite; la plupart
en effet, n'aboutissant actuellement à aucune condamnation,
n'étaient soulevées qu'en vue d'une autre instance. En réalité, la
plupart des *prœjudicia* étaient vraiment des instances préalables
(*judicia prœjudiciis*); la même dénomination s'appliquait cependant aux instances n'ayant aucun lien avec les autres procès;
il est vrai que plus tard ils pouvaient produire des conséquences.

Ainsi, pour nous, le sens propre du mot *prœjudicium* est de
désigner une instance entière, le plus souvent se présentant
d'une manière connexe à une autre; mais ce n'est pas là un
caractère indispensable. Et spécialement, sous la procédure formulaire, où le mot *prœjudicium* est synonyme de *formula prœjudicialis*, nous ne pourrions sans erreur appliquer à ces expressions
l'idée d'un jugement rendu ou de l'effet produit par la sentence,
c'est-à-dire l'établissement d'un préjugé.

19. — Nous pouvons dès maintenant établir la ligne de démar-
cation qui sépare les *prœjudicia* ou questions préjudicielles (premier objet de cette étude), des *prœjudicia* ou exceptions préjudicielles, dont nous nous occuperons dans une seconde partie.

Vouloir fonder sur une dénomination commune une similitude
complète entre ces deux faits juridiques serait admettre la plus
fausse théorie. Pourtant certains auteurs n'ont pas reculé devant
cette assimilation, et ont admis entre les questions et les exceptions préjudicielles la plus étroite affinité, repoussant la dénomination de *prœjudicium* pour toute instance qui ne se présenterait pas préalablement à une autre, et l'accordant au contraire
à toute question soulevée préalablement à une autre. Puis, se
fondant sur une étymologie commune, le *prœjudicium* employé
pour désigner les exceptions préjudicielles n'aurait ici encore
été employé que parce que le but des exceptions préjudicielles
serait de prévenir un préjugé sur une question connexe. Erreur
quant aux mots, erreur quant au fond des choses: voilà le caractère de cette théorie. Que, le plus souvent, les formules préju-

dicielles aient trait à une question connexe, nous ne le nions pas. Bien plus, que la plupart des questions se présentant sous l'apparence de la *formula præjudicialis* soient soulevées en vertu de l'insertion d'une exception préjudicielle dans une formule, ceci est encore certain; car les questions d'état, qui forment le plus souvent l'objet des formules préjudicielles, sont, en effet, au nombre des *causæ majores*, « *quibus non oportet per minorem causam præjudicium fieri.* » Mais à cela se bornent les rapports entre les questions et les exceptions préjudicielles. Le caractère propre des actions préjudicielles ne se trouve pas dans cet effet de faire obstacle à un préjugé qui serait établi par une *causa minor*. Ce n'est pas là que se trouve l'origine de leur dénomination; autrement il faudrait comprendre sous le nom de *præjudicia*, désignant les actions préjudicielles, non-seulement les questions préjudicielles, que nous allons étudier, mais encore la *rei vindicatio*, la *petitio hereditatis*, etc.

20. — Allons au fond des choses, et les questions préjudicielles se séparent des exceptions préjudicielles non-seulement quant à la forme (les premières se présentant comme questions directes, principales; les secondes, accessoirement à une autre instance, et sous la forme d'une *exceptio* ou d'une *præscriptio* insérée dans la formule); mais encore, la plupart des questions faisant l'objet d'une formule préjudicielle sont de celles auxquelles une *causa minor* ne doit pas apporter de préjugé; l'exception préjudicielle pourra même provoquer la demande d'une *formula præjudicialis*. Tout intéressé peut réclamer la *formula præjudicialis*, et faire trancher ainsi une question litigieuse dont la solution n'aboutira actuellement à aucun résultat pécuniaire. Si donc la formule préjudicielle ainsi demandée n'a pour objet qu'une *causa minor*, mais dans des conditions telles que la sentence à laquelle elle aboutira établira un préjugé sur une *causa major*, le défendeur peut réclamer l'insertion dans la formule préjudicielle d'une *exceptio præjudicialis*: la *formula præjudicialis* contiendra alors une *exceptio præjudicialis.*

Ce n'est pas le seul moyen qui lui est laissé: il pourra lui-même, pour cette *causa major*, réclamer une formule pour faire statuer sur la *causa major* avant que la sentence n'intervienne sur la *causa minor*. Le résultat sera le même que s'il eût fait insérer une *exceptio præjudicialis*, soit quant aux effets de la sentence, ce qui est évident, soit quant au rôle des parties. Celui qui était demandeur dans la *causa minor* se trouvera aussi demandeur dans la *formula præjudicialis* réclamée par le défendeur pour la *causa major*. Nous aurons plus loin l'occasion d'établir ce point.

On voit par là que nos formules préjudicielles peuvent servir parfois à remplacer l'insertion de l'exception préjudicielle. A cela, il faut limiter les rapports existant entre la formule et l'exception préjudicielle.

II. 21. — En expliquant la forme même sous laquelle les questions préjudicielles étaient portées devant les tribunaux, nous avons en partie déjà déterminé le caractère de ces questions. Le premier que nous ayons découvert, c'est qu'elles repoussent toute condamnation; nous entendons par là que la constatation du fait ou du droit lui-même, considéré *in abstracto*, sur lequel porte le litige préjudiciel, ne peut par elle-même engendrer aucune condamnation pécuniaire : il est ou il n'est pas, voilà tout. Le rôle du *judex*, sous la procédure formulaire, ne sera donc pas d'obéir à la *condemnatio, absolvendo vel condemnando* : son rôle se bornera à une simple *pronuntiatio*. Quant au droit ainsi constaté, il pourra plus tard servir de base à des réclamations pécuniaires.

22. — Les premières causes qui ont donné naissance aux questions préjudicielles sont, eu égard à leur importance, les questions d'état, c'est-à-dire celles qui avaient pour objet l'un des éléments du *status* : la liberté, la cité, la famille.

Toutefois les questions d'état ne se présentaient avec le caractère de questions préjudicielles que dans les hypothèses où le demandeur ne voulait en tirer actuellement aucune conséquence pécuniaire, sauf plus tard à fonder sur le droit judiciairement constaté des réclamations d'argent ou de services.

23. — Les questions d'état n'étaient pas les seules questions préjudicielles. Dès l'origine, nous en trouvons d'autres dont le but était de faire constater l'existence d'un fait dont on voulait tirer parti pour faire anéantir certaines réclamations : c'est ainsi que Gaïus nous cite le *præjudicium an prædictum sit*. Nous en trouverons d'autres exemples.

24. — La plus importante, et celle qui à tous égards mérite d'être étudiée la première, est assurément la *causa liberalis*. Sous cette expression deux hypothèses sont comprises : celle où une personne, esclave de fait, réclame la qualité d'homme libre qu'elle prétend lui appartenir (*proclamatio ad libertatem*), et celle où une personne est réclamée comme esclave par celui qui s'en prétend propriétaire.

25. — La première forme de procédure employée pour la *causa liberalis* fut, sous les actions de la loi, et d'après la loi des Douze-Tables, la procédure du *sacramentum*. Entre la *causa liberalis* et la réclamation d'un *jus in re*, l'analogie est saisissante. La procédure s'en ressentit ; elle fut la même que pour les actions *in rem*. Les parties, en effet, se présentant devant le magistrat, procédaient à la *manuum consertio*, à la *vindicatio*, se provoquaient au *sacramentum*, comme pour toutes les autres actions *in rem*. Le tribunal compétent était, si l'on doit en croire Cicéron, le tribunal permanent des *décemvirs*. La réclamation de la liberté n'était pas faite par le demandeur lui-même, mais par un *assertor libertatis* ; une constitution de Constantin avait pris des précautions pour que le défaut d'*assertor* ne fît pas obstacle à l'exercice do *judicium liberale* (1). Dès l'époque de la procédure des actions de la loi, cette instance est traitée plus favorablement que les autres, *libertatis causa*. Contrairement au principe que personne ne peut agir « *nomine alieno* » par une action de la loi, une exception avait été admise pour la *causa liberalis ;* le *sacramentum* y était toujours du taux le plus faible : cinquante as. Bien plus, d'après Ulpien, lorsqu'un individu en état de servitude ne voulait pas, par une coupable obstination, revendiquer la liberté à laquelle il avait droit, il était permis à toute personne d'exercer la *proclamatio ad libertatem* en son nom : « *Quibusdam personis dari licentiam pro eo litigare, in hoc casu æquum visum est* (2). »

26. — Lorsque la procédure formulaire eut supplanté celle des actions de la loi, la *causa liberalis* ne suivit pas les mêmes phases que les autres actions appartenant au domaine du *sacramentum* pour passer d'une procédure à une autre. Les actions dont l'exercice se poursuivait en justice par la procédure du *sacramentum*, du moins celles qui lui restèrent après la création de la *judicis postulatio* et de la *condictio*, donnèrent lieu d'abord à la procédure *per sponsionem*. On transforma tous les droits réclamés en droits d'obligations ; la *sponsio* n'y était que *præjudicialis ;* le but poursuivi était de faire statuer *indirectement* sur la question soulevée. Nous ne trouvons aucune trace dans les textes de l'emploi de ce moyen intermédiaire pour la *causa liberalis ;* elle semble avoir passé sans transition de la procédure du

---

(1) C. Theod., l. 5, *de lib. caus.*
(2) D., *de lib. caus.*, l. 1.

sacramentum à la *formula præjudicialis*. On pouvait déjà conclure cette substitution directe du texte même des Institutes, qui, mentionnant (§ 13, *de act.*) les questions préjudicielles, indiquent la *causa liberalis* comme ayant une *legitima causa*. Que la *causa liberalis* n'eût pas donné lieu à une procédure *per sponsionem*, ceci s'explique facilement, surtout dans l'hypothèse d'une *proclamatio ad libertatem*. Comment estimer la liberté, quelle appréciation pécuniaire donner à la qualité d'homme libre, *res inæstimabilis*? Puis la procédure *per sponsionem* n'aurait, à proprement parler, offert aucun avantage que l'on ne pût trouver dans le *sacramentum*, qui était pour ainsi dire *præjudiciale*.

Nous savons combien était simple la rédaction de la *formula præjudicialis*. Appliquée dans le *liberale judicium*, elle ne présentait aucun caractère particulier. L'instance, toutefois, se trouvait modifiée dans sa marche par plusieurs dispositions exceptionnelles motivées par la faveur qui s'attache aux questions touchant à la liberté. C'est ainsi, notamment, que, dans l'hypothèse d'un partage entre les voix des *judices* appelés à statuer sur la *causa liberalis*, on se prononçait en faveur de la liberté, tandis que dans les autres instances c'était en faveur de l'absolution du défendeur. De même, les règles générales sur la théorie des preuves, sur les effets de la chose jugée, recevaient en cette matière quelques dérogations. Nous aurons occasion de parler plus loin des effets attribués à la sentence préjudicielle. Nous n'avons plus, pour compléter cette étude sur la *causa liberalis*, qu'à déterminer à qui, dans le procès, incombe la nécessité de fournir la preuve.

27. — A l'origine, soit sous la procédure des actions de la loi, soit sous la procédure formulaire, il appartint au magistrat de déterminer à qui incomberait la preuve dans le procès. Toutefois celui dont l'état était en question devait rester, en fait, dans l'état de liberté jusqu'à la décision de la question préjudicielle. C'est qu'en effet, si la formule déterminait au *judex* la question sur laquelle il devait statuer, elle laissait complétement en dehors les moyens de preuve et la marche de l'instance à observer pour aboutir à une décision, et les abandonnait à la volonté du *judex*. Il est vrai que la coutume et la jurisprudence avaient fini par introduire des règles juridiques sur ces points. C'est ainsi que fut admis le principe que le fardeau de la preuve incombe au demandeur; qu'à défaut de justification de la demande l'absolution du défendeur devrait s'ensuivre. Or l'application de cette règle présentait, notamment dans la *causa liberalis*, des difficultés qui tenaient

spécialement à la nature de la question, à la différence des autres instances, dans lesquelles les rôles des parties se dessinent de suite, l'un réclamant une condamnation, l'autre niant la prétention de son adversaire qui veut obtenir l'exécution d'un droit qu'il prétend avoir. Dans les questions préjudicielles, au contraire, ces deux rôles ne se présentent pas avec cette évidence : point de *condemnatio* à prononcer ; un fait, un droit à constater, voilà le seul résultat auquel on tende ; ni l'une ni l'autre des parties n'avait à subir de condamnation.

28. — Pourtant il y avait nécessité de déterminer, pour que le procès pût avoir lieu, le rôle de chaque partie dans l'instance : qui serait demandeur, qui serait défendeur. La règle appliquée pour les questions préjudicielles est déterminée dans la loi 12, *de exceptionibus*, au Digeste : « *Generaliter, in præjudiciis is actoris partes sustinet, qui intentionem habet secundum id quod intendit.* » Ainsi, celui-là sera demandeur dont la prétention sera conforme à la rédaction de l'*intentio* dans la formule préjudicielle.

29.— Rationnellement, ce principe se justifie complétement. Aucun texte, il est vrai, ne faisait au préteur une nécessité de rédiger ainsi la formule ; mais la nature même des choses le voulait ainsi. Lorsqu'en effet, une personne soulève une question qui donne lieu à une formule préjudicielle, l'*intentio* rédigée pour celle-ci doit l'être conformément à la demande du premier ; c'est à lui à fournir la preuve du fait à vérifier. Mais, remarquons-le bien, lorsque nous déclarons que l'*intentio* de la formule préjudicielle doit être rédigée conformément à la demande de celui qui, le premier, l'a soulevée, et que, par suite, c'est à lui qu'appartient le rôle de demandeur, nous voulons désigner par là non pas celui qui se sera adressé au préteur pour obtenir la délivrance de la formule préjudicielle, mais celui qui, le premier, a donné naissance à la question préjudicielle. Si l'on s'en référait exclusivement, pour déterminer les rôles des parties, à celui qui a demandé la formule, on aboutirait le plus souvent à donner le rôle de demandeur et à imposer la preuve à celui-là même qui doit être défendeur.

30.— Ce principe s'applique à toutes les questions préjudicielles en général ; nous n'avons ici qu'à présenter son application aux différentes hypothèses de la *causa liberalis*. Pour déterminer spécialement, pour le *liberale judicium*, à qui incombera la charge de la preuve, nous n'aurons donc pas à rechercher quelle partie a réclamé la première la formule : il faudra s'attacher à

celui qui, le premier, a soulevé la question. Or ceux-là seulement réclameront le titre d'homme libre qui sont en servitude;
et celui qui, de fait, sera en possession de sa liberté, n'aura
aucune action à intenter. Aussi les textes nous représentent-ils
comme défendeur celui qui, au moment où la question est
soulevée, se trouve *in possessione libertatis*, sans s'attacher à celui
qui, le premier, a demandé la formule préjudicielle : « *Si quis
ex servitute in libertatem proclamat, petitoris partes sustinet ;
si vero ex servitute in libertatem petatur, is partes actoris sustinet
qui servum suum dicit* (1). » Toutefois, conformément à ce qui
avait lieu à l'origine, celui dont l'état était en question devait
rester provisoirement *in libertate*.

, **31.** — Apportons toutefois un tempérament à cette règle : c'est
que le rôle de défendeur était refusé à celui qui se trouvait *par
fraude* en possession de l'état d'homme libre; aussi était-ce à
lui d'établir son titre d'homme libre. Cette possession d'état sera
exempte de dol lorsque l'esclave se croira libre, par exemple
s'il a été affranchi par un testament frappé de nullité et qu'il
croyait valable, ou lorsque, affranchi par celui qu'il croyait son
maître, il n'a tenu son affranchissement que d'un étranger. Plus
généralement, enfin, l'esclave sera considéré comme étant *in
possessione libertatis sine dolo malo* toutes les fois qu'il aura cru
de bonne foi, en s'appuyant du reste sur des motifs bien ou mal
fondés, qu'il avait la liberté, et, par suite, pour rejouer le rôle
de défendeur dans le *liberale judicium* : c'est d'après la situation
de l'esclave au moment de l'*in jus vocatio* que l'on déterminera
s'il est ou non coupable de dol.

32. — Aussi pourra-t-il arriver que, parfois, l'individu en
possession de l'état d'homme libre, inquiété, tourmenté par un
tiers qui le prétend esclave, ira lui-même au-devant du procès,
réclamera du *prætor* la délivrance de la formule *præjudicialis*;
néanmoins, sa possession de l'état d'homme libre lui vaudra le
rôle de défendeur, bien que ce soit lui qui ait réclamé la formule : « *Neque tamen vis illius qui se dominum contendit, ad
imponendum onus probandi servo prodest* (2). »

33. — La loi 21, C., *de liberali causa*, nous fournit une application singulière de ces principes qui nous permettra de les
mettre de nouveau en relief : « *Eam quæ in possessione libertatis*

(1) L. 7, § 5, D., *de lib. caus.*
(2) L. 15, C., *hoc tit.*

non sine dolo malo reperitur, in servitute constitutæ simile habere præjudicium, edicto perpetuo cavetur. Sed si controversia erit, utrum ex servitute in libertatem petatur an ex libertate in servitutem, sui conceptione manifeste probatur, nec quicquam juris ancillæ dolus propriis dominis aufert (1). » Comment sera rédigée la formule préjudicielle qu'on lui délivrera , si la question s'élève sur son état? En possession de l'état de femme libre, sans dol, elle eût joué le rôle de défenderesse. Or le dol dont elle s'est rendue coupable doit lui faire délivrer une formule semblable à celle qui serait donnée à l'esclave de fait, réclamant le titre de femme libre, c'est-à-dire une formule par laquelle on recherchera *num libera sit*, et dont la preuve devra être fournie par elle, conformément au principe posé plus haut dans la loi 12, Dig., *de exceptionibus*.

31. — La question préjudicielle se rapprochant le plus de la *causa liberalis* est celle où la formule a pour objet la qualité d'ingénu ou d'affranchi. La question se présente lorsque l'un se prétend le patron d'un homme libre qui lui-même prétend à l'ingénuité : l'individu est-il ingénu ou affranchi ? tel est l'objet de la question préjudicielle. Le plus souvent elle ne se présentera qu'à l'occasion de réclamations pécuniaires fondées sur le prétendu titre de patron que l'adversaire refuse au réclamant. La *causa liberalis* ressemblait beaucoup à la *vindicatio* d'un *jus in re* lorsqu'elle se présentait sous la forme d'une *petitio in servitutem* : ici la réclamation d'avantages pécuniaires fondés sur le titre de patron dont l'un se prétend titulaire et que l'autre lui dénie donne lieu à une action analogue, soit à l'*actio confessoria*, soit à l'*actio negatoria*. Aussi le patron pourra-t-il exercer une action contre celui qui se prétend être son affranchi; ce dernier pourra, de même, agir pour se faire reconnaître ingénu, si un tiers veut exercer contre lui les droits de patronage. La solution aboutira à faire reconnaître le demandeur patron ou à lui refuser ce titre.

La question peut aussi se présenter sous un autre aspect. Celui qui est *in libertinitate* peut, sans nier son titre d'affranchi, prétendre qu'il n'est pas l'affranchi de celui qui veut exercer les droits de patronage : ici encore question préjudicielle pour savoir si tel affranchi est ou non celui du demandeur.

33. — Le fardeau de la preuve incombera ici tantôt au patron,

_____

(1) L. 21, C., *de lib. caus.*

tantôt à l'affranchi. On distinguera, suivant que celui dont l'état est en question aura ou non la possession de l'état d'affranchi. Dans la première hypothèse, c'est à celui qui se dit patron à en fournir la preuve ; dans le second cas, ce sera au contraire à celui qui a la possession de l'état d'affranchi à établir le titre d'ingénu. Cette distinction est formellement fournie par la loi 14, D., *de probat.* : « *Circa eum qui se ex libertinitate ingenuum dicat, referendum est quis actoris partibus fungatur. Et si quidem in possessione libertinitatis fuit, sine dubio ipsum oportebit ingenuitatis causam agere, docereque se ingenuum esse; sin vero in possessione ingenuitatis sit, et libertinus esse dicatur (scilicet ejus qui ei controversiam movet), hoc probare debet qui eum dicit libertum suum. Quid enim interest servum suum quis an libertum contendat?* » Un autre texte d'Ulpien semble repousser cette distinction et poser en principe que c'est toujours au patron qu'il appartient de justifier son titre : « *Quotiens de hoc contenditur an quis libertus sit, sive operæ petantur, sive obsequium desideretur, sive etiam famosa actio intendatur, sive in jus vocetur qui se patronum dicit, sive nulla causa interveniat, redditur præjudicium. Sed et quoties quis libertinum quidem se confitetur, libertum autem Caii Seii se negat, idem præjudicium datur; redditur autem alterutro desiderante, sed actoris partibus semper qui se patronum dicit fungitur, probareque libertum suum ne esse habet, aut, si non probet, vincitur* (1). » Comment concilier ces deux textes ? Il est peu probable qu'Ulpien ait sur la même question professé deux opinions opposées.

36. — Dans la loi 14 *de probat.*, la question se présente plus simplement : il s'agit de savoir si celui que le demandeur prétend son affranchi, est ou non affranchi : or, suivant que l'état du défendeur sera l'ingénuité ou la libertinité, ce sera au patron ou à l'affranchi à fournir la preuve de sa prétention, la présomption étant toujours en faveur de l'état existant au moment de l'*in jus vocatio*. Remarquons toutefois que le plus souvent, pour ne pas dire toujours, la preuve incombera à celui qui se prétend patron, alors même que ce serait son adversaire qui aurait obtenu du préteur la *formula præjudicialis* sur la question *de libertinitate*. Celui qui est *in possessione ingenuitatis* n'a aucun intérêt à soulever cette question : il en est autrement du patron. Or, comme nous l'avons dit plus haut d'une manière générale ;

pour déterminer les rôles des parties dans les questions préjudicielles, nous ne nous attacherons pas exclusivement à celui qui le premier a réclamé la formule préjudicielle, mais bien à celui qui le premier a donné naissance au procès ; *qui princeps ordinandi præjudicii fuerit.*

Cette remarque, qui n'est que l'application de nos précédents développements, va peut-être nous permettre de concilier les deux textes.

37. — Dans la seconde loi, en effet, que suppose Ulpien ? Tout d'abord il s'agit de réclamations pécuniaires fondées sur un titre de patron qui est dénié, par le prétendu affranchi en possession de l'état d'ingénu, à celui qui prétend s'en prévaloir. Dans une seconde hypothèse, tout en se reconnaissant affranchi, l'adversaire prétend n'être pas l'affranchi de celui qui se dit son patron. Dans cette double hypothèse, même *præjudicium*; pas un mot de la question de preuve sur la première hypothèse. Pour la seconde : *Actoris semper partibus, qui se patronum dicit, fungitur ; probareque libertum suum necesse habet : aut, si non probet, vincitur.* Pourquoi donc ne pas établir de distinction entre le cas où le *præjudicium* a été demandé par le patron et celui où il a été réclamé par l'affranchi ? C'est que dans l'une et l'autre hypothèse c'est le prétendu patron qui a soulevé la question préjudicielle, et que c'est à cette circonstance exclusivement que nous attacherons le rôle de demandeur, indépendamment de la question de savoir quelle partie a demandé le *præjudicium* : à celui-là appartient, dans la question préjudicielle, le rôle de demandeur qui a provoqué son adversaire au *præjudicium.* Or dans les hypothèses prévues par la loi 6, c'est le patron qui avait soulevé le *præjudicium*, provoqué son adversaire pour faire statuer sur la question préjudicielle. Dans la loi 14, au contraire, le *præjudicium* soulevé par le patron lorsqu'il se prétend affranchi d'un homme libre en possession de l'état d'ingénu est, au contraire, soulevé par le prétendu ingénu lorsqu'il est en état de libertinité : de là le fardeau de la preuve incombant au patron dans le premier cas, à l'affranchi dans le second.

Nous compléterons l'étude de cette question préjudicielle, dans notre dernière partie, en recherchant les effets attribués à la sentence préjudicielle.

38. — Nous ne trouvons dans les textes aucune mention de question préjudicielle relative à la *civitas.* Il est probable cependant que parfois une personne pouvait, soit principalement soit accessoirement à une autre question, avoir besoin de faire trancher par une sentence la question de savoir si elle avait la qualité de citoyen ou de pérégrin. Cette question devait évidemment donner lieu à un *præjudicium*, et, sous la procédure formulaire, se présenter en instance sous la forme d'une *præjudicialis formula*, puisqu'il n'y avait que la constatation d'un droit à obtenir, aucune condamnation à prononcer.

39. — Gaïus cite, comme troisième question d'état donnant lieu à une *formula præjudicialis*, le *præjudicium de partu agnoscendo*. — A l'origine, lorsqu'un citoyen prétendait au titre de père sur un enfant, il agissait par le *sacramentum*, absolument comme s'il s'agissait d'une *vindicatio rei*; les formes employées pour l'adoption, pour l'émancipation, ont conservé la trace de cet ancien mode de procéder. « *Per hanc autem actionem liberæ personæ, quæ sunt juris nostri, utputa liberi, qui sunt in potestate, non petuntur; petuntur igitur, aut præjudiciis, aut interdictis, aut cognitione prætoria* (1)..... » Ce texte nous montre que la procédure formulaire mit à la disposition du père un moyen plus simple, la *formula præjudicialis*, permettant au *judex* de statuer directement sur l'existence de la paternité qu'il revendiquait. L'action en revendication ne pouvait s'appliquer aux enfants, à la différence de ce qui avait lieu pour l'esclave, parce qu'ils étaient toujours considérés comme des personnes; l'esclave, au contraire, était considéré, sinon absolument, du moins autant que soumis à la puissance du maître, comme une chose.

40. — Deux sénatus-consultes ont été rendus sur cette matière : le sénatus-consulte Plancien et un autre rendu sous le règne d'Adrien, qui, créés d'abord pour deux hypothèses spéciales, avaient plus tard reçu beaucoup d'extension.

Le sénatus-consulte Plancien, rendu antérieurement au règne d'Adrien, comprenait deux hypothèses : l'une concernant les personnes tenues de reconnaître un enfant; l'autre prévoyant le cas où la femme veut faire attribuer au mari sur l'enfant qu'elle a mis au monde une paternité qui ne lui revient pas.

Lorsqu'une femme avait divorcé et que, postérieurement au divorce, elle se prétendait enceinte, elle devait, dans les trente jours qui suivaient la prononciation du divorce, déclarer sa grossesse à son ex-mari pour le mettre en demeure de constituer des gardiens au ventre, afin d'éviter toute supposition de part; sinon

(1) L. 1, 1 3, D, *de rei vind.*

le mari pouvait refuser de reconnaître l'enfant, sauf plus tard pour celui-ci le droit d'établir sa filiation.

De même lorsque la femme avait accompli la double condition que lui prescrivait le sénatus-consulte Plancien, que le mari se taisait et ne constituait pas de *custodes ventris*, l'enfant était tenu pour fils du mari. Ce n'est pas à dire que l'état de l'enfant fût désormais à l'abri de toute contestation ; mais le silence du père, en présence de la déclaration de la femme, établissait une forte présomption en faveur de l'enfant, et lui donnait notamment le droit d'obtenir des aliments, jusqu'à ce que le mari eût triomphé dans un *præjudicium* intenté pour désavouer l'enfant de la femme divorcée.

A l'époque d'Adrien, cette matière fut l'objet d'un nouveau sénatus-consulte qui s'appliqua aux enfants nés *constante matrimonio* dont le mari voudrait désavouer la paternité en se fondant sur des motifs d'impossibilité physique, de cohabitation ou d'impuissance accidentelle.

Ces deux sénatus-consultes reçurent bientôt de la jurisprudence une plus grande extension, et c'est ainsi que les *præjudicia* qu'ils avaient créés purent aussi s'appliquer dans les cas où l'on recherchait si la naissance d'un enfant était antérieure ou postérieure à la dissolution du mariage, si celle qui avait mis l'enfant au monde avait ou non le titre d'épouse : extension contraire aux textes des sénatus-consultes, mais conforme à leur but : la paternité et la filiation.

41. — Les trois questions préjudicielles relatives à la liberté, à l'ingénuité et à la filiation reçoivent l'application d'une règle commune écrite dans la constitution 13, Code, *de liberali causa*. Cette constitution, due à Dioclétien et à Maximin, décide que l'état d'une personne défunte ne pourra plus faire l'objet d'une question préjudicielle, lorsqu'elle se présentera d'une manière principale.

Un édit de Nerva avait décidé qu'après l'expiration de cinq années à partir du décès, l'état du défunt ne pourrait plus être mis en question, lorsque l'on voudrait lui créer une condition pire que celle dans laquelle il est mort.

42. — A côté des questions d'état qui forment le domaine principal des questions préjudicielles, nous en trouvons d'autres indiquées dans Gaïus et qui, jusqu'à la découverte du manuscrit de Vérone, n'avaient pas été mises au nombre des *præjudicia*.

Gaïus (IV, 44) cite un *præjudicium quanta dos sit*. Les com-

mentateurs sont loin d'être d'accord pour définir ce *præjudicium*
et les circonstances dans lesquelles il pouvait se présenter. Une
première opinion y voit une question préjudicielle, qui aurait eu
pour but de faire déterminer le montant de la dot avant d'en
exiger la restitution. Cette première opinion nous semble inadmissible; nous ne comprenons pas l'utilité d'une pareille fixation
faisant l'objet d'une instance séparée de l'action en restitution.

Suivant d'autres auteurs, ce *præjudicium* concernerait les retenues que le mari pouvait faire sur la dot. Il aurait pu, en effet, se
présenter lorsque, l'action en restitution ne pouvant être intentée
et que le droit pour le mari d'exercer certaines retenues était
incontesté, le montant de la dot était indéterminé: ce *præjudicium* aurait eu pour but d'en amener la fixation par une instance principale et séparée, au lieu d'attendre l'exercice de l'action *rei uxoriæ* ou *ex stipulatu*. Quoique plus acceptable que la
précédente, cette seconde opinion ne nous semble pas devoir
être admise: quel intérêt pouvait avoir le mari, alors qu'il ne
pouvait exercer les retenues, sur lesquelles aucun doute ne s'é-
levait, à faire déterminer le montant d'une dot dont la restitution
n'était pas actuellement exigée?

43. — Nous croyons, au contraire, que le *præjudicium quanta
dos sit* pouvait se présenter dans deux hypothèses, alors que les
auteurs ont voulu restreindre son application à chacune d'elles,
sans l'appliquer à l'autre.

La première a lieu lorsqu'un parent de la femme, ayant promis
une dot au mari, a stipulé un terme pour en effectuer le payement, et en se réservant lui-même le droit de fixer la dot.
Lorsque le terme est échu, le mari a le droit de poursuivre le
constituant en payement de la dot par l'action *ex stipulatu*, qui
aboutira à la fixation de la dot *boni arbitrio viri* et au payement.
Mais, le terme n'étant pas encore échu, le mari, intéressé à connaître le montant de la dot qui lui sera payée, par exemple pour
fixer les dépenses de sa maison, intentera contre le constituant
une question préjudicielle, dont le but unique sera de déterminer le montant de la dot, sauf à attendre l'échéance du terme
pour en obtenir la délivrance par *l'actio ex stipulatu*: telle est
l'hypothèse prévue par la constitution 3, Code, *de dot. promiss.*

Toutefois nous n'admettons pas avec M. Demangeat que ce soit
le seul cas d'application de ce *præjudicium*. Les lois 22 et suiv.,
D., *de relig*, auxquelles cet auteur refuse l'application de notre
question préjudicielle, nous semblent, au contraire, offrir un

autre cas d'application du *præjudicium quanta dos sit*. — Lorsqu'une femme venait à mourir; ses funérailles étaient à la charge
de son mari et de ses héritiers : le premier n'y contribuait qu'en
proportion de la valeur de la dot comparée à la totalité des biens
de la femme. Or le *præjudicium* aurait précisément pour but de
déterminer la valeur de cette dot, lorsqu'elle était incertaine,
pour permettre de fixer, par là même, la part contributoire du
mari dans les frais funéraires. Selon M. Demangeat, le rôle que
nous attribuons avec certains auteurs au *præjudicium quanta dos
sit*, serait l'objet de l'*actio funeraria*. Nous repoussons ces opinions, et, à notre avis, le *præjudicium quanta dos sit* avait lieu
toutes les fois qu'une personne était intéressée à obtenir l'indication du montant de la dot indépendamment de toute condamnation actuelle.

44. — D'après une *loi Pompeia*, dont le nom, il est vrai, n'est
pas indiqué dans Gaïus (III, 123), mais que certains auteurs res-
tituent (Savigny, Keller), toute personne recevant l'engagement
de *sponsores* et *fidepromissores* devait, préalablement à la naissance de l'obligation, faire une double déclaration sur l'objet de
l'engagement des *sponsores* et des *fidepromissores* et sur leur
nombre. A défaut de cette déclaration préalable, les *sponsores*
et les *fide promissores* ne sont pas libérés *ipso jure* : ils doivent
faire constater judiciairement le défaut de déclaration. Aussi,
dans les trente jours qui suivront l'engagement, ils attaqueront
le créancier pour défaut de déclaration, qui, s'il est constaté,
entraînera leur libération. Si même les *sponsores* ou les *fidepromissores* étaient poursuivis par le créancier après l'expiration des
trente jours, ils n'avaient pas besoin d'attendre les poursuites
pour intenter le *præjudicium* : ils pouvaient l'exercer préalablement à toute instance.

45. — La loi 30, D., *de rebus auct. jud. possit*, nous offre un
exemple de question préjudicielle relative à la *bonorum emptio* :
« *Imperatores Antoninus et Verus Augusti rescripserunt eos qui
bona sua negant jure væniisse, præjudicio experiri debere et frustra
principem desiderare rescindi venditionem.* » Ce texte n'a pas pour
but de fournir un moyen de protection au débiteur en rescin-
dant la *bonorum venditio* : ou celle-ci a été faite *jure*, et elle doit
être maintenue; ou contrairement au droit, et alors elle est
frappée de nullité de plein droit. Or, lorsque la *missio in bonorum
possessionem* était demandée, le préteur n'avait pas à rechercher
si les causes d'envoi en possession établies par l'édit existaient ou

non : il suffisait qu'un créancier vînt se prévaloir, à tort ou à raison, d'une cause légale d'envoi en possession pour l'obtenir, sauf, du reste, au débiteur à faire respecter ses droits et à obtenir par l'*actio injuriarum* la réparation du préjudice causé par son créancier. Le décret du préteur envoyant le créancier en possession, n'impliquait donc en rien le bien-fondé de cet envoi ; c'était au débiteur qui prétendait illégal et sans fondement l'envoi en possession à attaquer le créancier pour en faire constater l'illégalité : son droit, en effet, est resté intact après le décret du préteur, et il peut encore répéter ses biens. Or, dans le principe, la question de légalité de l'envoi en possession se présentait sous la forme d'une procédure *per sponsionem* : c'est ainsi qu'à l'époque de Cicéron, cette procédure était encore employée, comme le prouve son discours *Pro Quinctio*. A cette procédure *per sponsionem*, l'édit substitua la nécessité d'une *formula præjudicialis* ; c'est à cette formule que fait allusion le texte cité. La question de légalité de l'envoi en possession faisait l'objet d'une instance principale et séparée, pour ce double motif qu'elle intéressait un grand nombre de créanciers et de possesseurs, mais qu'en outre elle portait la plus sérieuse atteinte à l'honneur et à la fortune du débiteur.

46. — Les *Sentences* de Paul nous offrent dans un même texte l'exemple de deux *præjudicia* sur la nature desquels il est assez difficile de faire la lumière : « *Substitutus heres ab instituto, qui sub conditione scriptus, est utiliter sibi institutum hac stipulatione cavere compellit, ne petita bonorum possessione res hereditarias deminuat : hoc enim casu, ex die interpositæ stipulationis duplos fructus præstare compellitur. Hujus enim præjudicium a superiore differt, quo quæritur an ea res de qua agitur major sit centum sestertiis, ideoque in longiorem diem concipitur.* » Deux *præjudicia* sont indiqués par ce texte. Le premier a pour objet la stipulation qui intervient entre un institué conditionnel et le substitué. Dans l'hypothèse où le testateur a joint une substitution à une institution conditionnelle, le substitué peut exiger de l'institué une caution par laquelle il le garantit contre toute diminution des biens héréditaires en réclamant la possession de biens ; dans cette hypothèse, l'institué est tenu de restituer le double des fruits à partir du jour de la stipulation (L. 12, D., *qui satisdat, cogunt*). Souvent même le préteur ordonne lui-même à l'institué de fournir cette caution : savoir s'il y a eu ou non stipulation de la part de l'institué, tel est l'objet du premier *præjudicium*.

Or Paul le compare avec une autre question préjudicielle dont il parle plus haut *(superius)*, *præjudicium* dont l'objet est de rechercher si l'affaire en question dépasse ou non cent sesterces. Le passage auquel Paul fait allusion ne nous est pas parvenu. Mais le *præjudicium* dont il veut parler a évidemment pour objet la constatation d'une stipulation prétorienne. Paul dit en effet, en parlant de la stipulation qui fait l'objet du premier *præjudicium* qu'il indique, qu'elle est *concepta in longinquiorem diem*, en l'opposant à la seconde stipulation, objet du *præjudicium* que nous cherchons à découvrir, et qui serait conçu *ad breviorem diem*. Or, à notre avis, la stipulation à laquelle le second *præjudicium* se rapporterait ne serait autre que le *vadimonium* dont parle Gaïus, IV, 186 : « *Nec tamen pluris, quam partis dimidiæ, nec pluribus, quam sestertium e millibus fit vadimonium : itaque, si centum millium res erit, nec judicati depensive agetur, non pluris quam quinquaginta millium fit vadimonium.* » Si donc il est établi que l'objet du litige vaut cent mille sesterces, le *vadimonium* est par là même fixé à cinquante mille sesterces. Parfois la contestation porte précisément sur la détermination de ce *vadimonium*; elle donne lieu à une question préjudicielle pour laquelle le préteur délivrait sous la procédure formulaire une *formula præjudicialis* dont l'objet était d'établir si le litige était supérieur ou non à cent sesterces. Cette interprétation du passage de Paul nous semble d'autant plus admissible que, dans le même titre, il parle de cautions analogues, et qu'enfin, la stipulation qui fait l'objet du *vadimonium* étant *concepta in breviorem diem*, on explique facilement l'antithèse que le jurisconsulte établit entre elle et la stipulation indiquée expressément dans ce paragraphe, *concepta in longinquiorem diem*.

Cette interprétation est loin d'être admise par tous. Un jurisconsulte allemand prétend que ce texte se référait au droit accordé au patron de succéder à son affranchi, lorsque la fortune de ce dernier dépasse 100,000 sesterces, droit dont l'origine se trouve dans les lois *Julia* et *Papia*. Le *præjudicium* aurait alors pour objet de déterminer si la fortune de l'affranchi égale ou dépasse 100. Nous nous demandons pourquoi cette question donnerait lieu à une instance séparée; elle nous semble faire l'objet de la *petitio hereditatis*.

Selon Wetzell, il s'agirait, dans le second *præjudicium* dont parle Paul, d'une question de compétence, de savoir en effet si l'affaire dépasse ou non 100 sesterces; car, dans l'hypothèse où elle serait supérieure à cette somme, la connaissance en devrait être attribuée aux centumvirs. Double erreur : aucun texte ne vient, en effet, reconnaître la compétence exclusive des affaires supérieures à 100 sesterces au tribunal centumviral, dont la compétence est bien connue. En outre, le sens donné par Wetzell aboutirait non pas à une question, mais à une exception préjudicielle. Or, sans vouloir établir de nouveau ici la différence qui sépare la formule de l'exception préjudicielle, il s'agit évidemment ici d'une question préjudicielle, puisque Paul se sert de ces expressions : *præjudicium quo quæritur*, expressions par lesquelles Gaïus et Justinien désignent les questions préjudicielles exclusivement. Enfin, quel rapprochement Paul aurait-il pu établir entre une question préjudicielle ayant pour but de déterminer si une affaire était ou non de la compétence des centumvirs, et la stipulation intervenant entre un héritier conditionnel et le substitué ?

III. 47. — Nous connaissons maintenant les caractères généraux des questions préjudicielles, les formes qu'elles ont affectées sous les différents systèmes de procédure adoptés par la législation romaine : l'étude abrégée des principaux *præjudicia*, indiqués par les textes, nous a permis de vérifier ce que nous avions avancé ; nous pouvons rechercher maintenant la place qui doit être assignée aux questions préjudicielles parmi les différentes catégories d'actions ; ce qui précède va singulièrement faciliter notre tâche.

48. — La raison capitale des actions en actions *in rem* et *in personam* existe dès l'origine, sous le premier système de procédure : celui des actions de la loi. L'action *in rem* correspond, sous ce système, à l'exercice des *jura in re* exclusivement ; toute autre action est comprise sous le nom d'*actio in personam*, et cette double division ne s'applique, à proprement parler, qu'au domaine du *sacramentum*. Aussi, sous ce système pris à l'origine, y a-t-il synonymie entre les actions *in rem* et les *vindicationes*. Le système formulaire viendra donner à la première expression, avec une nouvelle base, une plus grande compréhension. Or, si nous ne consultons que la nature des *præjudicia*, il est impossible de voir ni des *jura in re* ni des *jura ad rem*. Seraient-ils donc restés en dehors de la division indiquée sous le premier système de procédure ? nous ne le croyons pas : une partie du moins des questions préjudicielles fut, dès l'origine, rangée dans les actions *in rem*, quoique ne constituant pas des *jura in re*. Toutes les questions préjudicielles relatives au *status* furent

mises en exercice au moyen de la procédure du *sacramentum*.
Véritables *vindicationes*, elles sont assimilées, à ne consulter que
la procédure employée, aux *jura in re*. Les principes qui concernent les questions d'état viennent vérifier ce que la procédure
semble prouver. Partout les droits de père, de mari, de maître,
sont présentés comme des *jura in re* analogues aux droits réels
qu'on peut invoquer sur la chose : véritables actions confessoires,
négatoires, en revendication, suivant les cas : les formes de
l'adoption, de l'émancipation, de l'affranchissement, ne prouvent-elles pas l'assimilation des droits sur la personne aux *jura
in re*. Pas de doute donc que les questions préjudicielles relatives
au *status* ne fussent comprises parmi les actions *in rem*.

Mais les questions d'état ne forment pas seules le domaine des
questions préjudicielles ; et, dans les hypothèses autres que celles
où une question de cette nature était soulevée, quelle procédure
était suivie, quelle était la nature de la question préjudicielle ?
Les actions de la loi autres que le *sacramentum* n'ont pu évidemment se prêter à l'exercice des questions préjudicielles ; la *condictio* ne pouvant servir qu'à faire valoir un droit de créance, dont
l'objet lui-même devait remplir certaines conditions ; la *judicis
postulatio*, dont l'objet était de constater non-seulement l'existence de l'obligation, mais surtout d'en déterminer l'étendue,
devait se refuser à l'exercice des questions préjudicielles.

Un mode de procédure que nous trouvons même sous les
actions de la loi va servir à l'exercice des questions préjudicielles,
pour lesquelles le *sacramentum* n'était pas applicable ; c'est celui
de la *sponsio*, qui prend dans cette hypothèse, et plus tard dans
l'hypothèse même des *jura in re* réclamés par ce moyen, la qua-
lification de *sponsio præjudicialis*. Ici le fait juridique, le droit
dont la constatation fait l'objet de la question préjudicielle, est
constaté indirectement ; la sentence ne porte que sur la promesse
pour déterminer si elle est *justa vel injusta*, procédure analogue
du reste à celle du *sacramentum*.

Or il est assez difficile d'assigner aux questions préjudicielles
qui se sont présentées sous la forme d'une *sponsio mere præjudicialis* plutôt le caractère d'actions *in rem* que d'actions *in personam*. Pourtant nous croyons qu'elles rentreraient plutôt dans
cette dernière catégorie, d'autant mieux que la procédure *per
sponsionem* ne pouvait s'appliquer qu'aux *præjudicia certa*.

19. — Cette procédure *per sponsionem* marque la transition
entre le système formulaire et la procédure des actions de la loi,

et permet au premier d'embrasser tous les droits, même les droits réels, dont la nature même était incompatible avec l'emploi d'une formule pour l'exercer. Les questions préjudicielles qui avaient fait l'objet du *sacramentum* ne passèrent pas par l'intermédiaire de la procédure *per sponsionem;* utiles pour faire entrer les *jura in re* dans la procédure formulaire, elles ne l'étaient, ne pouvaient plus être employées pour les questions d'état. Quant aux questions préjudicielles faisant l'objet de *sponsiones*, elles restèrent sous cette forme jusqu'à la création de la *formula præjudicialis.*

50. — Une fois introduites dans la procédure formulaire au moyen de la création de la *formula præjudicialis*, les questions préjudicielles doivent trouver place nécessairement dans les actions *in rem* ou *in personam*, qui désormais embrassent tous les moyens d'agir en justice.

La *formula præjudicialis* se sépare de toutes les autres formules par des caractères qui lui sont propres : toute autre aboutit en effet à l'absolution ou à la condamnation du défendeur; sinon elle est *injusta*. Obtenir une condamnation, c'est le but poursuivi dans toutes les hypothèses où une partie a réclamé au préteur la dation d'une formule ; le droit invoqué pourra varier : *jus in re, jus ad rem, injuria, damnum,* le résultat est toujours celui-ci : *condemnatio vel absolutio rei.* La *formula præjudicialis*, au contraire, n'aboutit qu'à une *pronuntiatio :* ni *jus in re,* ni *jus ad rem*, ni injure, ni dommage invoqué par celui qui le réclame, mais seulement un fait juridique dont il veut obtenir la constatation. En réalité, la *formula præjudicialis* n'est pas donnée pour une poursuite ; le demandeur *n'agit* pas contre son adversaire : c'est plutôt une demande de l'intervention du *judex* pour statuer avec l'autorité qui s'attache à ses décisions sur un fait juridique pur et simple dont l'existence est controversée. Sous le rapport du résultat obtenu, les *præjudicia* semblent donc se séparer de toutes les autres actions et composer une catégorie toute particulière.

Pourtant, quant à la forme même, elles ont avec les autres formules ce caractère commun qu'elles contiennent, comme ces dernières, la partie vitale, essentielle, caractéristique de toute formule : l'*intentio.* Aussi, à ce point de vue, sont-elles comprises sous le nom générique d'*actio*, qu'on attache à ce mot le sens de formule ou celui du droit de poursuivre *in judicio* l'exercice ou la reconnaissance d'un droit. Or les actions ou formules se divisent en deux catégories : actions *in rem*, actions *in personam* ; la *formula præjudicialis* doit nécessairement rentrer dans l'une ou l'autre de ces catégories.

51.—Ici le sens de ces dénominations d'action *in rem* et d'action *in personam* n'est plus aussi précis que sous la procédure des actions de la loi, où nous avons la procédure générale du *sacramentum* embrassant ces deux catégories d'actions , mais désignant alors : la première les *jura in re*, la seconde les *jura ad rem*. En principe, l'action *in rem* désigne bien l'exercice des *jura in re*, l'action *in personam*, l'exercice des *jura ad rem*. Toutefois nous ne pourrions prendre pour base de cette division la nature du droit en vertu duquel on agit, sous peine de ne pouvoir concilier les textes, et d'y trouver la plus complète incohérence. Que le préteur ait été guidé, en principe, par la nature même du droit pour rédiger la formule, que la rédaction *in rem* reproduise pour ainsi dire matériellement le caractère même du *jus in re*, que la rédaction *in personam* nous fasse connaître par sa forme en quoi elle diffère de la rédaction *in rem*, en quoi le droit personnel diffère du droit de créance : ce sont là des points incontestables ; et cependant ce serait vouloir poser un principe faux que de déterminer les actions qui rentrent dans chacune de ces catégories d'après la nature du droit exercé. La conception , la rédaction de la formule, voilà la base même de cette division, et ce n'est qu'avec le développement plus complet de la procédure formulaire que ces mots *actio in rem*, *actio in personam*, correspondront directement aux droits réels et aux droits de créance indépendamment de la rédaction de la formule.

52. — Gaïus , définissant les actions *in rem* et les actions *in personam*, dit : « *In personam actio est, qua agimus quotiens cum aliquo qui nobis vel ex contractu, vel ex delicto obligatus est ; id est cum intendimus dare facere præstare oportere: In rem actio est, cum aut corporalem rem intendimus nostram esse, aut jus aliquod nobis competere, velut utendi, aut utendi fruendi, etc.* » Ainsi, la *conceptio* de la formule en premier lieu ; en second lieu l'*intentio*, c'est-à-dire la partie essentielle de la formule : voilà les points auxquels il faudra , sous la procédure formulaire, se rattacher pour ranger une action dans l'une des deux catégories que nous avons déterminées. Étant admis ce critérium, la place des *formulæ præjudiciales* se détermine facilement. Celui qui a obtenu cette formule ne veut, avons-nous dit, obtenir aucune condamnation, mais seulement la reconnaissance d'un droit ou d'un fait juri-

dique ; pas de doute que, dans l'*intentio*, aucune désignation de personne y soit nécessaire, que la rédaction en soit générale, c'est-à-dire *in rem*, et qu'enfin, de quelque nature qu'elle soit, quel que soit le fait dont elle va amener la constatation, elle ne puisse être rangée dans la catégorie des actions *in rem*, cette dénomination pouvant s'appliquer à toutes les actions dont l'*intentio* n'est pas rédigée *in personam*. Aussi, pour nous, n'hésitons-nous pas à comprendre les *præjudicia* dans la division des actions précitées adoptée par Gaïus, et croyons-nous que ce jurisconsulte voulait aussi les embrasser dans la *summa divisio* qu'il plaçait en tête de son livre IV. Le texte du § 13 des Institutes de Justinien, « *Præjudiciales actiones in rem esse videntur*, etc., » ne nous semble pas pouvoir apporter ici une preuve de la place que nous assignons aux *formulæ præjudiciales* sous la procédure formulaire. Nous aurons plus loin l'occasion de préciser le sens que nous donnons à ce texte.

53. — Que les actions préjudicielles soient mises au nombre des actions *in rem* sous la procédure formulaire, c'est un fait évident pour quiconque veut se rendre compte du principe qui sert de base à cette division des actions sous les *judicia ordinaria* et qui sait distinguer avec soin les sens dérivés pour ainsi dire attachés à ces expressions du sens principal, originaire, qui s'explique par la *conceptio* de l'*intentio* de la formule. Pourtant ce point a été vivement controversé, et la plupart des auteurs qui ont essayé de le nier sont surtout tombés dans cette erreur pour n'avoir pas voulu rattacher la division des actions *in rem* et *in personam* à la *conceptio formulæ*, mais bien à la nature du droit exercé. Pour les uns, le caractère des actions préjudicielles ne serait *in rem* que depuis Justinien, et il n'aurait fallu rien moins, pour les mettre dans cette classe, qu'un acte de la puissance législative de l'empereur. Pour les autres, elles seraient des actions *in rem*, parce que, en réalité, les droits qu'elles ont pour objet sont des droits réels : théorie qui semblait acceptable tant que l'on ne connut que les questions préjudicielles citées par les Institutes, mais qui fut inadmissible lorsque la découverte du manuscrit de Gaïus énonça au nombre des questions préjudicielles des questions autres que des questions d'état; le texte des Institutes, l'analogie des questions d'état avec les questions de droits réels semblaient, du reste, justifier cette théorie, et c'est la même erreur qui a fait regarder les expressions de *præjudicia* comme synonymes de questions d'état. Les jurisconsultes les plus autorisés

n'hésitent pas à présenter ces deux idées comme synonymes. Nous avons montré combien était fausse cette opinion, qui tend à réduire à une catégorie d'actions exclusivement les questions préjudicielles, alors que les textes viennent prouver qu'elles comprennent des questions de toute nature.

54. — Il est vrai que la découverte du manuscrit de Gaïus vint engendrer une autre erreur. Certains auteurs accusèrent dès lors Justinien d'avoir commis une inexactitude en présentant dans un texte général les questions préjudicielles comme étant *in rem*. Il y en a, a-t-on dit, même sous la procédure formulaire tant *in rem* qu'*in personam*. Erreur nouvelle : l'*intentio*, eu égard à la nature même de la question préjudicielle et au but poursuivi, était toujours rédigée *in rem ;* par suite, en prenant pour base de la division des actions la *conceptio* de l'*intentio*, les formules préjudicielles ne peuvent être rangées, sous la procédure formulaire, que dans les actions *in rem*.

Nous ne mentionnons pas ici les nombreuses théories, assez bizarres du reste, émises au sujet de la place que devaient occuper les questions préjudicielles dans la division générale des actions. Les erreurs émises ont eu pour fondement tantôt l'abandon du critérium qui permet, sous la procédure formulaire, de distinguer les actions *in rem* et *in personam*, tantôt le texte du § 13, *de act. institut.*, que l'on a généralisé et appliqué sous un système de procédure qui n'existait plus. C'est ainsi qu'Heffter détermine la nature du *præjudicium* d'après celle de la question à l'occasion de laquelle il est soulevé. Double erreur, car cette opinion suppose que le *præjudicium* ne peut avoir lieu qu'à l'occasion d'une autre question en litige, et enfin il fait revêtir au *præjudicium* la nature d'une autre question, ce qui est purement arbitraire. M. de Savigny lui-même, après avoir reconnu, avec le texte des Instituts, que les questions préjudicielles ayant trait à l'état des personnes étaient des actions *in rem*, oublie de déterminer la nature des autres questions, comme si elles devaient se ranger, comme les questions d'état, parmi les actions *in rem*, à cause de leur analogie avec les actions réelles.

55. — Quant à la procédure extraordinaire, les questions préjudicielles que mentionne Justinien devaient trouver place dans la catégorie des actions réelles : *in rem esse videntur*, expression sur laquelle on a trop discuté, et qui, pour nous, indique tout simplement que ces droits sont différents de ceux que nous pouvons avoir sur les choses.

IV. 56.—Nous supposons la question préjudicielle introduite en justice, les preuves fournies conformément aux règles que nous avons exposées et l'instance ayant abouti à la sentence désirée, sentence rendue sous la procédure formulaire, suivant la *conceptio* de l'*intentio* : quel sera son effet ? aucun résultat direct, aucune conséquence ne pourra en sortir directement ; par elle-même, la sentence préjudicielle ne produit rien : une *pronuntiatio*, voilà son nom comme son caractère ; aucune *condemnatio*, aucune *absolutio* ne pouvait être prononcée par le *Judex*. Exceptons pourtant de cette règle les *pronuntiationes* ayant pour objet la reconnaissance d'un pouvoir domestique : le titre de père, de maître, dont la reconnaissance judiciaire permet à celui qui en a été reconnu titulaire d'en exercer de suite les prérogatives, en vertu de la sentence préjudicielle elle-même.

Mais, si la *pronuntiatio* ne produit aucun effet immédiat, elle contient en germe une foule de condamnations ; elle pourra servir de base à des sentences postérieures pour lesquelles auront été délivrées des formules ayant ici des *condemnationes*. Il faut donc qu'elle ait quelque influence sur d'autres instances, sous peine d'être inutile et improductive, qu'elle puisse être prise en considération dans des procès ultérieurs, que le *judex* enfin lui fasse produire les conséquences pécuniaires que la *pronuntiatio* seule ne pouvait engendrer.

57.—C'est, en général, à l'occasion de sentences préjudicielles que nous trouvons mentionnée dans ces textes l'influence que peut exercer sur une instance postérieure une sentence déjà obtenue. Cet effet, dont nous avons à déterminer la portée, n'est pas spécial aux sentences préjudicielles, mais il se présente plus fréquemment pour ces dernières, et ici avec un caractère spécial.

58.—Le premier effet produit par la sentence préjudicielle, c'est de faire obstacle à ce qu'une nouvelle instance ne s'élève sur le même point ; que les mêmes personnes veuillent remettre en litige la même question, et celui qui aura triomphé aura le droit d'opposer l'*exceptio rei judicatæ* pour faire obstacle à la poursuite de cette nouvelle demande. — Ce résultat, commun à toutes les instances, avait reçu à l'origine une exception remarquable. Lorsqu'une question préjudicielle touchant à la liberté avait été soulevée puis tranchée contrairement à la liberté, le perdant pouvait encore soulever jusqu'à trois fois la même demande, sans que l'*exceptio rei judicatæ* pût paralyser l'exercice de son action. Représenté par un *assertor libertatis* dans cette triple instance, il n'était enfin reconnu esclave, sans qu'aucun recours pût lui rester, qu'après une troisième et dernière sentence. Ce ne fut qu'avec Justinien que cette mesure disparut. La première sentence *de libertate* produisait les effets ordinaires, et la nécessité de l'*assertor libertatis* fut supprimée ; le perdant ne pouvait soulever de nouveau la question.

59. — Ce n'était pas là le seul effet produit par la sentence préjudicielle : elle produisait aussi des conséquences pour d'autres instances où se trouvent engagées des valeurs pécuniaires ; autrement elle n'aurait, *sauf quelques exceptions*, aucune utilité.

La question s'est présentée d'une manière plus large : on s'est demandé quel était l'effet qui devait-être attribué à une sentence rendue lorsqu'on l'invoquait dans une autre instance. Nous n'avons pas à examiner cette délicate question ; nous avons seulement à déterminer *l'effet spécial de la sentence préjudicielle* dans les instances avec lesquelles elle a quelque rapport. Cet effet se trouve caractérisé dans les textes par ces expressions : « *jus facit judex*, » ou « *sententia pro veritate accipitur*, » ou enfin « *sententiæ stare oportet.* » Quelle est la valeur de ces expressions ? Lorsque le défendeur à la question préjudicielle aura triomphé et que son adversaire voudra se prévaloir du nouveau droit dont la sentence préjudicielle a méconnu l'existence à son profit, le défendeur la repoussera par l'*exceptio rei judicatæ*. Nous trouvons l'application de cette idée dans la loi 1, § 4, D., *de lib. exhib.* Cette loi suppose une question préjudicielle tendant, de la part du demandeur, à se faire déclarer père d'un enfant, titre que la sentence préjudicielle refuse. Postérieurement il attaque par l'interdit *de liberis exhibendis* celui qui a sous sa puissance l'enfant qui avait été réclamé pour en obtenir la remise, sans tenir compte de la sentence qui le déboute de sa demande ; le défendeur qui a triomphé dans la question préjudicielle pourra le repousser par l'*exceptio rei judicatæ*. Cette application de l'*exceptio rei judicatæ* doit être généralisée, et celui qui a obtenu gain de cause dans la question préjudicielle pourra s'en prévaloir, si le perdant veut de nouveau invoquer le titre que la sentence lui a refusé.

60. — Celle-ci, en effet, produit des effets spéciaux sur l'étendue desquels les auteurs sont loin d'être d'accord ; tandis, en effet, que les uns attribuent à la sentence préjudicielle, et principalement

à celle qui a été obtenue sur une question d'état, un effet absolu qui serait la contre-partie, pour ainsi dire, de l'effet relatif attribué ordinairement à la chose jugée, d'autres au contraire ne lui accordent que l'effet relatif ordinaire produit par toute sentence.

La vérité est, pour nous, dans un système intermédiaire qui consiste à attribuer à la sentence préjudicielle un effet plus étendu que celui que la chose jugée produit ordinairement, mais non pas un effet absolu permettant de l'opposer *erga omnes*.

Les développements qui vont suivre mettront ce système en lumière.

61. — Le *judex* trouvait, en effet, dans ses pouvoirs eux-mêmes le moyen de donner à la sentence préjudicielle un effet spécial qu'elle devait produire sur la question connexe. Dans l'appréciation de ce dernier procès, il devait tenir compte comme d'un fait vrai, légitime, établi, le droit qui aurait été l'objet de la sentence préjudicielle. Celle-ci jouait ici le rôle de preuve et venait apporter un élément de certitude dans le procès. Les expressions déjà citées dont se servent les jurisconsultes pour déterminer les effets de la sentence préjudicielle dans les autres instances confirment parfaitement ce que nous disons sur la valeur de cette sentence et sur les effets purement probatoires qu'elle produit. « *Jus facere, — sententiæ stare, — pro veritate accipere*, » telles sont les expressions employées.

Ainsi, pour nous, l'effet produit par la sentence préjudicielle sur une autre instance se borne donc à produire la sentence comme un fait vérifié, constaté par le *judex*, et qui, pour ces motifs, doit être pris en considération, absolument comme le serment : celui-ci, en effet, est assimilé, quant à l'effet probant qu'il produit, à une décision judiciaire préalable ou à un aveu.

62. — Les questions préjudicielles relatives à l'état des personnes sont surtout présentées par les auteurs comme produisant des effets tout spéciaux relativement à l'effet attribué à la sentence dont elles sont l'objet. Tandis qu'en principe la chose jugée n'est opposable qu'à ceux qui ont été parties dans l'instance, on présente généralement les sentences préjudicielles rendues *de statu* comme étant opposables à tous. Cet accord des auteurs, quant aux effets de ces questions préjudicielles, ne se présente plus lorsqu'il faut en rechercher l'explication; et tandis que les uns en trouvent le motif dans la nature même de la *pronuntiatio*, qui, générale, absolue, doit être opposée à tous, d'autres le fondent sur un caractère de droit public qui s'attacherait aux

questions d'état, questions n'ayant pas pour objet exclusif un intérêt privé, mais, dans une certaine mesure, intéressant la société entière, comme les actions populaires. Plus pratique, Keller rattacherait cet effet absolu à la multitude des causes et des intéressés auxquels peut se rapporter la sentence préjudicielle.

63.— Sans entrer en ce moment dans la discussion de savoir si cet effet absolu existe ou non, constatons que les motifs qui précèdent sont bien peu faits pour faire prévaloir cette théorie et pour la justifier. Que le caractère de la *pronuntiatio* soit absolu, c'est incontestable; mais en quoi ce motif pourrait-il autoriser une exception aux principes qui régissent la chose jugée? comment la décision rendue entre deux ou plusieurs personnes pourra-t-elle faire obstacle à ce qu'un tiers puisse la mettre de nouveau en question si, n'ayant pas été partie dans l'instance primitive, il se prévaut d'un titre nouveau? Quant au caractère d'intérêt public s'attachant aux questions d'état, rien ne le justifie dans les textes ni vient le constater; les principes les plus incontestables démontrent, au contraire, l'existence de cette qualité dans les actions préjudicielles. Nous voyons, en effet, que l'action préjudicielle relative à une question d'état ne peut être intentée que par ceux qui ont un intérêt personnel, propre, pour les soulever; elles pourraient, au contraire, comme les actions possessoires, être intentées par le premier venu si elles appartenaient au droit public. Enfin les sentences préjudicielles seraient, dans cette théorie, opposables à tous : nous allons démontrer le contraire. Quant à l'opinion de Keller, qui voudrait trouver dans l'affinité des questions d'état avec d'autres procès le motif de l'extension donnée à l'effet de la sentence préjudicielle, elle ne nous montre qu'une seule chose: c'est l'utilité de cette application et sa fréquence; mais elle ne nous en révèle pas les motifs.

Il faut donc chercher ailleurs l'explication demandée. Nous nions tout d'abord l'effet absolu attribué à la sentence préjudicielle rendue sur une question d'état absolument semblable à toutes les autres questions préjudicielles; celle relative à la question d'état ne fait obstacle à une nouvelle instance au moyen de l'*exceptio rei judicatæ* qu'autant qu'il s'agirait de la même question s'élevant de nouveau entre les mêmes parties; autrement un nouveau procès pourrait avoir lieu. En cela, nous ne faisons qu'appliquer les principes ordinaires, et rien ne nous prouve, dans les textes du Digeste, *de exceptione rei judicatæ*, que les questions préjudicielles *de statu* suivissent des règles exceptionnelles pour l'application de l'*exceptio rei judicatæ*.

64. — D'un autre côté, on peut remarquer que toutes les fois qu'une question d'état s'élève, ayant pour but, par exemple, de faire déclarer telle ou telle personne libre, ingénue, ou fils, la formule préjudicielle ne peut être obtenue, l'exercice de l'action sous les autres formes de procédure ne peut avoir lieu que par certaines personnes limitativement déterminées qui puissent se prévaloir d'un droit de propriété ou d'un lien de parenté pour toute personne n'ayant aucun titre à faire valoir : la délivrance de la formule serait refusée. Ceci n'est pas douteux ; et rien ne peut nous faire adopter l'avis de Puchta, permettant au premier venu de mettre en question l'état d'autrui, opinion que le célèbre jurisconsulte ne justifie en rien. Donc, la *vindicatio in servitutem*, la réclamation du titre de patron, le titre de père, seront naturellement exercés par celui qui se prévaut du titre de maître, de patron, de père, sans qu'un tiers puisse venir, à moins de réclamer ces titres pour lui, contester l'état d'homme libre en possession de l'ingénuité à celui qui en a la possession. Réciproquement, quiconque se prétend maître, père, patron, peut obtenir la délivrance de la formule préjudicielle, bien que, sur la demande d'un autre antérieurement faite, l'individu dont l'état est remis en question ait été déclaré libre, ingénu ou *sui juris*.

65. — Or remarquons qu'à côté de celui qui joue le rôle de demandeur principal dans ces instances relatives à la question d'état, on trouve une foule d'intéressés, en même temps que de nombreux procès pourront s'élever, dans lesquels la question d'état de l'adversaire sera soulevée. Or, pour les autres personnes intéressées, de même que pour les procès où l'état de l'adversaire devrait faire l'objet d'une question préalable, la sentence déjà rendue devra servir de preuve du fait contesté. C'est à cela que se borne la portée plus large que d'ordinaire accordée aux sentences préjudicielles.

De nombreux textes viennent confirmer ce que nous avançons : sur la paternité et la *potestas* qui s'y rattache, les lois 1, § 16 ; 2, 3, *de agnos. vel al. lib.*, Dig., sont formelles : « *Si... pronuntiaverit... in ea causa esse, ut gnosci debeat : sive filius non fuit, sive fuit ; esse suum in omnibus causis ; quare et fratribus consanguineus erit, sive contra pronuntiaverit : non fore suum, quamvis suus fuerit. Placet enim ejus rei judicem jus facere.* » Ainsi, dans cette hypothèse, la sentence rendue en faveur de l'enfant dans une instance avec son père ne produit pas seulement son effet dans les rapports du père et de l'enfant, mais aussi entre ce dernier et les autres enfants de celui qui a dû reconnaître l'enfant pour sien.

66. — Dans les procès relatifs à l'ingénuité ou à la libertinité, les mêmes effets sont mentionnés : « *Si juravero me patronum esse, dicendum est, non esse me, quantum ad successionem, patronum ; quia jusjurandum patronum non facit. Aliter atque si patronum esse pronuntiatum sit ; tunc enim sententiæ stabitur.* » Réciproquement, la sentence préjudicielle rendue en faveur d'un ingénu lui permettrait de réclamer les prérogatives accordées par la loi Julia à l'ingénuité : « *Ingenuum accipere debemus etiam eum de quo sententia lata est, quamvis fuerit libertinus, quia res judicata pro veritate habetur.* » C'est cette dernière loi d'où, selon Keller, aurait été tirée la règle *Res judicata pro veritate habetur.*

67. — Nous le répétons de nouveau, nous n'attribuons pas à ces sentences préjudicielles un effet absolu ; nous repoussons la théorie de Keller, caractérisant par ces mots les effets qu'elles produisent : « *Jus faciunt inter omnes.* » Aussi permettrions-nous à celui qui, après une instance primitive déclarant une personne libre, ingénue, ou *sui juris*, se prévaut d'un titre de propriété, de patron ou de père, d'exercer son droit en justice, pourvu qu'il ait été étranger à la première instance. Par là se trouve limité l'effet attribué aux sentences préjudicielles rendues sur ces questions d'état : opposables à ceux qui sont intéressés au même titre que les parties ayant joué un rôle dans l'instance, permettant enfin de servir de base aux demandes ayant pour objet les avantages pécuniaires attachés à l'état constaté par la sentence préjudicielle. L'effet produit n'est donc pas absolu, mais plus étendu seulement que celui attribué aux sentences ordinaires.

68. — L'issue de la *causa liberalis* peut aussi produire ses effets sur d'autres questions relatives à la liberté de l'accusé. C'est ainsi, notamment, que les actions noxales intentées contre une personne en état d'esclavage deviendraient inutiles si la personne, ayant réclamé le titre d'homme libre, avait obtenu gain de cause dans la *proclamatio ad libertatem*. La *causa liberalis* serait même, dans cette hypothèse, préjudicielle au jugement de l'action noxale.

De même dans les accusations criminelles aboutissant à une peine différente, suivant que le coupable est affranchi ou ingénu, la question d'état devra recevoir une solution préalablement à

l'action criminelle, et la décision rendue sur la première servira
de base à la seconde.

De même, enfin, la condition des enfants se déterminerait
d'après l'état des parents, tel qu'il a été reconnu, après contestation, par une sentence préjudicielle, de même que leur état
varierait suivant la sentence prononcée dans la *causa liberalis*
où se trouve en question l'état de leur père.

Comment, dans toutes les hypothèses qui précèdent, le *judex*
était-il amené à tenir compte de la sentence préjudicielle ? comment pouvait-on, dans une instance postérieure, s'en prévaloir
vis-à-vis de personnes intéressées, n'ayant joué aucun rôle dans
l'instance préjudicielle ? Ce n'est évidemment pas en insérant
dans la formule l'*exceptio rei judicatæ*. Les textes, en même temps
que les principes, s'opposent à ce que l'*exceptio rei judicatæ* produise cet effet. Les textes ne disent rien de l'insertion de cette
exception en traitant des effets attribués à la sentence préjudicielle ; les principes ne permettent d'opposer l'*exceptio rei judicatæ* que si la question s'élève entre les mêmes personnes, en
même temps qu'elle ne peut aboutir qu'à faire obstacle à un
nouveau procès sur la même question ; mais jamais elle ne peut
permettre à un *judex* d'accepter quelqu'un comme libre, ingénu
ou père.

69.— C'est, à notre avis, dans l'office même du *judex* qu'il faut
placer le principe de l'extension accordée aux effets de la sentence préjudicielle. Celui-ci, en effet, devant, dans une instance,
recevoir en principe tous les moyens propres à l'éclairer, tiendra
compte, en vertu même des pouvoirs que comporte son rôle
d'appréciateur du procès, du fait établi par la sentence préjudicielle. Il le prendra comme un élément de preuve dans la question, comme un fait établi, tenu pour constant, désormais à
l'abri de toute contestation ; l'examen judiciaire qui en a été fait
dans l'instance préjudicielle, l'autorité légitime qui s'attache à
la sentence déjà rendue expliquent le rôle de preuve privilégiée,
pour ainsi dire, que doit jouer, dans un procès connexe, la sentence préjudicielle. Sous ce rapport, celle-ci n'offre-t-elle pas, en
effet, des garanties de beaucoup supérieures à toutes celles qui
résultent des autres modes de preuve : témoignages, serment,
documents écrits ? C'est donc à ce rôle de fait prouvé, de fait établi
par des moyens qui présentent plus de garanties que les preuves
ordinaires que nous limitons le rôle de la sentence préjudicielle
dans les hypothèses où le *judex* en tient compte, soit dans des

procès postérieurs connexes, soit en l'imposant comme fait établi à des intéressés autres que ceux qui ont été parties dans l'instance principale. Il faudrait donc, pour que ces derniers puissent de nouveau soulever un litige sur la question tranchée par la sentence préjudicielle, qu'ils invoquent un droit nouveau qui leur soit personnel. S'ils n'ont aucun titre à invoquer, ou s'ils n'ont aucun intérêt personnel, ils n'ont qu'à s'incliner devant la sentence déjà rendue.

70. — Ces développements nous montrent l'effet accordé par les textes aux sentences préjudicielles relatives à l'état des personnes, et les limites dans lesquelles il doit être appliqué. Même ainsi entendu, il a présenté en pratique de sérieux inconvénients, auxquels il a fallu remédier. Souvent, en effet, un intrus recourait à l'instance préjudicielle pour se faire reconnaître libre ou ingénu, alors qu'en fait rien ne justifiait ses titres. Un contradicteur complaisant soulevait la question, et comme il ne pouvait en rien justifier ses prétentions, la sentence du *judex* reconnaissait au défendeur le titre que le demandeur n'avait ni qualité ni preuves pour le lui dénier. C'était le résultat auquel cette collusion voulait aboutir. Plus tard, celui qui avait obtenu gain de cause, se prévalant de la sentence préjudicielle rendue à son profit dans d'autres instances, arrivait ainsi, à l'aide d'un droit judiciairement établi, à constituer un préjudice sérieux pour des intéressés n'ayant pas été parties dans l'instance préjudicielle. Aussi les constitutions impériales exigèrent, pour que la sentence préjudicielle produisît les effets que nous venons de déterminer, qu'elle eût été rendue en concours avec un contradicteur légitime, *cum justo contradictore*; sinon elle était aussi nulle que si aucune sentence n'avait été rendue: le *judex* n'avait pas à en tenir compte. Pour assurer l'exécution de cette règle, on avait stimulé par l'intérêt ceux qui connaissaient la collusion à la découvrir. Quiconque, dans les cinq ans suivant l'instance, ferait connaître la fraude serait déclaré propriétaire de l'esclave qui s'était fait reconnaître libre frauduleusement. Les effets accordés à la sentence préjudicielle expliquent ce moyen de fraude et les résultats qu'on en espérait.

71. — Pourtant les auteurs sont loin d'être d'accord sur le sens de ces mots *justus contradictor*. Pour nous, le *contradictor non justus* est toute personne qui vient faire valoir en justice frauduleusement un titre qu'elle n'a pas, afin de faire obtenir par un tiers, d'accord avec elle, une sentence qui la reconnaîtra libre

ou ingénue, et dont plus tard elle pourra se servir : c'est ainsi, notamment, que procédaient certains esclaves qui, d'accord avec leurs maîtres, réclamaient le titre d'homme libre, prétention que leur maître, d'accord avec eux, ne venait pas combattre, et obtenaient ainsi la reconnaissance judiciaire d'une qualité qui ne leur appartenait pas.

72. — Ces effets, que nous attribuons à la sentence préjudicielle rendue *de statu*, se présenteront en effet, le plus souvent, pour des instances connexes, à bien des personnes. Nous croyons cependant qu'il faut généraliser et attribuer les mêmes résultats à toutes les sentences préjudicielles, quelles qu'elles soient.

DEUXIÈME PARTIE.

DES EXCEPTIONS PRÉJUDICIELLES.

CHAPITRE I.

DES EXCEPTIONS PRÉJUDICIELLES EN GÉNÉRAL.

SOMMAIRE.

4. — Le défaut de précision dans la terminologie n'a pas peu contribué ici, comme dans la théorie des questions préjudi- cielles, à jeter sur une matière difficile déjà par elle-même une obscurité qu'augmentait encore une fausse interprétation des textes. Pour un instant, séparons-nous des moyens différents em- ployés dans la législation romaine pour obvier au *præjudicium* d'une instance sur une autre, et recherchons le principe même sur lequel repose toute la théorie des *præjudicia*, désignant les exceptions préjudicielles.

Il est formulé par Paul dans la loi 54, *de judiciis* (Dig., V, 1) : « *Per minorem causam majori cognitioni præjudicium fieri non oportet : major enim quæstio minorem causam ad se trahit.* » Les textes qui présentent l'application de cette règle sont fort nombreux. Nous aurons, dans le cours de ce travail, à donner l'explication des principaux d'entre eux. Pour le moment, constatons que le principe écrit dans la loi 54 repose sur cette idée : qu'il ne convient pas qu'une affaire plus importante soit préjugée par celle qui est moindre. La première affaire prenait le nom de *causa major*; la seconde, celui de *causa minor*. Or, lorsque deux causes étaient dans un rapport tel que la sentence rendue sur l'une influait nécessairement sur l'autre, le droit romain ne voulait pas que le préjugé résultât, pour la *causa major*, de la sentence sur la *causa minor*.

2. — Il serait assez difficile de déterminer d'une manière précise les caractères constitutifs d'une *causa major*, les traits principaux permettant de la distinguer des *causæ minores*. Tantôt, en effet, la *causa major* tenait *à la qualité même du tribunal* appelé à juger de l'affaire : c'est ainsi que les causes centumvirales ou fiscales étaient *majores*, par rapport à celles qui étaient portées devant les tribunaux ordinaires; tantôt l'*objet litigieux* lui-même constituait la *causa major* : toutes les questions d'*état*, d'*existimatio* étaient *majores* par rapport aux questions pécuniaires. La nature de l'action pouvait aussi constituer une *causa major*; c'est ainsi que les *judicia publica* étaient des *causæ majores*, par rapport aux *judicia privata*. Enfin, il fallait voir une *causa major* dans tous les cas où une affaire était liée *avec une autre, considérée comme accessoire* par des rapports tels que le jugement de la première dût nécessairement entraîner le jugement de la seconde, sans qu'il y eût réciprocité : par exemple la demande d'objets particuliers faisant partie d'une hérédité, et la pétition d'hérédité elle-même (1).

Lorsqu'en effet de deux causes déterminées présentant, l'une le caractère de *causa major* pour l'un des motifs cités, l'autre celui de *causa minor*, intervenait une sentence sur cette dernière, elle ne devait pas établir un préjugé sur la *causa major*; il ne fallait pas que l'affaire la moins importante fît résulter implicitement de la sentence dont elle avait été l'objet, la solution sur la cause présentant le plus d'importance.

3. — Deux moyens bien distincts sont indiqués par les textes comme permettant de prévenir ce résultat : tantôt, en effet, le préteur insérait dans la formule une *præscriptio* ou une *exceptio*

(1) Keller, Bonjean.

præjudicialis; tantôt, en vertu de son *imperium,* il suspendait l'exercice ou différait la sentence sur la *causa minor,* jusqu'à ce que la *causa major* eût reçu une solution *per prætoriam cognitionem.* Ajoutons que les exceptions préjudicielles dont les textes font mention ne sont citées qu'à l'occasion d'hypothèses toutes spéciales, soumises, quant à leur délivrance, à certaines conditions, et que nul texte ne nous offre l'exemple d'une *exceptio* ayant un caractère général, *de omni præjudicio prohibendo,* pouvant s'appliquer à toutes les hypothèses dans lesquelles un *præjudicium* était à craindre pour la *causa major.*

4. — En présence de ce double moyen d'éviter le *præjudicium,* la *cognitio prætoria* d'un côté, et l'*exceptio præjudicialis* de l'autre, la première question qui se pose est celle de savoir s'il y a là un double moyen laissé à la discrétion du préteur, ou, au contraire, si l'emploi de l'une ou de l'autre de ces formes est déterminé par des règles différentes.

A défaut de toute autre preuve, les principes qui servent de base à l'organisation judiciaire de Rome sous la procédure formulaire nous feraient admettre que ces deux moyens n'ont pas dû être employés indifféremment, mais bien dans des circonstances et suivant des règles différentes. Pas de doute, en effet, que si le préteur eût pu recourir dans toutes les hypothèses à la *prætoria cognitio,* jamais les exceptions préjudicielles, dont l'inutilité était alors évidente, n'eussent été créées. Il est de principe, en effet, que, lorsqu'une partie se prévaut *in jure* d'un fait ou d'un droit dont elle veut se faire un moyen de défense, sans que l'autre partie le conteste, l'insertion de l'exception devient inutile : le rôle du *judex* n'a rien à voir ici, et l'action elle-même est refusée par le préteur par sa propre *cognitio,* en supposant toutefois que l'exception invoquée, une fois sacrifiée par le *judex,* si elle avait été contestée, aurait paralysé totalement l'action. Pour l'exception préjudicielle, les mêmes principes ont dû recevoir leur application. — Mais lorsqu'au contraire le fait ou le droit invoqué par le défendeur à titre d'exception était lui-même l'objet d'une contestation de la part de son adversaire, le préteur devait délivrer l'*exceptio,* l'insérer dans la formule, et seul le *judex* était appelé à vérifier le fait dont le défendeur excipait. Si donc, dans la première hypothèse, le préteur tranchait lui-même la question et refusait l'action, c'est parce qu'en réalité il n'y avait pas de procès; qu'il était superflu d'aller devant un *judex* lui demander la rectification d'un fait non contesté. Mais la contestation se levait-elle sur le fait allégué, le rôle du *judex* devenait indispensable. — Reconnaissons de suite que la *cognitio prætoria* indiquée par les textes en matière préjudicielle n'a rien de semblable avec celle qui précède, qu'elle ne s'exerce pas seulement dans les hypothèses où les deux parties reconnaissent que la cause actuellement introduite en justice établira un préjugé sur une *causa major*, mais qu'elle a lieu surtout dans des hypothèses où la question du *præjudicium* est elle-même contestée, où il y a doute pour savoir, notamment, si l'action dont la délivrance est actuellement demandée par l'un des plaideurs établira ou non un préjugé sur une *causa minor*. Or, partout où il y a insertion dans la formule d'une exception relative à un fait non vérifié, c'est au *judex* seul que la vérification doit appartenir; sinon le magistrat empiéterait sur les fonctions de ce dernier, s'il voulait, en vertu de son *imperium*, trancher lui-même la question dont le défendeur excipe.

5. — Le double emploi de la *cognitio prætoria* et de l'exception préjudicielle dans les mêmes hypothèses ne pourrait pas plus s'expliquer au point de vue pratique qu'au point de vue des principes de l'organisation judiciaire. Pourquoi, en effet, aller devant un *judex* si le préteur lui-même peut trancher la question? pourquoi insérer des exceptions dans la formule? comment s'expliquer leur création? Chose bizarre assurément que cette conduite du préteur, tantôt allant jusqu'au bout de sa mission, tantôt, et en cela suivant son caprice, s'arrêtant au milieu de sa charge et renvoyant au *judex* le soin de terminer une affaire qu'il pouvait résoudre lui-même. Diverses raisons ont été données pour expliquer cette option du préteur. Nous ne voulons en mentionner qu'une, qui emprunte son autorité plutôt aux jurisconsultes qui la soutiennent qu'à sa valeur intrinsèque. Posant comme point de départ pour le pouvoir du préteur une plénitude de juridiction, Doneau et Savigny n'hésitent pas à voir, dans le renvoi qu'il ferait de la connaissance d'un fait dont excipe le défendeur, que le simple exercice même de son droit. Pour eux, le rôle du *judex* n'est qu'un démembrement survenu après coup des pouvoirs complets dont il était investi à l'origine, pouvoirs dont il serait resté titulaire, mais dont, en fait, il aurait dû, forcé par le nombre toujours croissant des procès, attribuer l'exercice, du moins pour ce qui touche à la question de fait, aux *judices* ou aux arbitres. Sans avoir à discuter ici la valeur de cette opinion, nous ne croyons pas qu'au moment où la procé-

dure formulaire fut devenue la procédure de droit commun, lorsque les fonctions du préteur et du *judex*, que le *jus* et le *judicium* furent parfaitement distincts, il y eût lieu à de pareils empiétements. Que si un fait de nature à donner lieu à une exception était invoqué *in jure*, il appartenait au préteur d'insérer une *præscriptio* ou une *exceptio* dans la formule, le *judex* étant seul appelé, sous peine de confusion entre les pouvoirs du *judex* et du *prætor*, à vérifier l'existence du fait allégué; que si, au contraire, le préteur usait de la *cognitio* sans recourir à l'*exceptio*, c'est qu'il y avait des motifs juridiques lui prescrivant de recourir au premier moyen, et prohibant l'emploi de l'exception.

6. — Allons plus loin : le choix donné au préteur entre la *cognitio* et l'insertion d'une *exceptio* dans toutes les hypothèses où il s'agirait de prévenir un *præjudicium* aboutirait non-seulement à une profonde atteinte aux bases de l'organisation judiciaire romaine, en constituant un empiétement du rôle du *prætor* sur celui du *judex*, mais elle irait jusqu'à faire exercer par deux personnes différentes des fonctions qui ne doivent être remplies que par une seule. C'est ainsi que, dans l'hypothèse où le préteur préférerait insérer l'*exceptio præjudicialis* dans la formule, son rôle comprendrait en outre l'examen du fond même de la *causa præjudicialis* dans une certaine mesure; par sa *cognitio*, il se demanderait, notamment, s'il y a la probabilité d'une instance pour l'avenir sur la *causa major* à laquelle le procès actuel apporterait un préjugé; si cette *causa major* pourra être introduite en justice par la personne même qui introduit la *causa minor*; si, enfin, l'affaire dans laquelle il faut prévenir un préjugé n'a pas déjà été l'objet d'une sentence. Tel serait, selon certains auteurs, le rôle du préteur dans l'hypothèse même où il préférerait recourir à l'insertion d'une *exceptio* dans la formule. Véritable *cognitio*, qui, à la différence de ce qui a lieu ordinairement, n'accomplirait qu'une partie du rôle du *judex*; véritable dissection des pouvoirs ordinaires attribués au *judex* ou au préteur : voilà les conséquences auxquelles aboutit ce système.

7. — Cette opinion, laissant le choix au préteur pour prévenir le préjugé entre la suspension de la *causa minor* ou le refus de l'action, au moyen de sa *cognitio* et l'insertion de l'*exceptio præjudicialis*, se réfute non-seulement par les motifs que nous venons d'exposer; les textes eux-mêmes vont nous offrir la preuve de l'opinion contraire. Tous les textes où nous trouvons mention de l'*exceptio præjudicialis* indiquent l'un ou l'autre des effets que

produit cette exception : soit le rejet de la demande du poursuivant, soit au contraire, pour le *judex*, le droit de ne pas tenir
compte de l'exception. Mais aucun texte ne nous montre le préteur ayant à délibérer, à hésiter entre deux moyens qui s'offri-
raient également à lui : la *cognitio* lui permettant de suspendre
l'action ou la sentence sur la *causa minor*, ou même de refuser
l'action et l'intéresser dans la formule de l'exception préjudicielle.

8. — Un texte, pourtant, semble présenter une hypothèse de
cette *cognitio* du *prætor* délibérant s'il doit ou non insérer l'*exceptio præjudicialis* (L. 19, § 1, D., *de hered. petit.*) : « *Quod si pro
emptore usucapio ab herede impleta sit, non veniet in hereditatis
petitione, quia heres, id est petitor, eam vindicare potest, nec ulla
exceptio datur possessori.* » La plupart des interprètes voient dans
les dernières expressions de notre texte une allusion de Paul à
l'*exceptio præjudicialis* : « *Quod præjudicium hereditati non fiat.* »
C'est, du moins, l'avis de Pothier et de Cujas.

Ce dernier en donne ce motif que, l'héritier étant devenu propriétaire de l'objet particulier par usucapion, l'*exceptio præjudicialis* ne peut lui être opposée s'il en a exercé la revendication,
par ce motif que le titre de propriétaire acquis par lui sur la
chose n'a plus son origine dans son titre d'héritier, mais dans
une cause différente, l'*usucapio* accomplie *pro emptore*. La chose
est celle de l'héritier, mais non de l'hérédité ; or les objets composant l'hérédité peuvent seuls faire l'objet de la *petitio hereditatis*.

Nous ne partageons pas cet avis; le silence du jurisconsulte
sur la qualité et la nature de l'*exceptio* qu'il indique laisse le
champ libre aux conjectures; il a parlé plutôt de l'*exceptio rei
judicatæ*. Ici, en effet, on pouvait croire que l'héritier pourrait
courir les risques de perdre une chose dont l'usucapion l'avait
rendu propriétaire, lorsque l'objet usucapé se trouve entre les
mains du possesseur de l'hérédité et que celui-ci ne l'a pas res-
titué à la suite de la pétition d'hérédité. Il arrive, en effet, que
la *vindicatio* d'un objet particulier faisant partie d'une hérédité
pour laquelle la *petitio* a déjà été exercée est repoussée par l'*exceptio rei judicatæ*. Cette exception ne sera pas ici opposable à la
revendication exercée par l'héritier. La *vindicatio* qu'il exerce,
en effet, ne remet pas en litige la question d'hérédité : l'héritier
réclame sa chose non pas comme ayant été usucapée par le défunt, mais par lui-même. L'exposé lui-même de la loi vient surtout confirmer notre interprétation. De quoi s'agit-il en effet? il

s'agit évidemment d'une pétition d'hérédité soumise à un *judex* dont le devoir est de rechercher quels seront les objets compris ou non dans la restitution de l'hérédité ; la pétition d'hérédité en est donc rendue à ce point de l'instance que le *judex* apprécie la question de fait. Comment pourrait-on faire allusion à l'*exceptio præjudicialis* à ce moment de la procédure ? celle-ci, en effet, ne peut être insérée dans la formule qu'*in jure* et avant la *litis contestatio*. En faisant allusion à l'*exceptio præjudicialis*, Paul n'eût pas manqué de l'indiquer comme ayant déjà fait l'objet d'un moyen de défense dont on s'est servi contre une *vindicatio* déjà introduite en justice.

9. — Remarquons cependant que la première interprétation, inexacte quant à l'intention du jurisconsulte Paul, devient exacte au contraire en se plaçant à un point de vue général, et que, dans l'hypothèse prévue par notre texte, elle ne pourrait pas plus être délivrée que l'*exceptio rei judicatæ*. Si nous supposons, en effet, une *vindicatio* dirigée contre le possesseur de l'hérédité par l'héritier se prétendant propriétaire par usucapion d'un objet particulier compris dans la masse, bien qu'ici l'on soit encore *in jure* et avant la *litis contestatio*, l'*exceptio præjudicialis* ne pourra être insérée dans la formule, par ce motif bien simple qu'il n'y a rien de commun entre cette action en revendication et la pétition d'hérédité ; que la sentence rendue sur le premier procès n'établira aucun préjugé sur l'instance en pétition d'hérédité qui pourra être soulevée plus tard ; qu'en un mot, la *rei vindicatio* n'a pas le caractère de *causa minor* vis-à-vis de la pétition d'hérédité.

10. — Un texte va nous permettre de vérifier directement l'opinion dont nous présentons le développement : c'est la loi 1, § 1, Dig., *famil. ercisc*. Ce texte prévoit une double hypothèse. Dans la première, Gaïus suppose que celui qui est en possession d'une hérédité dénie la qualité d'héritier à celui qui exerce l'action *familiæ erciscundæ* pour obtenir la part héréditaire à laquelle il prétend. Dans ce premier cas le possesseur de l'hérédité fait insérer dans la formule délivrée pour l'action *familiæ erciscundæ* l'*exceptio præjudicialis* : « *Quod præjudicium hereditati non fiat,* » et, par ce moyen, « *eum excludere potest.* »

Dans une seconde hypothèse, au contraire, on suppose le demandeur à l'action *familiæ erciscundæ* possesseur de sa part d'hérédité. Dans ce cas, son adversaire aura beau lui contester sa qualité d'héritier, l'*exceptio præjudicialis* ne pourra lui nuire : aussi appartient-il au *judex* de décider si le demandeur à l'action *familiæ erciscundæ* est ou non héritier, sauf dans le premier cas à lui attribuer sa part et à condamner son adversaire envers lui aux prestations auxquelles il peut prétendre.

11 — Si nous recherchons tout d'abord pourquoi, dans la première hypothèse, l'exception préjudicielle permet de repousser le demandeur à l'action *familiæ erciscundæ*, nous en trouvons ce motif que, n'étant pas en possession de sa part héréditaire, il aura, pour la réclamer, la pétition d'hérédité *(causa major)* sur laquelle la sentence obtenue par l'action *familiæ (causa minor)* établirait un préjugé : de là l'insertion dans la formule de l'*exceptio præjudicialis* et l'effet qu'elle obtient devant le *judex*, aboutissant à faire ajourner l'instance de l'action divisoire jusqu'à ce que la sentence sur la pétition d'hérédité ait été rendue.

Dans la seconde hypothèse au contraire, possesseur de l'hérédité ou de sa part héréditaire, le demandeur à l'action *familiæ erciscundæ* ne sera pas repoussé par l'exception préjudicielle : « *Non nocet talis exceptio.* » Quoique insérée dans la formule, le *judex* ne la prendra pas ici en considération, parce que, le demandeur étant possesseur de sa part héréditaire, il ne pourra pas recourir plus tard à la pétition d'hérédité, et par suite se prévaloir, dans l'exercice de celle-ci, de la sentence rendue en sa faveur dans l'action *familiæ erciscundæ*.

12. — Nous voyons par ce texte que, suivant que le demandeur à l'action *familiæ erciscundæ* est ou non en possession de sa part héréditaire, l'*exceptio præjudicialis* : « *Quod præjudicium hereditati non fiat*, » insérée dans la formule de l'action *familiæ erciscundæ*, dans les deux hypothèses, produit des effets différents, faisant ajourner l'instance divisoire dans le premier cas, n'étant pas prise en considération dans le second. Or, remarquons-le, rien dans notre texte ne vient indiquer l'intervention de la *cognitio prætoria* s'exerçant indifféremment avec l'insertion dans la formule de l'*exceptio præjudicialis*. Le préteur aurait-il notamment à décider seul, par sa propre *cognitio*, le fait capital de la possession ou de la non-possession de sa part héréditaire par celui qui intente l'action *familiæ erciscundæ*? En rien. Insérée dans la formule dans nos deux hypothèses, l'*exceptio præjudicialis* sera, conformément aux principes ordinaires, appréciée par le *judex* exclusivement; les termes mêmes de notre texte le prouvent suffisamment : « *Potest eum excludere per hanc exceptionem.* » Pas de doute que si le préteur eût pu, en général, choisir indifféremment l'insertion de l'*exceptio præjudi-*

cialis ou sa propre *cognitio*, il n'eût pris ce dernier moyen, dans la seconde hypothèse de notre texte, vérifiant la qualité de possesseur chez celui qui dénie la qualité d'héritier au demandeur à l'action *familiæ erciscundæ*, et refusant à ce dernier l'exercice même de l'action divisoire. Or le texte nous présente au contraire le préteur insérant dans la formule l'*exceptio præjudicialis* dans les deux cas, mais le *judex* ayant toujours l'appréciation de cette exception, lui faisant produire des résultats différents, suivant que le demandeur à l'action divisoire est ou non possesseur de sa part héréditaire : il ne faudrait donc pas voir dans la seconde hypothèse de notre texte, dans ces expressions « *non nocet talis exceptio,* » l'indication d'un refus du préteur, mais bien l'appréciation de l'exception faite par le *judex*.

13. — Du reste, en principe, pour délivrer la formule de l'action *familiæ erciscundæ*, le préteur n'avait aucun compte à tenir de la possession des objets héréditaires par le demandeur à l'action divisoire. « *Quantum vero ad accipiendum familiæ erciscundæ judicium, nihil interest possideat quis hereditatem, necne* (1). » Étant donnée notre interprétation de la loi 1, § 1, il n'y a aucune antinomie entre ces deux textes. Outre la généralité du texte de Paul, remarquons qu'il ne s'agit ici que de la délivrance de l'action et non du résultat qu'elle aura devant le *judex*. Pour délivrer la formule, le préteur n'aura aucun compte à tenir de la possession, pas plus, du reste, que pour faire refuser l'insertion de l'exception préjudicielle ou suspendre l'instance par un décret; rien de tout cela ne rentre dans l'office du préteur, qui n'a point à examiner si le demandeur à l'action *famil. ercisc.* est ou non possesseur de sa part héréditaire : le fait de la possession rentre dans le pouvoir du *judex* exclusivement, et l'exception préjudicielle, dans toutes les hypothèses, devra trouver sa place dans la formule, sauf au *judex* à lui faire produire des effets différents, suivant que le demandeur sera ou non en possession des biens héréditaires. Le texte de Paul ne vient donc infirmer en rien le résultat que produira sur les effets de l'exception préjudicielle le fait de la possession, tel qu'il est indiqué dans la loi 1, § 1; il n'a pour but que d'établir ce principe : c'est qu'*in jure* le préteur, pour délivrer la formule de l'action *familiæ erciscundæ* n'a aucune *cognitio* à exercer pour le fait de la possession des biens héréditaires par le demandeur à l'*actio familiæ erciscundæ*,

(1) L. 25, § 2, D., *fam. erc.*

14. — En supposant même que le préteur pût, avant d'insérer dans la formule l'*exceptio prœjudicialis*, recourir à une certaine *cognitio* lui permettant d'apprécier, dans une certaine mesure, le bien-fondé de l'exception préjudicielle, on arriverait à lui créer un rôle doublement inutile : inutile d'abord, par ce motif que, l'insertion de l'*exceptio prœjudicialis* donnant au *judex* le pouvoir d'appréciation le plus complet, il examine à nouveau le fait proposé dans l'*exceptio* dans la plus complète indépendance des preuves qui auraient pu être présentées au préteur exerçant sa *cognitio* sur le même fait, rejetant par exemple l'*exceptio* alors que le motif qu'elle contenait avait paru vraisemblable au préteur; inutile encore, en ce sens que les parties elles-mêmes, sans que la formule puisse y faire obstacle, pourraient produire devant le *judex*, des allégations et des preuves différentes de celles qu'elles avaient produites devant le préteur, et arriver ainsi à anéantir l'effet de la décision prétorienne.

Que conclure de tout ce qui précède? si ce n'est que l'appréciation d'une exception préjudicielle est soumise exclusivement au *judex*, comme pour toute autre exception ; que, pas plus pour ces sortes d'exceptions que pour les autres, le préteur ne pourra, par sa propre *cognitio*, trancher la question qui en est le fondement; que son rôle se borne à refuser ou à donner l'insertion de l'exception dans la formule, eu égard à la nature de l'action intentée et du fait allégué comme exception. Mais il n'avait jamais le droit de vérifier lui-même le fait allégué à titre d'exception.

CHAPITRE II.

DE L'EXCEPTIO PRÆJUDICIALIS ET DE LA COGNITIO PRÆTORIA.

15. — Les deux moyens dont l'existence nous est révélée par les textes, permettant de prévenir le *prœjudicium* d'une *causa minor* sur une *causa major*, ne peuvent être indifféremment employés : tel est le principe que nous avons essayé d'établir dans notre chapitre I. La *cognitio prœtoria* et l'*exceptio prœjudicialis* doivent donc suivre des règles différentes, s'appliquer dans des hypothèses diverses. C'est l'étude de chacun de ces faits juridiques qui doit maintenant faire l'objet de nos recherches, en ayant soin, autant qu'il sera possible, de dégager des textes

4

quelques principes à l'aide desquels nous distinguerons les cas où l'un des deux moyens précités doit prévaloir, dans quelle forme il doit se présenter, dans quelles affaires, et enfin les effets que chacun d'eux doit produire.

Nous allons examiner d'abord ce qui concerne l'*exceptio* ou la *præscriptio præjudicialis*; puis nous étudierons la *cognitio prætoria*, intervenant comme l'*exceptio*, *de præjudicio prohibendo*.

SECTION I.

DE L'EXCEPTIO PRÆJUDICIALIS.

SOMMAIRE.

I. — 15-22. Conditions d'application de l'*exceptio præjudicialis* : 1° la *causa minor* seule doit être pendante; 2° que celle-ci ne soit pas parvenue à la *litis contestatio*; 3° que la *causa major* soit au nombre de celles susceptibles de donner lieu à l'*exceptio præjudicialis*.

II. — 23. *Causæ majores* donnant lieu à l'*exceptio præjudicialis*. — 24-26. *Præjudicium ne hereditatis petitioni præjudicium fiat.* — 27. Exception préjudicielle : *Extraquam in reum capitis præjudicium fiat.* — 28-31. Hypothèse de la loi 7, § 1, D., *de injur.* — 32. *Præjudicium ne prædio fiat.* — 33. Hypothèse de la loi 18, D., *de except.*

III. — 34-42. Effets attachés à l'*exceptio præjudicialis*; discussion des trois systèmes émis sur cette question.

I. 16. — L'*exceptio præjudicialis* a pour but de prévenir un préjugé résultant d'une *causa minor* sur une *causa major*. Elle est insérée dans la formule par le préteur, sur la demande du défendeur, soit dans l'*intentio*, soit en tête de la *demonstratio*: de là la double dénomination par laquelle on la trouve indiquée; tantôt elle est appelée *exceptio*, tantôt *præscriptio præjudicialis*. Elle ne reçoit plus que la première dénomination dans les textes plus récents.

Sa forme diffère un peu des autres exceptions : tandis que celles-ci se présentent presque toujours sous ces termes : « *si non*, » subordonnant la condamnation à une condition négative, l'expression préjudicielle est ordinairement conçue avec les expressions : « *quod non*, etc. »

L'insertion de l'exception préjudicielle dans la formule n'est point laissée à l'arbitraire du préteur : certaines conditions sont prescrites, sans lesquelles l'insertion ne peut avoir lieu; c'est à l'examen de ces conditions que nous devons maintenant nous attacher.

17. — La première nous est indiquée par Julien : c'est que l'exception préjudicielle ne peut être insérée que si la *causa major* n'a pas encore été introduite en justice, si la *causa minor* seule est pendante. Le jurisconsulte, en effet, après avoir donné cette solution pour une hypothèse spéciale, la généralise ensuite en disant : « *Futuri enim judicii, non facti nomine hujusmodi exceptiones (id est præjudiciales) comparatæ sunt.* » Il suppose qu'une fois la pétition d'hérédité parvenue à la *litis contestatio,* une partie introduit en justice une demande en vendication d'objets particuliers faisant partie de la masse héréditaire : l'exception ne pourra être insérée dans la formule, puisque l'instance sur la *causa major* était déjà engagée et parvenue à la *litis contestatio.* Les nombreuses hypothèses que nous aurons à étudier où la formule contient l'*exceptio præjudicialis* ne feront que confirmer l'existence de cette première condition.

18. — Deuxièmement, l'*exceptio præjudicialis* ne peut être insérée dans la formule délivrée à l'occasion de la *causa minor* qu'à la condition que celle-ci n'en soit pas encore parvenue à la *litis contestatio.* Celle-ci, en effet, met fin au rôle du préteur ; lui seul peut faire entrer dans la formule les différentes *adjectiones* qui sont réclamées par les parties ; la *litis contestatio* une fois arrivée, les termes de la formule sont définitivement arrêtés, et il n'y a plus aucune modification possible dans sa *conceptio.*

19. — Il est vrai qu'en principe le défendeur qui a négligé d'user d'une *exceptio* qu'il pouvait invoquer peut trouver une ressource extrême dans la *restitutio in integrum.* Ici ce moyen lui fera probablement défaut. On s'accorde généralement à reconnaître aux *exceptiones præjudiciales* le caractère de *dilatoires.* Or il était douteux au temps de Gaïus si l'*exceptio* dilatoire omise par le défendeur pouvait donner lieu à la *restitutio in integrum.* Aucun texte ne vient résoudre la question ; mais des textes postérieurs, au contraire, reproduisent l'opinion déjà admise par Gaïus sur les exceptions péremptoires (1).

20. — Troisièmement, il faut enfin que la *causa major* soit au nombre de celles qui sont susceptibles de donner lieu à l'insertion d'une *exceptio præjudicialis.* Celle-ci se présente, en effet, avec un caractère sinon exceptionnel, du moins assez particulier pour qu'on ne puisse voir en elle un moyen accordé au préteur de prévenir le *præjudicium* d'une manière générale : nous trouve-

(1) G., IV, 125.

rons ce caractère général dans la *cognitio praetoria* intervenant *de praejudicio prohibendo*. Sous ce rapport, en effet, il faut bien se garder de confondre le rôle de la *cognitio* du préteur de celui de l'exception préjudicielle, de les mettre sur le même plan. Outre les différences de formes, d'hypothèses dans lesquelles l'une et l'autre sont applicables, la *cognitio* s'offre à nous avec un caractère de généralité pour les cas auxquels elle peut s'appliquer, tandis que les hypothèses donnant lieu à l'*exceptio praejudicialis* sont rares et semblent même se réduire aux trois espèces dont nous allons présenter l'étude. Nous aurons, en effet, en parcourant les différentes espèces où la *cognitio praetoria* nous est révélée, à constater l'indépendance du préteur pour prévenir le *praejudicium* par la suspension de la *causa minor* ou de la sentence ; nous pourrons y constater que la connexité seule de la *causa minor* avec une *causa major* suffit pour qu'il y ait lieu à *cognitio*. Peu lui importe que la *causa major* soit soulevée entre les mêmes parties que la *causa minor*, ou qu'elle soit intentée par un autre contre le même demandeur, ou par le défendeur contre un tiers : la *cognitio* peut intervenir.

21. — Dans l'*exceptio praejudicialis*, rien de semblable : ce serait une erreur de croire que, laissée à la libre discrétion du préteur, elle pût être insérée dans la formule par cela seul qu'il y eût connexité avec une *causa major* et introduction en justice de la *causa minor* seule. Non. L'exception préjudicielle a pour but d'amener le demandeur à la *causa minor*, seule portée devant le tribunal, à former la demande sur la *causa major*. Par suite, elle ne pourra être insérée dans la formule qu'à la seule condition que le demandeur à qui on l'oppose pourra personnellement intenter pour son compte la *causa major* contre le même défendeur. Admettre l'*exceptio praejudicialis* en dehors de cette condition, en faire un moyen général de prévenir le *praejudicium*, quelles que soient les circonstances, ce serait aboutir à la plus flagrante injustice. Faudrait-il donc, si l'exercice de la *causa major* appartenait à un tiers seulement, attendre que ce dernier voulût bien l'intenter pour que la *causa minor* puisse aboutir à une solution, que n'empêcherait pas l'*exceptio praejudicialis*? Lorsque la *causa major* ne peut être intentée que par une personne ou contre une personne autre que l'une des parties qui sont en instance dans la *causa minor*, l'exception préjudicielle ne peut trouver place dans la formule.

22. — L'*exceptio praejudicialis* prenait encore des allures excep-

tionnelles sous d'autres rapports. Il est certain, notamment, que toute *causa minor* connexe avec une *causa major* susceptible d'être intentée entre les mêmes parties ne donnait pas lieu à l'insertion de l'*exceptio præjudicialis*. Ici encore, gardons-nous d'établir une règle générale. En admettant, en effet, un principe absolu, on aboutirait logiquement aux conséquences les plus insoutenables ; la plupart des actions deviendraient alors l'objet d'une *exceptio præjudicialis* : toute action confessoire, *pigneratitia*, réclamations d'intérêts, supposent un fonds dominant dont on est propriétaire, une créance que le gage vient garantir, l'existence d'un capital dont on réclame les intérêts. Faudra-t-il aller jusqu'à dire, puisque les parties sont les mêmes, que la demande est *causa minor* par rapport à la question de propriété ou de créance, que l'*exceptio præjudicialis* sera introduite dans la formule délivrée pour ces actions? Évidemment non. Il faut que, étant données toutes les conditions qui précèdent, dont la réunion est exigée pour qu'il y ait lieu à l'*exceptio præjudicialis*, vienne s'ajouter enfin cette dernière condition, que les textes indiquent l'emploi de l'*exceptio præjudicialis*. Cette règle n'est, il est vrai, formulée expressément nulle part; elle nous semble cependant résulter du caractère spécial des rares hypothèses dans lesquelles l'*exceptio præjudicialis* est mentionnée, des cas nombreux, au contraire, où la *cognitio prætoria* intervient pour le même motif, et dont l'emploi est abandonné plus librement à la discrétion du préteur. Sans avoir à donner ici l'examen des diverses hypothèses d'exceptions préjudicielles, que nous développerons plus loin, celle citée par Cicéron, les exceptions préjudicielles *quod hereditati* et *quod fundo præjudicium non fiat*, qu'il nous soit permis de remarquer avec les textes que l'*exceptio præjudicialis* y est donnée pour éviter que l'exercice d'une action ne vienne en supplanter une autre, à l'exercice de laquelle le législateur romain attache plus d'importance; que toute cause, même connexe à une *petitio* d'hérédité ou à une question de propriété, ne donne pas lieu à une *exceptio præjudicialis*. L'identité du résultat, la différence des moyens pour y aboutir, voilà ce qui caractérise dans nos trois hypothèses la délivrance de l'*exceptio præjudicialis*. Le caractère spécial des hypothèses dans lesquelles nous trouvons l'exception préjudicielle, c'est qu'il s'y agissait d'actions dont l'exercice ne devait être remplacé par aucune autre. L'*exceptio præjudicialis* reste donc pour nous une mesure toute spéciale, la *cognitio prætoria* formant, au contraire, le moyen de droit commun laissé au préteur pour éviter le *præju-dicium*. Que si, parfois, les textes nous offrent le mot *præjudicium* dans des hypothèses qui ne remplissent pas toutes les conditions que nous avons déterminées pour l'emploi de l'*exceptio*, nous aurons, en les étudiant, à montrer que le mot *præjudicium* y reçoit alors une signification différente de celle que nous lui reconnaissons ici *(exceptio præjudicialis)*, et par là même nous y puiserons une nouvelle preuve pour la thèse que nous soutenons.

Causæ majores donnant lieu à l'*exceptio præjudicialis*.

II. 23. — Nous avons à étudier maintenant les différentes hypo-thèses qui nous sont révélées par les textes, dans lesquelles se trouve insérée l'*exceptio præjudicialis*. Nous les passerons en revue en les rangeant sous les motifs principaux qui nous sem-blent avoir nécessité la création de l'exception préjudicielle pour faire obstacle au *præjudicium*.

24. — Une des *causæ majores* devant son caractère au tribunal appelé à en connaître, c'était la pétition d'hérédité, vis-à-vis de toute autre action tendant au même résultat par une voie diffé-rente. Portée devant le tribunal centumviral (1), la pétition d'hé-rédité ne pouvait recevoir un préjugé d'une autre action tendant à des objets héréditaires, mais exercée devant un tribunal ordi-naire, par exemple l'action *familiæ erciscundæ*.

Or, lorsque, préalablement à l'exercice de la *petitio hereditatis*, on intente une action en revendication ou l'action *familiæ ercis-cundæ*, le défendeur fait insérer dans la formule l'*exceptio præ-judicialis* : « *quod præjudicium hereditati non fiat*, » afin de prévenir tout préjugé résultant de la sentence rendue sur l'une ou l'autre de ces actions, considérées comme *causæ minores*, par rapport à la pétition d'hérédité *(causa major)* dont la connaissance est dé-volue au tribunal supérieur des centumvirs : « *Magnitudo etenim et auctoritas centumviralis judicii non patiebatur, per alios tra-mites viam hereditatis petitionis infringi.* »

25. — L'*exceptio præjudicialis* « *quod præjudicium hereditati non fiat* » n'était pas insérée dans la formule toutes les fois qu'une *causa minor*, par rapport à la pétition d'hérédité, était in-troduite en justice. Plusieurs conditions devaient être remplies : *a.* Il fallait en premier lieu que la *causa minor* seule fût intro-

(1) L. 12, C., *de her. pet.*

duite en partie. Lorsqu'il y avait exercice simultané de la *causa major* et de la *causa minor*, le préteur trouvait dans la *cognitio* le moyen de prévenir le *præjudicium*. Cette première condition n'est que l'application de la règle générale que nous avons établie pour toute *exceptio præjudicialis*. — b. En second lieu , la *causa minor* devait avoir un objet identique à la pétition d'hérédité, et être exercée dans le but de remplacer celle-ci : elle se présentait notamment lorsque l'une des parties réclamait par l'action *familiæ erciscundæ* l'hérédité ou une partie de l'hérédité dont le défendeur était possesseur. En supposant que, dans cette hypothèse, le demandeur triomphe dans son action en partage, le résultat obtenu eût été pour lui identique au succès obtenu dans la *petitio hereditatis*. Ces deux actions, en effet, ont non-seulement ce caractère commun, que dans l'une et l'autre la question d'hérédité y est traitée, mais encore que l'effet matériel, le bénéfice produit est identique; c'est ainsi que par une autre action on peut parvenir (à moins d'insérer l'*exceptio præjudicialis*) à éviter l'exercice de la pétition d'hérédité : «*per alios tramites viam hereditatis petitionis infringi.*» Si l'action *familiæ erciscundæ* est intentée contre celui qui est possesseur de l'hérédité ou d'une partie de l'hérédité réclamée par le demandeur, elle aboutit à un résultat identique à celui de la pétition d'hérédité : comme celle-ci, elle fait résoudre la question d'hérédité ; comme cette dernière, elle fait obtenir au moyen de l'*adjudicatio* la part héréditaire, de quelque nature que soient les biens composant la masse. C'est précisément cette substitution d'une autre action à l'exercice de la pétition d'hérédité que notre *exceptio præjudicialis* a pour but de prévenir. Le législateur romain n'avait pas voulu qu'une cause ressortissant d'un tribunal supérieur, ayant pour objet une universalité, pût, par des actions détournées, être portée devant un tribunal ordinaire et devenir l'objet de réclamations partielles.

26. — Ulpien (1) nous offre un autre exemple de la *petitio præjudicialis* «*quod præjudicium hereditati non fiat.*» Il suppose que le possesseur de bonne foi d'une hérédité a vendu des objets héréditaires, sans que le prix qu'il en a retiré lui ait profité : l'héritier pourra-t-il exercer contre l'acheteur l'action en revendication, si celui-ci n'a pas encore usucapé? de son côté, l'acheteur ne pourra-t-il pas opposer à cette action en revendication, en la

---

(1) L. 25, § 17, D., *de pet. hered.*

supposant exercée, l'exception préjudicielle « *quod præjudicium hereditati non fiat,* » de telle sorte que la sentence rendue sur l'action en revendication dirigée par celui qui se prétend héritier n'établisse aucun préjugé sur la pétition d'hérédité qui pourra s'élever entre le possesseur de l'hérédité et le revendiquant ? La raison de douter sur l'emploi de l'exception préjudicielle vient de ce que la pétition d'hérédité exercée par l'héritier contre le possesseur ne pourrait comprendre les objets vendus ; par suite, il ne peut donc résulter de cette action en revendication aucun préjugé sur la *petitio hereditatis.* Mais, d'un autre côté, si l'acheteur succombe dans l'action en revendication dirigée contre lui, il aura un recours contre le possesseur qui lui vendra des objets appartenant à l'hérédité. L'action en revendication n'est possible que si l'acheteur ne peut exercer aucun recours contre le vendeur. Dans le cas contraire, l'*exceptio præjudicialis* pourra être opposée.

Que si cependant celui qui a vendu les choses héréditaires se portait défendeur à l'action en revendication comme s'il était encore possesseur, pas de doute que l'*exceptio præjudicialis* pût être insérée dans la formule contre celui qui se prétend héritier. Dans cette double hypothèse où l'*exceptio præjudicialis* est insérée, il s'agit encore de prévenir le *præjudicium* qui résulterait, pour une *petitio hereditatis,* de l'exercice d'une action en revendication sur des objets héréditaires.

Nous trouverons aussi la *cognitio prætoria* intervenant *de præjudicio prohibendo* pour la pétition d'hérédité.

27. — Parmi les *causæ majores* dont le caractère tient à la nature même de l'objet litigieux, nous en trouvons une qui nous est mentionnée par Cicéron et qui donne lieu à l'insertion dans la formule de l'exception préjudicielle : « *Extraquam in reum capitis præjudicium fiat.* » Ici encore il s'agit de deux procès aboutissant au même but, dont l'un, considéré comme *causa minor* par rapport à l'autre, établissant sur ce dernier un préjugé que l'*exceptio præjudicialis* précitée a pour but de prévenir. Il s'agit d'un même fait (*injuria*) donnant lieu à une double instance, un *judicium privatum* et un *judicium publicum (legis Corneliæ)* ; or la sentence rendue sur le premier ne doit pas établir un préjugé sur le *judicium publicum :* « *Non enim oportet in recuperatorio judicio ejus maleficii, de quo inter sicarios quæritur, præjudicium fieri.* »

28. — Ulpien (1) nous offre un autre exemple de *præjudicium* ayant une certaine analogie avec celui qui précède, mais qu'il importe cependant de ne pas confondre avec ce dernier : il se demande si, dans l'hypothèse d'un esclave tué *injuria* ou empoisonné, l'exercice de l'*actio injuriæ* doit être permis nonobstant le *præjudicium publicum legis Corneliæ* né du même fait ? Dans ces deux cas, le préteur, à son avis, fera mieux de refuser l'action privée. S'agit-il, au contraire, de l'action privée de la loi Aquilia, l'exercice pourra en être permis, malgré le *judicium publicum* de la loi Cornélia.

Pourquoi ne trouvons-nous pas ici, comme dans l'hypothèse citée par l'orateur romain, l'insertion d'une *exceptio præjudicialis* : ne s'agit-il pas dans notre texte, comme dans celui de Cicéron, d'une *causa minor (judicium privatum)* produite seule en justice et pouvant apporter un préjugé : la *causa major (judicium publicum)* ?

29. — Cette analogie entre les espèces prévues par les deux textes n'est qu'apparente, et chacun prévoit des cas et applique des principes complètement différents. Remarquons tout d'abord que dans notre loi 7, § 4, il n'y a rien d'analogue ni avec les hypothèses dans lesquelles le *præjudicium* est parvenu au moyen de l'*exceptio præjudicialis*, ni avec celles qui donnent lieu à une *cognitio prætoria*, et que nous aurons occasion de passer en revue. Ces dernières aboutissent à suspendre l'instance sur la *causa minor*, à en différer la solution jusqu'après la sentence rendue sur la *causa major*. Il s'agit ici non pas d'une suspension de procédure, mais d'un refus total d'action. On ne recherche pas à prévenir le préjugé qui pourrait établir sur une autre instance à intervenir la sentence rendue sur le litige actuel ; étant donnés deux *judicia* de nature différente, le jurisconsulte se demande si l'exercice de l'un d'eux n'entraînera pas l'extinction de l'autre.

L'exercice de l'action privée d'injures entraînera-t-elle ou non l'extinction du *judicium publicum* de la loi Cornélia ? sera-t-il permis d'agir à la fois par l'action privée et l'action publique pour le meurtre d'un esclave ? Selon Ulpien, il ne peut en être ainsi. Le principe qui régit le concours de l'action privée et de l'action publique nées du même fait est ici appliqué et mis en lumière. Lorsqu'un même fait donne lieu à la fois à un *judicium publicum* et à un *judicium privatum*, les deux instances

(1) L. 7, § 1, D., de injur.

aboutissant à une peine, l'exercice de l'une entraîne l'extinction de l'autre. Telle est la règle formulée dans plusieurs textes, mais qui doit être rapprochée de cette autre, à savoir que l'existence pour un même acte d'un *judicium publicum* et d'un *judicium privatum* ne fait pas obstacle à ce que l'action privée soit exercée après s'être servi de l'action publique. Lorsqu'en effet dans les deux actions se trouve le même but, « la peine » *(ultio delicti)*, il est de principe que l'exercice de l'une entraîne l'extinction de l'autre, la peine ne pouvant être obtenue deux fois contre la même personne à raison du même fait (1). Aussi notre texte refuse-t-il l'exercice de l'action d'injure à celui qui veut exercer aussi le *judicium publicum* de la loi Cornélia. Le but exclusif de l'action d'injure est de poursuivre l'obtention d'une peine : résultat identique à celui que fait obtenir le *judicium publicum*; aussi bien différente serait la solution donnée par la loi *Aquilia*. L'exercice de ce *judicium privatum* n'entraînerait point l'exclusion du *judicium publicum* engendré par le même fait. C'est que le *judicium privatum* ne contient exclusivement que la réparation du dommage causé; que, par suite, l'exercice ne fait pas double emploi avec celui du *judicium publicum*.

30. — Ordinairement, le principe que nous venons d'exposer est appliqué moins rigoureusement, en ce sens que la partie lésée a le choix d'exercer le *judicium privatum* ou le *judicium publicum*, à son gré, sauf à perdre l'exercice de l'instance qu'elle aura négligée. Dans notre texte, Ulpien semble exclure ce choix dans l'hypothèse du *judicium publicum* de la loi Cornélia. L'exercice du *judicium privatum* doit être refusé lorsque le *judicium publicum* de la loi Cornélia n'a pas été l'objet d'une instance, solution reproduite du reste dans d'autres textes : « *Præjudicandum non esse privato judicio legis Corneliæ.* » L'instance publique doit toujours précéder l'instance privée dans notre hypothèse : tel est, du moins, l'avis émis par Ulpien.

Le mot *præjudicium* aurait donc ici un sens tout spécial, puisqu'il désignerait l'extinction du *judicium privatum* par l'exercice du *judicium publicum*. Aussi certains auteurs veulent-ils ne voir dans le mot *præjudicari* de notre texte qu'une règle relative à la marche de la procédure, ayant pour but de déterminer si le *judicium privatum* peut ou non être exercé préalablement au *judicium publicum*, sans nier la possibilité du concours pour un

---

(1) L. 6, D., *de injur.* — L. 3, D., *de priv. del.* — Inst., § 10, *de inj.*

même fait et de l'action d'injure et du *judicium publicum* de la loi Cornélia : tel est, du moins, l'avis de M. de Savigny. C'est méconnaître la distinction établie par Ulpien, dans notre texte (L. 7, § 4, *de injur.*), entre les cas où les deux *judicia* tendent à l'obtention d'une peine et celui où le *judicium privatum* ne tend qu'à la réparation du dommage causé : extinction de l'une des actions par l'exercice de l'autre dans le premier cas, exercice possible des deux actions dans le second. C'est aussi vouloir faire admettre par Ulpien une idée que repoussent les textes (1), à savoir laquelle de ces actions doit être exercée la première. Il est vrai que s'il y a exercice simultané des deux *judicia*, la plupart du temps le *judicium publicum* sera tranché préalablement à l'action privée; mais jamais ni la *cognitio prætoria* ni l'insertion de l'*exceptio præjudicialis* n'ont abouti à faire repousser l'action privée, seule introduite en justice, par le motif que le même fait engendrait aussi une action publique susceptible d'être portée en justice.

31. — Pourtant, dans les hypothèses où l'exercice préalable de l'action privée entraînait l'extinction de l'action publique, l'intérêt public y trouvait-il son compte? A l'origine, il est bien probable que le *judicium publicum* ne fut sauvegardé que par l'insertion dans la formule d'une *exceptio præjudicialis*, précaution imparfaite, puisque la partie pouvait ne pas la demander. C'est dans une hypothèse de ce genre que fut insérée l'*exceptio* « *extraquam in reum capitis præjudicium fiat*, » dont nous parle Cicéron. Ce remède a dû sembler bien incomplet, lorsque l'intérêt social a été mieux dégagé de l'intérêt privé, compromis tous deux par des actes délictueux : alors la sauvegarde du *judicium publicum* dut être confiée au préteur lui-même. Ajoutons que, spécialement en matière d'injure, le rôle du préteur dominait : il lui appartenait d'apprécier s'il y avait eu injure ou non, de déterminer la somme due, eu égard à la qualité du demandeur, afin de voir s'il y avait lieu ou non à la délivrance de l'action; que si le préteur remarquait que l'injure présentait des caractères tels que le *judicium publicum* lui semblait préférable, il refusait l'action privée. C'est ce qu'Ulpien conseille au préteur lorsqu'il s'agit du meurtre ou de l'empoisonnement d'un esclave : *Rectius igitur fecerit, si hujusmodi actionem non dederit.* On voit par là qu'il n'y a rien de commun entre notre hypothèse (L. 7, § 4) et

---

(1) L. 23, § 0, *ad leg. Aq.*; § 11, Instit., cod. — L. 3, § 0, *de tab. exhib.*

celle où nous trouvons l'insertion de l'*exceptio præjudicialis*, où le préteur intervenait par sa propre *cognitio* pour suspendre un procès ou ajourner la sentence d'une *causa minor*.

32. — La connexité qui peut exister entre deux questions, connexité telle que la décision rendue sur l'une entraînera nécessairement la solution de l'autre, sans qu'il y ait réciprocité, peut donner lieu à l'*exceptio præjudicialis*. C'est à cette idée que nous rattachons le *præjudicium* auquel Africain fait allusion dans la loi 16, Dig., *de exceptionibus*. Il suppose un demandeur réclamant un droit de passage au profit d'un fonds dont un tiers a la possession, et dont il se prétend propriétaire. Le possesseur opposera à l'action confessoire l'*exceptio præjudicialis « quod præjudicium prædio non fiat. »* Autrement l'action confessoire aboutissant à une solution favorable au demandeur entraînerait nécessairement au profit de ce dernier un préjugé en faveur de la propriété du fonds, qui, controversée déjà entre les parties, peut donner lieu à un procès en revendication. Ici, nous retrouvons un danger analogue à celui que présente la réclamation d'objets particuliers faisant partie d'une masse héréditaire, par rapport à la pétition d'hérédité. En réclamant un droit de passage pour un fonds dont la propriété ne lui est pas reconnue sans controverse, le demandeur a non-seulement l'obligation de prouver son titre de propriétaire du fonds dominant, mais, en soulevant une simple question de servitude, il parviendrait à faire résoudre incidemment la question de propriété elle-même, qui revêt le caractère de *causa major* par rapport à l'action confessoire. Demander un droit de servitude au profit du fonds, c'est revendiquer une qualité de la propriété, qualité dont la reconnaissance judiciaire ne peut se comprendre qu'en supposant un droit de propriété sur le fonds dominant existant au profit du demandeur à l'action confessoire : de là la précaution que doit prendre le défendeur en faisant insérer dans la formule l'*exceptio præjudicialis* aboutissant à éviter le préjugé sur la question de propriété.

33. — Dans un autre texte du même titre (1), le même jurisconsulte nous indique non plus une hypothèse où doit être insérée l'*exceptio præjudicialis*, mais bien un cas analogue, en apparence du moins, et qui pourtant n'exige pas l'*exceptio*. Deux situations sont indiquées dans notre texte : il s'agit en premier lieu d'un fonds dont un copropriétaire se prétend propriétaire

(1) L. 18, D., *de except.*

exclusif, tandis qu'un autre réclame contre lui la partie à laquelle il prétend et par l'action en revendication et l'action *communi dividundo* qu'il introduit devant le même *judex*. En second lieu, il s'agirait aussi d'une *rei vindicatio* d'un fonds et d'une *condictio fructuum* exercées simultanément devant le même *judex*. Or l'action *communi dividundo* dans le premier cas, la *condictio fructuum* dans le second ont le caractère de *causæ minores* par rapport à l'action en revendication : l'*exceptio* « *quod fundo partive ejus præjudicium non fiat* » sera-t-elle ou non insérée dans la formule sur la réclamation du défendeur? telle est la question que se pose Africain. Le préteur doit intervenir lui-même, et, en refusant la délivrance de l'*exceptio*, dénier même l'exercice de la *causa minor*, jusqu'à ce que l'action en revendication ait été l'objet d'une sentence. Les expressions dont se sert le jurisconsulte prouvent suffisamment qu'ici le *præjudicium* se trouve évité au moyen de l'intervention directe du préteur. Nous aurons, dans les développements à fournir sur la *cognitio prætoria* en matière de *præjudicium*, à établir le principe sur lequel repose la solution de la loi 18, opposée à celle de la loi 16, qui prescrit l'*exceptio præjudicialis* dans une hypothèse ayant en apparence la plus grande analogie avec la première.

Effets attachés à l'*exceptio præjudicialis*.

III. 34. — Nous avons étudié les principales espèces dans lesquelles le *præjudicium* d'une *causa minor* sur une *causa major* était évité au moyen de l'insertion dans la formule d'une *exceptio præjudicialis*. Pour compléter cette étude, il faut préciser les effets de l'*exceptio præjudicialis*. Nous abordons ici la partie la plus obscure de notre matière et la discussion des opinions les plus contradictoires émises sur ce point, dont nous avons à apprécier la valeur. Les difficultés ont ici leur origine dans la confusion obstinément faite par tous les auteurs entre les hypothèses dans lesquelles le *præjudicium* est prévenu par l'intervention directe du préteur, et celles dans lesquelles il y a insertion de l'exception préjudicielle dans la formule de la *causa minor*. Nous verrons combien sont grandes les différences qui séparent la *cognitio prætoria* de l'*exceptio præjudicialis*. Qu'il nous suffise, pour le moment, de rappeler ce que nous avons établi dès le principe : que ces deux moyens ne faisaient pas double emploi entre les mains du préteur; qu'autres étaient les hypothèses dans lesquelles le préteur trouvait dans son rôle même le moyen de prévenir le *præjudicium*; autres étaient celles dans lesquelles intervenait l'*exceptio præjudicialis*. Dans l'étude de la *cognitio prætoria*, ces différences ressortiront bien davantage, et alors on comprendra comment les effets de la *cognitio prætoria* sont tout autres que ceux de l'*exceptio præjudicialis*.

35. — L'*exceptio præjudicialis* est réclamée au préteur par le défendeur à la *causa minor*, pour prévenir le *præjudicium* sur une *causa major* conexe avec la première. Elle n'est délivrée qu'à cette triple condition : que la *causa minor* est intentée; que la procédure n'en est pas encore parvenue à la *litis contestatio*; et qu'enfin on se trouve dans une des hypothèses où le législateur, redoutant un moyen détourné pour substituer une action à une autre, a permis l'insertion de l'*exceptio præjudicialis*. — Insérée dans la formule, elle ne fait pas obstacle à la *litis contestatio* de la *causa minor*; le *judex* sera saisi de l'affaire, qui passera du magistrat au juge, comme tous les autres procès. Quoique ce premier point soit nié, nous ne nous y arrêtons pas, tant il est évident; les textes sont formels, le rôle du *judex* y est indiqué d'une manière précise.

36. — Mais parvenue devant le *judex*, quel va être le sort de la *causa minor*? que va devenir l'action intentée? Trois systèmes partagent ici les romanistes : le premier, soutenu par M. Bonjean, déclare qu'en principe l'exception préjudicielle tend à la suspension de la *causa minor* jusqu'à ce que la sentence sur la *causa major* ait été rendue. Mais il tempère son système en déclarant que cet effet ne doit pas être généralisé, et que, parfois, l'*exceptio præjudicialis* aboutissait simplement à réserver les droits du défendeur, sans faire obstacle à la continuation de la procédure de la *causa minor*. — Une seconde opinion, soutenue par la grande majorité des auteurs, admet que l'*exceptio præjudicialis* aboutit, dans tous les cas, à faire suspendre la procédure sur la *causa minor*. — Une dernière opinion cherche, dans les principes généraux qui régissent l'exception, une solution à cette question. L'exception préjudicielle n'est pas simplement une exception de procédure, elle touche au fond même du procès; elle n'aboutit pas seulement à la suspension de l'instance, mais, comme les autres exceptions, à l'absolution du défendeur.

37. — Nous ne nous attacherons pas à la première théorie, elle est purement arbitraire : c'est entre les deux autres qu'il nous faut opter. La première opinion que nous ayons à discuter est celle qui considère l'*exceptio præjudicialis* comme une excep-

tion de procédure exclusivement, ne pouvant avoir d'autre effet que de modifier la marche du procès sur la *causa minor*, aboutissant enfin à une simple suspension de la *causa minor* jusqu'à ce que la sentence sur la *causa major* ait été rendue. Il y aurait, sous ce rapport, la plus grande similitude entre la *præscriptio fori* et la *præscriptio* ou *exceptio præjudicialis* : par la première on invoquerait l'incompétence du tribunal; la non-recevabilité momentanée de la *causa minor*, dans la seconde. Trois textes surtout ont été produits à l'appui de cette opinion, admise unanimement par les romanistes français : ce sont les lois 16, 18, Dig., *de except.*, et la loi 3, § 8, *de edict. Carbon.* Dans le premier texte, dont nous avons déjà eu l'occasion de parler, il s'agit d'un droit de passage réclamé par le propriétaire d'un fonds, dont le titre est sujet à contestation ; le jurisconsulte dit alors que l'insertion de l'*exceptio præjudicialis* est utile pour éviter le *præjudicium* sur la *causa major* (question de propriété). Dans le second, Africain se demande si le préteur doit ou non insérer dans la formule l'*exceptio* : « *quod præjudicium fundo partive non fiat,* » lorsque celui qui se prétend copropriétaire d'un fonds veut agir en même temps et par la revendication et par l'action *communi dividundo* devant le même juge. Le préteur doit refuser l'action *communi dividundo*, et attendre, pour la délivrer, que la question de copropriété ait été reconnue judiciairement. Enfin la loi 3, § 8, Dig., *edict. Carbon.*, prescrivant au préteur de suspendre l'action relative à l'état de deux frères dont l'un est pubère et l'autre impubère, jusqu'à ce que ce dernier ait atteint sa puberté.

Enfin la forme même de l'*exceptio præjudicialis* « *ea res agatur, si non.....,* » semble mettre une condition à l'exercice même de la *causa minor* et indique qu'elle doit être suspendue si le *judex* vérifie la possibilité du *præjudicium*.

98. — Ce système est erroné, et toute l'erreur a sa source dans la confusion faite entre la *cognitio prætoria*, dont nous aurons à déterminer les effets, qui aboutit il est vrai à la suspension de la *causa minor*, et l'*exceptio præjudicialis*. Or, précisément, des trois textes précités, le premier n'a trait en rien à la suspension de la *causa minor* par l'insertion de l'*exceptio præjudicialis* : elle en indique simplement la nécessité dans l'hypothèse qu'elle prévoit, sans en déterminer les effets; quant aux deux autres, il y a intervention directe et exclusive du préteur, de sa propre *cognitio*, et non pas de l'exception préjudicielle. Dans la loi 18, en effet, il ne s'agit pas du *judex* venant suspendre la *causa minor*, saisi de la

vérification du *præjudicium* par l'*exceptio præjudicialis* : c'est du
refus de l'action elle-même qu'il s'agit, refus exercé évidemment par le *prætor* : « *Me permittere (prætorem) petitori priusquam
de proprietate constet, hujusmodi judiciis experiri.* » De même
dans la loi 3, § 8, il y a encore non pas suspension de l'action,
mais bien refus de l'action jusqu'au moment de la puberté :
« *Exspectari alterius quoque pubertas debet.* »

Quant à la forme même que revêt l'*exceptio*, elle doit d'autant moins servir de base au système que nous combattons, que
la plupart du temps nous la trouvons sous d'autres expressions
que « *si non* ; » presque toujours, en effet, les expressions « *quod
non* » servent à l'*exceptio præjudicialis*.

39.—Ainsi ce système tendrait à faire de l'*exceptio præjudicialis*
un moyen qui modifierait seulement la marche d'une procédure, sans porter aucune atteinte ni au droit exercé ni à l'action
elle-même produite en justice. Il nous est impossible d'admettre
cette théorie. Rappelons-nous, en effet, les conditions dans lesquelles elle intervient : une seule cause est en justice, c'est le
procès le moins important. Y a-t-il ici à déterminer si un procès
doit ou non passer avant l'autre? comment le supposer, puisque
la *causa major* n'est pas exercée? S'agirait-il de suspendre la *causa
minor* jusqu'à ce qu'il plaise à l'autre partie d'intenter la *causa
major?* ce serait inique. Aussi M. Bonjean, dont nous combattons
la théorie, n'a-t-il pas voulu aller jusque-là; et il reconnaît que
parfois l'*exceptio præjudicialis* ne suspendra pas la *causa minor*.
Pourquoi ne pas aller demander aux principes ordinaires qui
régissent les exceptions une solution qui aurait plus de chance
d'être exacte, surtout lorsque des textes viendraient en fournir
la vérification?

40. — En principe, en effet, les exceptions tendent à faire repousser la demande du poursuivant ou à faire atténuer la condamnation. Ce dernier effet n'est pas possible, puisqu'il ne peut
s'agir ici que de repousser le demandeur en absolvant le défendeur, ou de suspendre son action : c'est à paralyser l'action du
demandeur et à faire absoudre le défendeur que tend, à notre
avis, l'exception préjudicielle. — Deux exemples tirés des textes
que nous avons examinés vont vérifier ce que nous avançons.
Si nous supposons un demandeur exerçant l'action en revendication pour obtenir la part d'une masse héréditaire à laquelle il
prétend, et qui se trouve entre les mains d'un possesseur, son
action lui appartient *ipso jure*; pas de doute qu'il ne puisse l'in-

tenter dans le but de substituer à la pétition d'hérédité l'exercice de la revendication. Mais le possesseur pourra obtenir du préteur l'insertion dans la formule de l'*exceptio præjudicialis*, dont l'effet aboutira à faire repousser le demandeur. — De même encore, si l'action *familiæ erciscundæ* est dirigée contre le possesseur de l'hérédité par celui qui prétend à une part héréditaire, pas de doute que cette action ne lui appartienne en droit; néanmoins l'exception préjudicielle insérée dans la formule sur la demande du possesseur aboutira à repousser le demandeur. Ce que nous disons de ces deux hypothèses, nous pourrions le reproduire pour toutes celles dans lesquelles nous trouvons l'exception préjudicielle.

41. — Aussi adoptons-nous la seconde opinion, qui voit dans l'exception préjudicielle non pas une exception de procédure exclusivement, moyen ne tendant qu'à modifier la marche d'une procédure sans atteindre l'action dans son principe, épargnant au *judex* la nécessité d'une décision, mais bien une exception qui, comme toutes celles qui portent sur l'*intentio* du demandeur, aboutissent à repousser complétement la demande et non pas à un simple sursis, et, par suite, à l'absolution du défendeur. Nous ne voyons le sursis que dans les hypothèses où la *cognitio prætoria* vient directement remédier au *præjudicium*. Introduite avant la *litis contestatio* de la *causa minor*, l'*exceptio præjudicialis* doit appeler l'attention du *judex* sur ce fait : y a-t-il ou non crainte d'un *præjudicium* ? Si le *præjudicium* est à redouter, les textes viennent eux-mêmes nous indiquer le rôle du *judex* : « *Quæ quidem actio (familiæ erciscundæ) et quoque ipso jure competit, qui suam partem non possidet; sed si is qui possidet, neget eum sibi coheredem esse, potest eum excludere per hanc exceptionem.* » Telle est la solution donnée par Gaïus : c'est l'exclusion du demandeur, absolution par conséquent du défendeur.

42. — Toutefois mentionnons, en terminant, une différence capitale entre les exceptions ordinaires et l'exception préjudicielle. Lorsque l'exception ordinaire a été vérifiée, le droit est éteint, et aucune action désormais ne pourra servir à la faire valoir de nouveau. Ici, au contraire, l'action dont on s'est servi seule est paralysée; le droit reste, et la partie pourra toujours recourir à une autre action pour la faire valoir. C'est ainsi que, paralysée par l'*exceptio præjudicialis*, l'action *familiæ erciscundæ* ne peut plus être intentée. Le demandeur pourra néanmoins, pour la même réclamation, recourir encore à l'action en pétition d'hérédité.

SECTION II.

DE LA COGNITIO PRÆTORIA (*de præjudicio prohibendo*).

SOMMAIRE.

I. — 43-49. Caractères de la *cognitio prætoria* prévenant le *præjudicium*; circonstances dans lesquelles elle intervient; conditions auxquelles elle est soumise.

II. — 50. Causes donnant lieu à la *cognitio prætoria*. — 51. Pétition d'hérédité : loi 51, § 1, D., *fam. erc.*, et loi 1, § 1, eod.— 52. Loi 18, D., *de except.* — 53-54. Édit Carbonien. — 55. Autres applications à la pétition d'hérédité. — 56-59. *Liberale judicium.* — 60. Loi 101, *de reg. jur.* — 61. Application à la *restitutio in integrum.*— 62. L. 35, D., *de jure fisci.* — 63-64. Applications diverses de la *cognitio prætoria.*

III. — 65-66. Effets de la *cognitio prætoria* prévenant le *præjudicium.*

I. 43. — Nous arrivons à l'étude du second moyen créé par le législateur romain pour prévenir le *præjudicium* sur une *causa major* par la sentence d'une *causa minor* : c'est l'intervention directe et spontanée du *prætor*, trouvant dans ses propres pouvoirs et dans le rôle qui lui est dévolu par les principes de l'organisation judiciaire de Rome un moyen des plus simples pour prévenir le danger du *præjudicium*. Le préteur, ici, n'aura aucune *adjectio* à insérer dans la formule, l'appréciation du *judex* est écartée; lui seul fera tout : il suspendra la *causa minor*, si elle est déjà introduite en justice, ou en ajournera l'exercice si la formule n'est pas encore obtenue : moyen plus simple que l'*exceptio præjudicialis*, et qui, tant par la forme que par les circonstances dans lesquelles il se présente, diffère complétement du procédé que nous avons exposé dans la section I.

44. — Nous avons ici à suivre la marche que nous avons adoptée pour l'*exceptio præjudicialis*. Pour nous, la *cognitio prætoria* et l'*exceptio præjudicialis* sont deux moyens dont l'emploi n'est en rien laissé à la discrétion du préteur. Nous savons ce qui concerne l'emploi de l'*exceptio præjudicialis*; il nous reste, comme pour celle-ci, à déterminer pour la *cognitio prætoria* les conditions auxquelles elle est soumise, les causes dans lesquelles elle intervient, en les rattachant aux motifs mêmes qui ont pu donner aux deux *causæ* le caractère de *causa major* et de *causa minor*, et à préciser ses effets.

45. — La *cognitio prætoria* intervient, à la différence de l'*exceptio*

præjudicialis, lorsque la *causa major* et la *causa minor* se trouvent en même temps devant la justice, soit que du reste la *causa minor* et la *causa major* aient été intentées en même temps, soit que, l'une étant déjà soumise au préteur ou au *judex*, l'autre ait été soulevée *pendente lite*, quelle que soit du reste celle des deux qui a été exercée la première.

Julien, faisant allusion aux *exceptiones præjudiciales*, dit : « Fu-turi enim judicii, non facti nomine hujusmodi exceptiones compara-tæ sunt. » Ce serait seulement dans l'hypothèse où la *causa major* n'a pas encore été intentée que le préteur recourrait à l'insertion dans la formule de l'*exceptio præjudicialis*. Pour la *cognitio prætoria*, nous trouvons une règle diamétralement op-posée. Ulpien, supposant un testament soumis à la querelle d'inofficiosité, et redoutant le *præjudicium* sur cette question, à l'occasion d'une revendication de la liberté par un affranchi tes-tamentaire, déclare que le préteur doit suspendre le *liberale ju-dicium*. Toutefois, ajoute-t-il, cette suspension ne peut avoir lieu que si la querelle d'inofficiosité est déjà introduite en justice, sinon la *causa liberalis* devra suivre son cours. Ainsi la *cognitio prætoria* suppose donc l'exercice simultané des deux procès : *querela inofficiosi testamenti* et *causa liberalis : causa major* et *causa minor* soumises en même temps à la justice. L'antithèse entre nos deux textes est évidente. Nous avons trouvé la vérifi-cation du principe écrit dans la loi 13, *de except.*, relatif à l'ex-*ceptio præjudicialis* dans les différentes hypothèses d'*exceptiones præjudiciales* que nous avons étudiées. Les cas où la *cognitio prætoria* intervient pour prévenir le *præjudicium* vérifieront la règle que nous tirons du texte d'Ulpien (1).

10. — Conformément aux principes ordinaires, l'*exceptio præjudicialis* ne peut être insérée dans la formule que préala-blement à la *litis contestatio* de la *causa minor*. La *cognitio præ-toria* s'exerce au contraire indifféremment, soit avant, soit après la *litis contestatio* de la *causa minor*. Par cela seul qu'à un moment donné les deux causes se trouvent en même temps soumises à la justice, le préteur peut intervenir et suspendre la *causa minor*, à quelque période de la procédure qu'elle soit par-venue. Ulpien nous cite en effet une hypothèse dans laquelle le préteur suspend pendant un temps modéré la sentence sur la *querela inofficiosi testamenti*, déjà introduite devant le *judex*, jus-

____
(1) L. 1, § 1, D., de hered. pet.

qu'à ce que la *causa liberalis* connexe ait été résolue. Plusieurs autres textes prévoyant des cas de *cognitio prætoria* ne distinguent point si la *causa minor* est ou non parvenue à la *litis contestatio*, ou l'a dépassée, lorsque le magistrat suspend l'affaire (1).

47. — Nous arrivons ici au caractère saillant de la *cognitio prætoria*. En principe, elle peut avoir lieu partout où il y a un *præjudicium* à prévenir ; elle forme la mesure de droit commun mise au service du préteur pour prévenir le *præjudicium*. Ce n'est pas à dire pour cela que le préteur puisse y recourir dans les hypothèses où l'*exceptio præjudicialis* doit être insérée dans la formule : non ; mais elle diffère de l'*exceptio præjudicialis* en ce que celle-ci, nous le savons, est limitée dans son emploi par les conditions requises pour les personnes qui sont en cause, par le moment où elle intervient. Aucune entrave de ce genre ne s'oppose à la *prætoria cognitio*, par cela seul que deux causes sont actuellement soumises à la justice, et que l'une est *causa minor* par rapport à l'autre : le préteur peut en suspendre l'exercice ou en ajourner la solution jusqu'à ce que la *causa major* ait été vidée. Peu importe que les deux *causæ* soient ou non soulevées entre les mêmes parties, la *cognitio prætoria* peut intervenir. Y a-t-il ou non concours des deux *causæ*, le préteur doit lui-même recourir à la *prætoria cognitio* et suspendre l'exercice de la *causa minor*. Les espèces dans lesquelles intervient la *cognitio prætoria*, que nous allons passer en revue, vont nous permettre de justifier ce caractère de généralité que nous reconnaissons à la *cognitio prætoria*.

Rien de plus naturel, du reste, que cette facilité avec laquelle peut s'exercer la *cognitio prætoria* pour prévenir le *præjudicium* : ce qu'il s'agit de régler ici, c'est exclusivement la marche d'une procédure. Étant donné l'exercice simultané de deux actions et les rapports qui les unissent, l'une jouant vis-à-vis de l'autre le rôle de *causa minor*, déterminer celle qui doit recevoir la solution la première ? C'est là évidemment une attribution relevant directement des pouvoirs du préteur, qui seul doit tracer la marche des procédures.

48. — Ce qui précède nous permet de repousser sans hésitation les nombreuses exceptions préjudicielles citées à tout propos par les commentateurs sur la simple découverte dans un

---

(1) L. 42, D., *de nox. act.* — L. 4, C., *de ord. jud.* — L. 24, § 4, *de lib. caus.*

texte du mot *præjudicium*. Outre que ce texte, le plus souvent, n'indique nullement l'insertion dans la formule d'une *exceptio præjudicialis*, ils n'hésitent pas non-seulement à y voir l'indication d'une *adjectio* ajoutée à la formule de la *causa major*, mais encore ils créent les termes mêmes de la *præscriptio* ou de l'*exceptio præjudicialis*. C'est ainsi, notamment, que l'on mentionne les exceptions préjudicielles : « *quod non judicio publico præjudicium fiat*, ou *de testamento cogituro*, etc. » Nous verrons que les textes où sont indiqués ces *præjudicia* ne contiennent que des exemples de *cognitiones prætoriæ* et non des *exceptiones præjudiciales*. En principe, nous ne trouvons aucune *exceptio præjudicialis* générale devant trouver place dans la formule toutes les fois que le *præjudicium* d'une *causa minor* sur une *causa major* est à craindre.

49. — Aussi devrons-nous voir la *cognitio prætoria* toutes les fois qu'un texte indiquera ce principe général, qu'une *causa minor* ne peut apporter un préjugé à la *causa major* : c'est la *cognitio prætoria* qui permettra de faire respecter le principe établi dans la loi 54, *de jud.* : « *Per minorem causam majori cognitioni præjudicium fieri non oportet ; major enim quæstio minorem causam ad se trahit ;* » sauf les rares hypothèses dans lesquelles intervient l'*exceptio præjudicialis*. C'est sous la réserve de ce caractère général que nous posons en principe, que nous parcourrons les principales hypothèses dans lesquelles nous trouvons la *cognitio prætoria*. Il est vrai que notre loi 54 ne semble pas indiquer plutôt l'*exceptio præjudicialis* que la *cognitio prætoria* ; mais sa place au titre du Digeste, dans lequel il s'agit d'organiser les instances, la procédure, nous montre suffisamment que c'est le rôle du préteur, et non celui du *judex*, qui intervient.

Causes donnant lieu à la *cognitio prætoria*.

II. 50. — De même que l'*exceptio præjudicialis*, la *cognitio prætoria* intervient pour prévenir le *præjudicium* d'une *causa minor* sur une *causa major*, étant données les conditions d'application que nous avons développées, et notamment le concours des deux procès. Or, en parcourant les diverses hypothèses dans lesquelles nous trouvons la *cognitio prætoria*, nous les ramènerons aux motifs qui expliquent le caractère de *causa major* attribué à l'une des causes par rapport à l'autre.

51. La qualité du tribunal compétent est le premier motif qui

nous a semblé donner parfois le caractère de *causa major* à certains procès, et notamment à la pétition d'hérédité soumise à la
connaissance du tribunal centumviral; la pétition d'hérédité présente le caractère de *causa major* par rapport à toute autre *vindicatio* d'objets particuliers ou d'une quote-part de l'hérédité.
Nous savons qu'elle donne lieu parfois à l'*exceptio præjudicialis*,
nous la retrouvons ici donnant lieu à la *cognitio prætoria* dans un
but identique, mais dans des circonstances que nous nous gar-
derons bien de confondre avec celles dans lesquelles intervient
l'*exceptio præjudicialis « quod præjudicium hereditati non fiat. »*
Celle-ci insérée dans la formule alors que la *causa minor* seule
est introduite en justice, la *cognitio prætoria* au contraire intervient pour prévenir le *præjudicium* sur la pétition d'hérédité,
alors que cette action est déjà introduite en justice. De nombreux textes nous offrent des exemples de la *cognitio prætoria*
intervenant pour prévenir le *præjudicium* sur la pétition d'hérédité.

Julien (1) s'occupe d'une hypothèse dans laquelle les formules
de deux actions sont réclamées en même temps : celle de l'action *familiæ erciscundæ* et celle de la pétition d'hérédité, la première ayant à l'égard de la seconde le caractère de *causa minor*.

Deux textes nous semblent, à ce sujet, devoir être mis en
regard ; car, présentant deux hypothèses analogues, du moins
en apparence, ils donnent des solutions opposées et vont nous
permettre de vérifier les principes que nous avons déjà avan-
cés. Dans la loi 1, Dig., § 1 (*fam. ercisc.*), Ulpien suppose que
l'action *familiæ erciscundæ* est intentée, préalablement à la pétition d'hérédité, contre celui qui possède la masse héréditaire et
qui dénie à son adversaire la qualité d'héritier. L'*exceptio præjudicialis* insérée dans la formule peut être opposée au demandeur : telle est la solution donnée par le jurisconsulte.

Dans la loi 51, Dig. (*fam. ercisc.*, § 1), Julien suppose la demande simultanée des formules de nos deux actions *familiæ
erciscundæ* et pétition d'hérédité. De même que dans l'autre
hypothèse, c'est un *præjudicium* sur la pétition d'hérédité qui
peut être à craindre ; et pourtant il n'est nullement question
ici d'exception préjudicielle, mais simplement d'une intervention prétorienne : le préteur délivrera-t-il ou non la formule demandée pour l'action *familiæ erciscundæ*? permettra-t-il

(1) L. 51, § 1, D ; fam. erc.

l'exercice simultané de ces deux actions ? voilà toute la question. Point d'*exceptio præjudicialis* en jeu, point d'appréciation du *judex* : le rôle du préteur seul ici est en question ? D'où peut provenir cette différence ? le préteur aurait-il donc, dans le cas où il s'agit des rapports entre l'action *familiæ erciscundæ* et la pétition d'hérédité, le libre choix entre son intervention directe *(cognitio)* et l'insertion dans la formule de la *causa minor* de l'exception préjudicielle « *si non hereditati præjudicium fiat ?* » y aurait-il enfin échec au principe dont nous avons présenté le développement au commencement de ce travail, établissant que la *cognitio prætoria* et l'*exceptio præjudicialis* ne pouvaient intervenir dans les mêmes circonstances ? que chacune présentait des hypothèses différentes d'application ? Non. Pour l'*exceptio*, en effet, elle ne peut trouver place dans la formule que si la *causa minor* seule est intentée : c'est précisément le cas de la loi 1. Ulpien y suppose en effet que le demandeur, au lieu de recourir contre le possesseur de l'hérédité à la *petitio hereditatis*, préfère l'action *familiæ erciscundæ*, qu'il exerce seul : de là l'*exceptio præjudicialis* qui aboutira à faire repousser le demandeur. Dans la loi 81, au contraire, l'intervention du préteur n'a pas pour but de savoir s'il insèrera ou non une *exceptio* dans la formule : non. Les deux *causæ* sont en présence, les deux formules sont demandées : au préteur seul appartient alors de prévenir par sa propre intervention le *præjudicium*, s'il le redoute, en suspendant l'exercice ou en refusant la formule de la *causa minor* jusqu'à ce que la *causa major* ait reçu une solution. Généralisons ces deux idées exprimées pour le concours des actions *familiæ erciscundæ* et de la pétition d'hérédité, et disons que si ces deux actions se produisent en même temps, la *cognitio prætoria* seule permettra de prévenir le *præjudicium*, qui ne pourrait être conjuré que par l'insertion dans la formule de l'*exceptio præjudicialis* si la *causa minor* seule était produite en justice. Nous trouverons du reste un texte d'Africain ayant avec notre hypothèse la plus complète analogie, et dans lequel l'intervention prétorienne est exprimée de la manière la plus catégorique.

52.—Ulpien nous donne une nouvelle hypothèse dans laquelle intervient, pour prévenir le *præjudicium*, la *cognitio prætoria* : il s'agit du concours de deux *causæ* : la *querela inofficiosi testamenti* et la *causa liberalis*. Ce jurisconsulte suppose un affranchi testamentaire réclamant contre l'institué sa qualité d'homme libre, en vertu d'une disposition du testament actuellement atta-qué comme inofficieux. Le préteur, dit Ulpien, doit différer l'exercice du *liberale judicium* ou en ajourner la solution jusqu'à ce que la *querela inofficiosi testamenti* ait été retirée ou ait été l'objet d'une décision judiciaire; autrement la sentence rendue sur la *causa liberalis* établirait un préjugé sur la *causa major*, c'est-à-dire la *querela inofficiosi testamenti*. — Que si la *querela inofficiosi testamenti* n'était pas encore produite en justice au moment où l'esclave intente le *liberale judicium*, ou si, tout au moins, elle n'est pas exercée dans les délais que le préteur, di-recteur de l'instance, peut déterminer, le *liberale judicium* pourra suivre librement son cours. A plus forte raison le *liberale judi-cium* serait-il exercé librement si, les parties et l'objet de la de-mande restant les mêmes, l'esclave prétendait à la liberté à un autre titre qu'en vertu d'une disposition du testament actuelle-ment attaqué comme inofficieux. Pourtant, dans le premier cas, le magistrat devait confirmer, circonscrire le résultat obtenu par l'esclave par une *prædictio*, pour que plus tard la sentence obtenue ne pût avoir aucune influence sur le procès relatif au testament.

53. — L'application de l'édit Carbonien nous offre de nom-breuses hypothèses dans lesquelles intervient la *cognitio* du pré-... pour différer ou suspendre l'exercice de *causæ minores ne hereditatis petitioni præjudicium fiat*. — En principe, toute ques-tion d'état connexe avec la question d'hérédité paternelle dé-volue à un impubère devra être ajournée par le préteur jusqu'à ce que l'impubère ait atteint sa puberté. Telle est la règle écrite dans l'édit Carbonien et dont l'application n'a lieu qu'à cette double condition : qu'il y ait deux procès dont l'un a pour objet l'hérédité paternelle, l'autre portant sur l'état de l'impubère qui se prétend héritier. Que l'une de ces conditions fasse défaut, et l'édit Carbonien n'est plus applicable (1).

Les procès relatifs à l'état de l'impubère et qui peuvent ame-ner un *præjudicium* sur son titre d'héritier sont assez nombreux. Les textes nous en donnent les exemples les plus différents (2) : par exemple, l'accusation de supposition de part dirigée contre la mère, la contestation d'état de l'enfant, la contestation du *pa-terfamilias* qu'il prétend avoir. Plus généralement, toute ques-

(1) L. 6, § 3, D., *de ed. Carb.* — L. 3, § 2, cod. — L. 7, § 2, cod.
(2) L. 3, § 6, cod.

tion d'état connexe avec la pétition d'hérédité que peut exercer un impubère susceptible d'établir un *præjudicium* pour ce dernier procès doit aboutir à une *cognitio prætoria* suspendant jusqu'à la puberté l'exercice de la *causa minor*.

54. — Remarquons, du reste, que cet effet se produit indépendamment des personnes qui peuvent exercer ces actions : c'est ainsi notamment que, la pétition d'hérédité étant dirigée par un tiers contre l'impubère, ou les réclamations de legs ou de fidéicommis, lorsqu'elles se présenteront dans des conditions telles que le titre héréditaire de l'impubère puisse en être atteint, il y aura suspension de ces actions (1).

C'est, en effet, pour prévenir le *præjudicium* sur la pétition d'hérédité de l'impubère que les actions sont suspendues. Sur la question d'hérédité, pas de *præjudicium* possible résultant de toute autre action tant que l'enfant n'aura pas atteint sa puberté. C'est aussi la pétition d'hérédité exclusivement qui explique cette *cognitio prætoria*. Si donc aucun *præjudicium* n'était à redouter, si les questions d'état exercées se présentaient seules, sans rapport avec la pétition d'hérédité, elles suivraient librement leur cours ; de même si, exercées en même temps que la pétition d'hérédité, elles ne devaient produire aucun effet sur cette dernière question. C'est au préteur qu'il appartiendra de décider s'il y a lieu ou non de suspendre les actions, et il le fera au moyen de son intervention directe et non par l'insertion d'une *exceptio præjudicialis* : les textes le prouvent suffisamment.

Mais ici encore, la *cognitio prætoria* ne pourra intervenir que si les deux procès sont actuellement pendants. La suspension des *causæ majores* ne peut se produire qu'à la condition que la *causa major* (pétition d'hérédité) sera portée en même temps devant le magistrat ou le *judex*. A quelque point, du reste, que la procédure de l'un ou de l'autre procès soit parvenue, le préteur pourra toujours intervenir et suspendre la *causa minor* : c'est l'application pure et simple de son rôle. Mais si un seul procès jusqu'au moment de la sentence était produit en justice, rien ne pourrait en arrêter le cours.

55. — La pétition d'hérédité donne lieu enfin à la *cognitio prætoria* pour prévenir le *præjudicium* dans une dernière série d'hypothèses qui diffèrent un peu de celles qui précèdent. Jusqu'ici, en effet, la *cognitio prætoria* n'a eu pour but que d'empêcher un

(1) L. 3, §§ 8, 10, 11, D., *de ed. Carb.* — L. 7, § 7, cod. — L. 3, § 1, cod.

préjugé pour la pétition d'hérédité résultant d'une sentence rendue sur une *causa minor* connexe avec elle. Ici le *præjudicium* est d'une nature tout autre. La *cognitio prætoria* n'aura pour but que de suspendre certaines actions héréditaires jusqu'à ce que ceux qui les exercent aient fourni certaines garanties.

Lorsque la pétition d'hérédité est introduite en justice, et que l'un des plaideurs veut poursuivre les débiteurs héréditaires avant que la sentence ait été prononcée à son profit, ou que, réciproquement, il est soumis aux poursuites des créanciers ou légataires de la succession, le préteur doit suspendre l'exercice ou la sentence de ces actions jusqu'à ce que la question d'hérédité ait elle-même reçu une solution. Pas de doute qu'ici ce soit la *cognitio prætoria*, et non l'insertion dans la formule de l'*exceptio præjudicialis*, qui obtiendra ce résultat, puisqu'il y a exercice simultané de plusieurs instances. Toutefois la *cognitio prætoria* n'intervient qu'autant que l'exercice de ces *causæ minores* pourrait causer quelque préjudice aux plaideurs. Il arrive souvent, en effet, que, la pétition d'hérédité étant intentée, ceux qui ont à faire valoir des droits qu'ils tiennent du testateur le peuvent avant même que la contestation judiciaire relative au titre d'héritier dénié à celui qui l'invoque à son profit ait été tranchée : c'est ce qui arrivera notamment pour les legs purs et simples dont le *dies cedit* a lieu immédiatement. Le prétendu héritier, quoique son titre lui soit contesté, se verra forcé, sur la poursuite du légataire, de solder l'objet légué. Pourtant, comme son adversaire peut triompher, il pourra exiger du légataire une caution qui lui assurera la restitution de la somme donnée s'il succombait dans la pétition d'hérédité (1). De même encore, lorsque l'un des plaideurs dans la pétition d'hérédité poursuivait un débiteur héréditaire, il devait être prêt à défendre contre son adversaire le débiteur même qu'il attaquait. Dans ces deux situations, si ces garanties (la caution du légataire ou la défense à fournir par l'héritier) étaient refusées, l'exercice des actions était suspendu, car elles étaient la condition *sine qua non* de leur exercice ; le préteur devait alors en refuser la formule ou en ajourner la sentence jusqu'à ce que la pétition d'hérédité eût reçu une solution. Remarquons, en effet, qu'ici c'était bien l'obtention des garanties, et non le *præjudicium* à prévenir sur la pétition d'hérédité, qui formait l'objet de la *cognitio prætoria*, car

(1) L. 3, § 6, D., *si cui plus.*

sans cela l'existence ou non des garanties n'aurait en rien pu prévenir le *præjudicium*, et la *cognitio prætoria* se fût exercée indépendamment de leur exécution (1).

56. — Parmi les causes dont le caractère de *causa major* tient à *la nature de l'objet litigieux*, nous trouvons, en première ligne, le *liberale judicium*, qui sera protégé contre le *præjudicium* par une *cognitio prætoria* dans certaines circonstances où la *causa minor* se trouverait soumise à la justice en même temps que la *causa major*: ici encore, l'exercice simultané du *liberale judicium* et de la *causa minor* est une condition essentielle de l'intervention de la *cognitio prætoria* ; sinon l'*exceptio præjudicialis « ne libertati præjudicium fiat »* serait insérée par le magistrat dans la formule délivrée pour la *causa minor*.

Nous savons quels procès sont compris sous cette dénomination de *liberale judicium*, expression également applicable et à celui qui se prétend maître d'un individu qu'il réclame comme esclave et à celui qui, étant esclave de fait, prétend au titre d'homme libre (2). Lorsqu'une *causa minor* connexe avec la *causa liberalis*, impliquant la qualité d'esclave chez celui qui se prétend libre, est intentée par celui qui se dit maître sans recourir à la *causa liberalis*, la formule en est refusée par le préteur, non tant il est vrai pour prévenir le *præjudicium* que pour la délivrance d'une formule ordinaire ne pouvant être donnée pour toute question de liberté: seule la *formula præjudicialis* peut être délivrée pour une question de liberté. Elle ne comporte pas de *condemnatio*. Aussi toute action tendant à faire valoir des droits fondés sur un titre de maître que le demandeur prétend avoir, mais qu'aucun jugement ne lui a reconnu, ne pourra être exercée avant que le procès *liberalis* ait été exercé.

57. — Lorsque, introduite en justice, la *causa liberalis* aura été suivie avant d'avoir reçu une solution de l'exercice d'une action spéciale en vertu d'une *causa minor* connexe avec la *causa liberalis*, c'est alors qu'intervient la *cognitio prætoria* pour prévenir le *præjudicium* sur la question de liberté. C'est qu'en effet l'exercice de la *causa liberalis* ne fait aucun obstacle à ce que le soi-disant maître et celui qui est en possession de l'état d'homme libre ne puissent se poursuivre mutuellement. Or, si la *cognitio prætoria* ne suspendait l'exercice ou la sentence sur les *causæ*

(1) C., l. ult., *de hered. pet.*
(2) L. 1, C., *de ing. manum.* — L. 1, C., *de ord. cog.*

minores qui interviennent dans ces conditions, il pourrait arriver que la sentence rendue sur la *causa minor* ne fût en contradiction avec celle à laquelle aboutirait plus tard la *causa liberalis*; que l'esclave, par exemple, reconnu comme tel par la sentence rendue sur la *causa major* fût condamné comme homme libre et reconnu comme personnellement débiteur par la sentence déjà rendue sur la *causa minor*. Aussi, pour prévenir ce *præjudicium* sur la *causa liberalis* lorsqu'elle a été l'objet de la *litis contestatio*, les textes font ici suspendre par le préteur toutes les *causæ minores* qui pourraient s'élever, soit actions pécuniaires, soit actions pénales entre le maître et l'esclave, jusqu'à ce que la *causa liberalis* ait reçu une solution (1).

58. — Mais, remarquons-le, tant que la *causa liberalis* n'a pas été introduite en justice, toute *causa minor* impliquant la question de liberté devra suivre son cours, et, comme toute autre question incidente, celle relative à la liberté sera tranchée dans le procès lui-même (2).

59. — La situation est tout autre une fois la *causa liberalis* engagée. Permettre à un tiers, par exemple, d'intenter contre celui qui se prétend libre une action impliquant sa qualité d'esclave ou d'homme libre, ce serait, s'il obtenait un jugement antérieur à la solution de la *causa liberalis*, aboutir à un *præjudicium* sur la *causa liberalis*, l'une et l'autre question comprenant la question de liberté. En supposant même que la sentence sur la *causa liberalis* déclare esclave celui qui était en possession de l'état d'homme libre, le jugement obtenu sur une *causa minor* contre l'esclave serait inutile, celui-ci ne pouvant être débiteur; et le jugement qui le reconnaît comme libre et le condamne comme tel serait neutralisé. Aussi intervention de la *cognitio prætoria* prévenant cette contradiction entre les deux sentences suspendant la *causa minor* jusqu'après la solution sur la *causa liberalis*, solution ayant une force plus grande que les jugements ordinaires, opposable par conséquent à celui qui, postérieurement, voudrait poursuivre néanmoins comme libre celui qu'une sentence a déclaré esclave; suspension, par conséquent, des actions civiles et pénales dirigées par un tiers contre celui dont la liberté est actuellement contestée par un adversaire qui s'en prétend propriétaire, au moyen de la *cognitio prætoria*, qui s'exerce non-

(1) L. 21, § 3, *de lib. caus.* — L. 31, C., eod. — LL. 1, 4, 6, 7, *de ord. cog.*
(2) L. 1, C., *de ord. cog.* — L. 1, C., *de ord. jud.* — L. 11, § 1, *de jud.*

seulement dans l'hypothèse où ces actions seraient intentées en même temps que la *causa liberalis*, mais même si elles n'étaient introduites en justice que postérieurement à la *causa liberalis*, mais avant que la sentence sur celle-ci ait été rendue.

60. — Ulpien nous offre un autre exemple de *cognitio prætoria* pour une *causa major* dont le caractère tient aussi à l'objet même du procès. Lorsque deux causes communes sont soumises en même temps à la justice, ou que l'une est exercée l'autre étant déjà pendante, si l'une d'elles peut produire des conséquences juridiques touchant à la considération (*existimatio*) de l'une des parties, le préteur devra suspendre l'autre, jusqu'à ce que celle-ci ait reçu une solution. C'est l'explication du principe établi par Paul dans la loi 54, *de jud.* Il s'agit ici encore de la *cognitio prætoria*, le préteur seul ayant le droit de fixer la marche d'une procédure : *præponenda est causa existimationis* (1).

61. — La *cognitio prætoria* intervient aussi dans l'hypothèse de la *restitutio in integrum*. Ce moyen, fondé sur l'équité pour redresser par une voie légale les torts qui peuvent résulter de l'application même de la loi, pouvait, dans certains cas, être réclamé à l'occasion d'une lésion, d'un préjudice sans importance, et impliquer un préjudice pour une affaire plus considérable. Le préteur devait alors refuser ce secours extraordinaire et renvoyer de la demande celui qui voulait obtenir la *restitutio in integrum*. Ici encore, c'est la *cognitio* qui intervient, la *restitutio* étant délivrée par le magistrat exclusivement (2).

62. — Lorsqu'il y a concours entre deux actions dont l'une touche l'intérêt privé exclusivement et l'autre intéresse l'État, le préteur doit suspendre la première jusqu'à ce que la seconde ait abouti à une sentence. Lorsque le fisc exerce la pétition d'hérédité et que les créanciers héréditaires veulent poursuivre leur payement, le préteur doit suspendre l'exercice de leurs actions jusqu'à ce que l'action intentée par le fisc ait été terminée, *ne publicæ causæ præjudicetur* (3).

63. — En principe, du reste, nous pouvons généraliser cette dernière hypothèse et dire que, toutes les fois que de deux actions l'une sera publique ou criminelle et connexe avec une autre action privée, le préteur devra suspendre l'exercice de cette

(1) L. 101, D., *de reg. jur.*
(2) L. 4, D., *de in integ. rest.*
(3) L. 35, D., *de jur. fisc.*

dernière (1). Reconnaissons toutefois que les textes sont loin d'être d'accord sur les applications de la règle que nous posons. Nous trouvons des textes qui viennent déclarer au contraire que les *judicia publica* ne font obstacle en rien à l'exercice des *judicia privata* nés de la même cause; que parfois même ils peuvent être exercés cumulativement, et qu'enfin quelques-uns, loin de suspendre le *judicium privatum*, sont au contraire subordonnés à son exercice (2). En tout cas, partout où les textes prévoient les hypothèses du concours d'un *judicium publicum* et d'un *judicium privatum* déclarant que l'action civile devra être suspendue, il s'agira évidemment d'une intervention directe (*cognitio*) du préteur, et non de l'insertion d'une *exceptio præjudicialis*.

Nous aurions encore à présenter deux dernières hypothèses, qui ne sont pas sans importance, dans lesquelles intervient la *cognitio prætoria*. Nous n'avons pas à y revenir, les textes qui les contiennent se trouvent expliqués dans ce qui précède (LL. 18-21, Dig., *de except.*).

64. — Nous n'avons pas la prétention d'avoir présenté toutes les hypothèses dans lesquelles la *cognitio prætoria* intervenait pour prévenir le *præjudicium :* il nous serait d'autant plus difficile d'en dresser une liste complète que nous avons reconnu à la *cognitio prætoria* un caractère de généralité refusé à l'*exceptio præjudicialis*.

Effets de la *cognitio prætoria*.

III. 65. Les développements qui précèdent nous dispensent d'insister sur cette dernière partie de notre travail. Les effets de la *cognitio prætoria* ont été déjà indiqués dans tout ce qui précède. Lorsque les conditions exigées pour que le préteur pût par lui-même prévenir le *præjudicium* d'une *causa minor* sur une *causa major* étaient accomplies, son rôle consistait simplement soit à refuser la formule de la *causa minor* si elle n'avait pas encore été obtenue au moment où la *causa major* avait été intentée, soit à suspendre l'instance sur la *causa minor* s'il y avait eu déjà délivrance de la formule. Le *judex* se trouvait alors dans la nécessité d'abandonner la connaissance du procès le moins important, jusqu'à ce que la solution de la *causa major* ait été obtenue.

___

(1) L. 5, § 1, D., *de hered. pet.*
(2) L. 5, § 1, D., *de leg. Jul.* — L. 27, *de act. rer. amot.* — L. 53, *de fidej. rer.* — L. 3, *de ord. jud.* — L. 1, § 11. — L. 2, *de Carb. ed.* — L. 13, cod. — LL. 1, 4, *de ord. cog.*

Aussi, lorsque la procédure formulaire fut remplacée par la procédure extraordinaire, que, par suite, notre distinction fondamentale entre les cas de l'*exceptio prœjudicialis* et ceux dans lesquels intervient la *cognitio prœtoria* eût disparu, c'était au préteur exclusivement qu'il appartenait de prévenir le *prœjudicium* en suspendant l'instance de la *causa minor* ou en s'opposant à son exercice.

66. — Les différences qui séparent les effets de l'*exceptio prœjudicialis* et ceux de la *cognitio prœtoria* sont assez saillantes. C'est, du reste, pour n'avoir pas su distinguer ces deux situations juridiques si différentes que les théories les plus contradictoires ont été émises sur les effets en général produits par l'exception préjudicielle. On n'a pas voulu voir la différence saillante qui sépare l'intervention prétorienne directe de l'insertion d'une exception dans la formule. Au lieu de chercher à reconnaître à celle-ci des effets conformes aux principes ordinaires qui régissent la matière des exceptions, on a voulu voir l'exception préjudicielle partout où le mot *prœjudicium* indiquait un préjugé d'une *causa minor* sur une *causa major* à prévenir : de là les deux systèmes principaux que nous avons étudiés, pour en préférer un troisième ; les uns admettant que, dans tous les cas, il y a suspension de la *causa minor* ; les seconds, comme M. Bonjean, reconnaissant que, si le plus souvent il y a suspension de l'instance, il faut reconnaître que parfois l'exception préjudicielle ne produit pas ces résultats. Nous maintenons notre système ; il nous semble conforme aux principes, conforme surtout à la distinction fondamentale que nous avons établie dans ce travail entre la *cognitio prœtoria* et l'exception préjudicielle : deux moyens tendant à un même but il est vrai, mais s'exerçant dans des conditions différentes, et devant empêcher le *prœjudicium* par des moyens différents.

DROIT FRANÇAIS.

—◆—

DES QUESTIONS PRÉJUDICIELLES

DEVANT LES TRIBUNAUX RÉPRESSIFS.

—◆—

GÉNÉRALITÉS.

SOMMAIRE.

1. — L'indépendance de l'action publique vis-à-vis de l'action civile est un principe qui domine toute notre législation criminelle. L'intérêt social exigeait que les mesures destinées à la protéger, que l'action publique en un mot pût être librement exercée : la raison le disait, le législateur n'a fait que lui obéir en écrivant cette règle dans nos lois.

Lorsqu'en effet l'action publique n'a pas été mise en mouvement ou lorsqu'elle a abouti à une décision définitive, la partie lésée peut librement exercer son action civile; l'action publique est-elle intentée sans avoir donné lieu à une décision définitive, l'action civile née du même fait ne peut plus être exercée : la partie lésée doit attendre, pour saisir la juridiction civile, que la sentence du tribunal répressif ait été rendue, ou surseoir à l'exercice de son action, si elle était déjà pendante lorsque l'action publique a été intentée. Conserver au juge répressif son entière indépendance en prévenant l'influence que pourrait exercer sur sa décision une sentence rendue au civil sur le même fait, éviter peut-être deux décisions contradictoires, tels sont les principaux motifs qui ont guidé le législateur lorsqu'il a écrit la disposition de l'art. 3 du Code d'instruction criminelle : « L'action civile peut être poursuivie en même temps et devant les mêmes juges que l'action publique; elle peut aussi l'être séparément : dans ce cas, l'exerc en est suspendu, tant qu'il n'a pas été prononcé définitivement r l'action publique intentée avant ou pendant la poursuite de l on civile. » Le criminel tient le civil en état : c'est ainsi que l formule le principe contenu dans cet article.

2. — Pourtant, l'action publique elle-même est parfois atteinte dans son indépendance par l'action civile. Il existe des hypothèses dans lesquelles elle est subordonnée à la poursuite de la partie lésée : tantôt elle ne peut être intentée avant la décision de la juridiction civile sur l'action privée; tantôt, tout en restant saisie de l'action publique, la juridiction répressive ne peut statuer tant que la décision de la juridiction civile n'est pas intervenue : l'exercice de l'action criminelle est alors suspendu. C'est dans cette double situation que nous trouvons sinon toutes les questions préjudicielles, du moins les plus importantes, celles dont l'existence atteint d'une manière plus ou moins grave l'indépendance de l'action publique.

3. — Rien de plus diversement défini que les questions préjudicielles. Chaque auteur ayant traité cette délicate matière a donné sa définition; nous aurons à constater l'inexactitude de la plupart d'entre elles.

L'idée que suggèrent les expressions de questions préjudicielles est celle d'une décision qui doit être rendue préalablement à une autre, pour laquelle la première doit être prise en considération. Et, notamment, devant les tribunaux répressifs, il s'agira de l'examen préalable d'un fait dont la vérification ou la non-existence aura son influence sur la décision à intervenir au sujet de l'action publique. Ce n'est pas là, du reste, un caractère assez précis pour qu'il puisse nous fixer sur la nature des questions préjudicielles soulevées devant les tribunaux répressifs.

4. — Selon certains auteurs, les exceptions préjudicielles désigneraient les fins de non-recevoir qui empêcheraient de saisir les juridictions répressives de l'action publique, et accessoirement

l'action civile, tant que la juridiction civile n'aurait pas statué définitivement sur certaines questions dont la loi lui attribuerait la connaissance exclusive. Ainsi entendues, les exceptions préjudicielles auraient pour effet de paralyser l'action publique : l'article 327 C. civ. en offrirait un exemple.

5. — La question préjudicielle, selon d'autres auteurs, est une question relevant de la compétence des tribunaux administratifs intentée incidemment à un procès criminel devant la juridiction répressive, et ayant pour base le principe de la séparation des pouvoirs judiciaire et administratif.

6. — Dans un troisième sens, la dénomination de question préjudicielle appartiendrait à toute entrave apportée par des lois spéciales à la compétence des tribunaux répressifs.

7. — Toute fin de non-recevoir contre l'action publique constituerait, dans une autre opinion, une question préjudicielle : ainsi l'amnistie, la chose jugée, la prescription, seraient des questions préjudicielles.

8. — Selon M. Bertauld, les exceptions préjudicielles ne seraient autres que les moyens de défense déduits de l'existence d'un droit de propriété ou de l'existence d'un autre droit réel sur un immeuble, droit qui serait exclusif de l'infraction. Quant aux questions préjudicielles, elles n'emporteraient que l'idée de questions primant et dominant d'autres questions, et qui doivent avant tout être jugées, expressions ayant un sens vague, du reste, se prêtant avec une égale facilité à toutes les questions différentes de nature présentant ce caractère.

9. — Sans faire ici la critique spéciale de chacune de ces définitions, il faut reconnaître qu'elles sont ou totalement inexactes, ou pèchent par trop de restriction; aucune n'embrasse dans ses termes toutes les hypothèses connues dans la doctrine et dans la jurisprudence sous le nom de questions préjudicielles. Aussi préférons-nous de beaucoup à celles qui précèdent la définition donnée par M. F. Hélie : « Les questions préjudicielles sont des exceptions qui suspendent la poursuite ou le jugement d'un crime, d'un délit ou d'une contravention jusqu'à la vérification préalable d'un fait antérieur, dont l'appréciation est une condition indispensable de cette poursuite ou de ce jugement. » Remarquons qu'en donnant cette définition, le savant criminaliste se place au point de vue de l'influence exercée sur l'action publique par les questions préjudicielles. Sa définition ne pourrait donc pas s'appliquer aux exceptions préjudicielles, dont le

tribunal répressif pourrait connaître accessoirement à l'action criminelle.

10. — De cette définition se dégage un caractère commun aux *questions préjudicielles* et aux *questions préalables :* les unes et les autres impliquent une décision qui doit être rendue avant tout, et l'idée d'une question qui en prime une autre. Il importe pourtant de ne point les confondre ; des différences capitales les séparent. Les questions préalables, en effet, portent une atteinte directe à l'action publique; elles tendent ou à la faire déclarer éteinte ou à la faire écarter temporairement, mais sans exclure l'infraction même, sans rien préjuger de l'infraction, qu'elles laissent entière. Aussi ces questions aboutissant à faire écarter l'action publique doivent-elles être jugées avant la question de savoir si le prévenu est ou non coupable du fait imputé ; car, quand la question préalable est constatée, l'action publique cesse d'être recevable. Les questions préjudicielles, au contraire, n'exercent sur l'action publique qu'une influence indirecte ; elles se rattachent à un fait autre que celui qui motive l'action publique; elles n'opposent à celle-ci *qu'une fin de non-procéder.* C'est qu'en effet, quand le prévenu invoque une question préalable, il nie le principe même de l'action publique; il attaque la base sur laquelle elle repose : c'est la prescription, la chose jugée par exemple. Que ces faits soient vérifiés, que l'accomplissement de la prescription soit constaté, le tribunal doit déclarer l'action publique éteinte. L'effet produit par la question préalable est péremptoire.

11. — S'agit-il, au contraire, d'une question préjudicielle, selon que le fait qui lui sert de base sera ou non vérifié, l'action publique sera exercée ou continuée suivant les cas, ou ne pourra pas l'être; mais il interviendra toujours une décision, quant au fond, de la part du tribunal répressif.

12. — Les questions préjudicielles, en général, exigent une instance distincte et séparée, à la différence des questions préalables. Celles-ci se séparent même des questions préjudicielles, dont la connaissance appartient aux tribunaux répressifs, en ce qu'elles doivent faire l'objet d'une décision préalable, sans pouvoir être jointes au fond, tandis que les questions préjudicielles, quoique devant être examinées préalablement, peuvent cependant être jugées en même temps que le fond.

L'ancienne jurisprudence avait su faire cette distinction, que l'on trouve établie jusque dans les expressions adoptées : on donnait, en effet, le nom de « fins de non-recevoir » aux questions préalables, et celui de « fins de non-procéder » aux questions préjudicielles. (Jean Imbert.)

13. — Il serait impossible de déterminer *à priori* tous les caractères des questions préjudicielles qui peuvent s'élever devant les tribunaux répressifs. Mentionnons, toutefois, deux principes dont le développement se trouvera dans le cours de ce travail, et qui peuvent nous servir de guide pour déterminer s'il y a ou non question préjudicielle. Il faut, en effet : 1° que le fait invoqué par le prévenu soit antérieur au délit imputé à celui qui l'invoque ; 2° qu'il soit distinct de l'infraction elle-même. Si ces deux caractères n'existent pas cumulativement, il ne peut y avoir question préjudicielle : ceci se conçoit facilement. Lorsque le fait opposé par le prévenu pour obtenir le dessaisissement de la juridiction répressive se lie intimement au délit lui-même, qu'il y a impossibilité d'apprécier le fait incriminé sans connaître du fait même invoqué par le prévenu, comment le tribunal répressif pourra-t-il surseoir ou renvoyer devant une autre juridiction ? qu'il s'agisse d'une suppression de titres, de violation de dépôts, de délit d'usure, et que le prévenu oppose l'inexistence des titres du contrat de dépôt ou du prêt, comment le tribunal répressif pourra-t-il se dessaisir de la connaissance de l'existence de ces contrats et connaître en même temps du délit ? Il y aurait ici impossibilité absolue ; nous aurons, du reste, à revenir sur ces points dans l'étude des différentes espèces de questions préjudicielles.

14. — Toutes ne produisent pas le même effet sur l'action publique (et c'est à ce point de vue que nous nous plaçons). Tandis que les unes peuvent être examinées et résolues par le tribunal répressif accessoirement à l'action principale, soit en même temps que le fond, soit dans une instance séparée, suivant les cas, les autres au contraire sont préjudicielles à l'action publique, c'est-à-dire qu'elles constituent des fins de non-recevoir à l'action publique ; que celle-ci ne peut être exercée tant que ces questions n'ont pas reçu de la juridiction compétente une solution définitive ; d'autres, enfin, sont préjudicielles au jugement. L'action publique peut ici être intentée ; mais le tribunal répressif ne peut statuer avant que la question préjudicielle n'ait reçu du tribunal compétent une décision définitive ; le tribunal répressif doit prononcer un sursis, tout en restant saisi de l'action publique. Dans ces deux dernières hypothèses, l'action publique est atteinte dans son indépendance, mais d'une manière différente,

ne pouvant être mise en mouvement lorsqu'il y a question préjudicielle à l'action ; l'exercice seul en est suspendu, s'il y a question préjudicielle au jugement. Nous aurons à formuler dans le cours de ce travail l'étude détaillée de ces deux catégories de questions préjudicielles.

15. — Pour étudier avec méthode les questions préjudicielles devant les tribunaux répressifs, nous diviserons notre travail en quatre chapitres; nous rechercherons, dans le premier, quelles sont les questions préjudicielles dont les tribunaux répressifs peuvent connaître accessoirement à l'action publique; nous étudierons dans le second les questions préjudicielles à l'action ; les questions préjudicielles au jugement feront l'objet du troisième : nous y trouverons l'étude des exceptions préjudicielles fondées sur un droit réel immobilier, puis certaines exceptions de diverses natures.

CHAPITRE PREMIER.

DES QUESTIONS PRÉJUDICIELLES DONT LES TRIBUNAUX RÉPRESSIFS PEUVENT CONNAÎTRE.

SOMMAIRE.

I.— 1-2. Questions à traiter dans ce chapitre. — 3-6. Principe rationnel justifiant la compétence du tribunal répressif pour les questions préjudicielles ; motifs. — 7. Ancien droit. — 8. Inconvénients que présente la compétence du tribunal répressif. — II. 9. Deux systèmes sur cette question : le juge de l'action est-il ou non juge de l'exception ? — 10-13. Premier système : incompétence du tribunal répressif. — 14-21. Réfutation.— 22-23. Objections. — 24. Réponse. — 25-26. Marche de la jurisprudence sur cette matière; note du 3 novembre 1813. — 27. Code forest., art. 182.

III. 28. La juridiction répressive connaissant de la question préjudicielle est soumise aux mêmes règles de preuve que la juridiction civile.— 29-30. Système contraire. — 31-32. Réfutation ; justification de l'affirmative. — 33. La même règle doit s'appliquer au ministère public.— 34. Adoption de ces règles par la Cour suprême, dans la note de 1813. — 35. Cette règle relative aux preuves est indépendante de la qualité de la partie poursuivante. — 36-38. Rôle du tribunal répressif, lorsque les preuves exigées d'après les règles ordinaires font défaut.—39-40. Même règle pour les Cours d'assises.—41-42. La fin de non-recevoir tirée par l'inculpé de la non-application des règles relatives aux preuves peut être opposée en tout état de cause.— 43. C'est au tribunal répressif qu'il appartient de décider si le commencement de preuve par écrit nécessaire pour établir la question préjudicielle existe ou non.— 44-45. Les aveux et déclarations de l'inculpé pourront suppléer au défaut de preuves. — 46. L'appréciation des preuves doit avoir lieu devant le tribunal

I. 1. — Nous avons à déterminer dans ce premier chapitre si les textes prononçant pour des cas spéciaux l'incompétence du tribunal répressif sur les questions civiles se présentant accessoirement à une poursuite criminelle forment ou non l'exception; si, dans la mesure de sa mission, le tribunal répressif n'a pas la plénitude de juridiction pour connaître de tous les éléments, de quelque nature qu'ils soient, se rattachant au fait incriminé, ou si, au contraire, ces textes ne sont qu'une application d'un principe plus général, qui consisterait dans l'incompétence absolue du tribunal répressif sur les questions de droit civil se présentant dans les poursuites criminelles : telle est la principale question que nous aurons à résoudre.

Et, en admettant la compétence du tribunal répressif, nous aurons à rechercher comment il pourra en connaître; les modes de preuve qui devront être employés, la portée qui sera attribuée à ses décisions, tels sont les différents points que nous aurons à traiter.

2. — La solution que nous donnerons à la question principale servira de point de départ pour toutes les autres, qui n'en sont que des corollaires. Elle n'aura pour elle, il est vrai, aucun texte formel; mais, reconnue par la majorité des auteurs et par la jurisprudence, elle ressortira surtout de cette double considération : qu'aucun texte ne prononce d'une manière générale l'incompétence des tribunaux répressifs pour les questions de droit civil; que les textes qui prononcent leur incompétence ont un caractère exceptionnel et forment des dérogations à un principe contraire, constituant le droit commun.

3. — Dans un très-grand nombre de cas, un fait ne tombe sous le coup de la loi pénale que s'il se rattache à un acte antérieur qui lui donne le caractère même qui rend applicable la législation répressive; supprimez le premier fait, et le second, de punissable qu'il était, se trouve en dehors des atteintes de la loi pénale. — Si un fait de cette nature est porté devant les tribunaux répressifs, et que l'inculpé nie le fait antérieur qui cons-

litue l'élément essentiel de la culpabilité, la vérification du fait antérieur devient une question qui doit faire l'objet d'un examen préalable, dont le résultat sera décisif pour l'existence ou la non-existence de la poursuite ou de sa continuation; le crime de bigamie, le vol ne sont tels que parce qu'il existe un fait antérieur qui forme un élément essentiel du délit : l'existence d'un premier mariage, un droit de propriété appartenant à un tiers sur l'objet volé; que le prévenu invoque la nullité du premier mariage ou un droit de propriété sur l'objet qu'il détient, ce sont là des questions qui doivent être l'objet d'une vérification préalable; car, selon qu'elles seront ou non constatées, il y aura ou non un fait tombant sous le coup de la loi pénale. — Ce sont ces faits antérieurs, formant des conditions essentielles de l'application ou de la non-application de la loi pénale, qui constituent les questions préjudicielles. — La plupart de ces faits antérieurs formant un élément essentiel du fait incriminé sont eux-mêmes des questions de droit civil. Le tribunal répressif doit-il surseoir jusqu'à ce que les juridictions civiles les aient résolues, ou, au contraire, les tribunaux répressifs peuvent-ils en être saisis et statuer?

4. — A ne consulter que la raison, le tribunal répressif saisi de l'action principale devrait trouver dans ses pouvoirs le droit d'en connaître. Comment pourra-t-il statuer sur l'objet principal s'il n'a pas la connaissance de tous les éléments secondaires ou accessoires de ce fait? comment pourra-t-il se rendre un compte exact de la culpabilité ou de la non-culpabilité de l'inculpé s'il n'a pas le droit de connaître de tous les éléments de la question qui lui est soumise? Sa mission est d'apprécier le caractère délictueux du fait incriminé et de déterminer le degré de culpabilité du prévenu. Comment remplira-t-il sa mission si on enlève à sa connaissance un ou plusieurs des éléments du fait sur lequel il doit statuer? Le premier inconvénient résultant de l'intervention d'une autre juridiction serait donc d'aboutir à séparer les éléments d'un même fait et à les soumettre à l'examen de juridictions différentes, alors qu'une appréciation exacte du fait incriminé exigerait au contraire qu'une même juridiction pût connaître de tous les éléments du fait délictueux.

5. — Ce n'est pas la seule. Soumises à des juridictions différentes, les questions soulevées par un même fait pourraient aboutir à des conflits de juridiction et, par suite, à des lenteurs et à des frais.

6. — Enfin, en matière répressive surtout, la condition essentielle d'une bonne justice c'est la direction unique dans la marche de l'instruction. C'est que la décision du tribunal doit être le résultat de l'ensemble des débats du procès et non pas la conséquence d'instructions partielles, de décisions rendues sur des juridictions différentes. Quelle garantie trouverait l'accusé dans une sentence fondée sur des instructions partielles, faites par des juridictions différentes et peut-être dans un esprit opposé?

7. — L'ancienne législation avait compris combien ces motifs étaient puissants, et la jurisprudence romaine n'avait pas manqué d'en faire l'application. L'ancien droit français reconnaissait aussi aux juges criminels une compétence entière et absolue pour statuer sur toutes les questions préjudicielles qui se présentaient devant eux, et le Parlement de Paris ne manquait pas d'en faire l'application ; c'est ainsi que des questions d'état préjudicielles à des actions criminelles recevaient leur solution du tribunal répressif appelé à connaître de ces dernières ; et si des abus avaient fait restreindre l'application du principe, celui-ci n'en était pas moins resté debout dans l'ancienne législation.

8. — Cette théorie, si bien justifiée qu'elle semble au point de vue rationnel, ne laisse pas de présenter de sérieux inconvénients dans ses diverses applications, surtout dans notre législation moderne. La réunion des pouvoirs judiciaires dans les mêmes mains facilitait singulièrement l'application du principe dans l'ancien droit. L'admettre aujourd'hui, n'est-ce pas constituer un empiétement au profit des juridictions répressives sur la compétence des tribunaux civils? Ne va-t-on pas appeler des tribunaux incapables, par la nature même de leur composition ou de leurs attributions ordinaires, à statuer sur des questions complétement en dehors des matières faisant partie de leur compétence habituelle?

II. 9. — Aussi deux systèmes partagent la doctrine, d'une manière fort inégale du reste, sur cette délicate question. Toutefois les auteurs sont d'accord pour admettre la compétence du tribunal répressif lorsque le délit réside dans le contrat même qui donne lieu aux poursuites ; le tribunal répressif se trouve forcément compétent pour connaître d'un délit qui forme avec le contrat un tout indivisible; mais en dehors de ce cas, la controverse se présente dès que le délit et le contrat sont distincts.

10. — Dans un premier système développé par Toullier, et que Carnot adopte incidemment, il faut admettre comme principe

que l'action publique est suspendue par l'action civile toutes les
fois que le prétendu délit présuppose l'existence d'un fait antérieur non reconnu dont les tribunaux répressifs ne peuvent
connaître, soit que les lois leur en interdisent directement la
connaissance, soit qu'elles ne la leur interdisent qu'indirectement
et pour ne pas donner aux plaideurs un moyen détourné de se
ménager la preuve testimoniale, dans les cas où elle n'est pas
admissible. Si donc un délit se compose de deux ou plusieurs
faits divisibles, chaque fait doit être décidé par la juridiction
dans laquelle il rentre.

11. — Les art. 326 et 327 du Code civil, en refusant aux tribunaux criminels la connaissance de certaines questions d'état ;
l'art. 182 du Code forestier ; l'art. 12 de la loi du 27 septembre
1791, titre IX, etc., ne sont que l'application de cette règle
générale, de ce même principe, et non pas une exception à cette
prétendue règle que le juge de l'action est juge de l'exception.

« Les tribunaux répressifs forment une juridiction exceptionnelle. Les magistrats qui y siégent sont les mêmes que ceux qui,
en matière civile, rendent une justice sans exception. Mais
l'identité dans la personne des magistrats laisse subsister dans
son entier la distinction absolue qui existe entre les pouvoirs de
chaque juridiction. Un tribunal répressif ne peut pas plus juger
à titre d'exception qu'à titre d'action une question qui est hors
de sa compétence *ratione materiæ* (1). »

12. — Si enfin on reconnaissait au tribunal répressif le droit
de résoudre, pour statuer sur l'action publique, les questions de
droit civil que cette action peut soulever, il pourra arriver à
statuer sans qu'il soit besoin d'appeler les personnes intéressées
à ses décisions, et à anéantir ou froisser leurs droits sans qu'elles
soient parties dans l'instance.

13. — Ce système, dont Toullier s'est fait le principal inter-
prète, n'est chez lui que le développement d'un autre système
adopté par cet auteur en matière de preuve. Il admet, en effet,
qu'en matière criminelle la preuve testimoniale est toujours
admissible; que la théorie des preuves, telle qu'elle est organisée
par le législateur de 1804 dans les art. 1341 et suivants du Code
civil, est exclusivement applicable devant les tribunaux civils et
non devant les juridictions répressives. Or, lorsqu'il interdit en
principe aux tribunaux criminels de connaître, accessoirement

(1) De Molèves, t. II, p. 245.

à un délit, des questions de droit civil, il se fonde surtout sur ce principe, qu'en permettant aux parties de prendre la voie criminelle, elles arriveraient ainsi à se soustraire aux règles déterminées par le Code en matière de preuve, et pourraient recourir à la preuve testimoniale pour des espèces qui ne pourraient être susceptibles de ce moyen de preuve devant la juridiction civile.

14. — Il y a dans cette théorie deux erreurs capitales : la première consiste à repousser la règle que le juge de l'action est juge de l'exception ; la seconde, qui en est le fondement, c'est que la preuve testimoniale est toujours admissible en matière criminelle. Nous n'avons, pour le moment, qu'à réfuter la première ; nous retrouverons l'examen de la seconde un peu plus loin.

15. — La majorité des auteurs reconnaît aujourd'hui au tribunal répressif le droit de résoudre, accessoirement à l'action publique, les questions de droit civil que celle-ci pourrait soulever, et, dans la mesure des nécessités d'application de la loi pénale, la plénitude de juridiction dévolue à l'autorité judiciaire.

16. — Ce second système a pour lui, tout d'abord, les considérations purement rationnelles que nous avons exposées plus haut. Pour bien apprécier le caractère d'un délit, pour en déterminer la gravité et préciser le degré de culpabilité de l'agent, le tribunal doit trouver dans ses pouvoirs le droit d'apprécier tous les éléments dont se compose le fait principal qu'il est appelé à connaître. S'il était obligé de surseoir, d'attendre la décision d'une autre juridiction sur les questions incidemment soulevées, des entraves dans la marche de la justice, des conflits de juridiction, une augmentation de délai, telles seraient les regrettables conséquences de ce système.

17. — Ces raisons, si puissantes qu'elles soient, ne suffiraient pas cependant pour autoriser un système qui, il faut en convenir, porte atteinte, dans une certaine mesure, aux règles ordinaires de la compétence. Aussi les nombreux interprètes qui admettent cette théorie sont-ils justifiés par des raisons tirées soit des anciennes législations, soit par des textes de nos lois modernes.

18. — En droit romain, en effet, la règle que le juge de l'action est juge de l'exception avait été appliquée dans plusieurs textes, et notamment dans une constitution de Valérien : « *Cum civili disceptationi principaliter motæ, quæstio criminis incidit, vel crimini prius instituto civilis causa adjungitur, potest judex eorum*

tempore utramque disceptationem sua sententia dirimere (1). »

L'ancien droit français avait admis le même principe : les juridictions criminelles étaient compétentes pour statuer sur toutes les questions incidentes qui se produisaient devant elles, et un grand nombre d'arrêts du parlement de Paris avaient adopté cette doctrine; c'est ainsi, notamment, qu'en matière de suppression d'état, les tribunaux criminels connaissaient des questions d'état soulevées incidemment à une poursuite criminelle, sans renvoi devant les tribunaux civils. Les parties avaient même trouvé un moyen de fraude dans cette doctrine. Comme la filiation ne pouvait être prouvée que par écrit, ou du moins que la preuve testimoniale n'était pas suffisante, elles prenaient la voie criminelle, et parvenaient ainsi, par ce moyen détourné, à enfreindre les règles établies en matière de preuve. Aussi, plus tard, la jurisprudence se vit-elle forcée d'apporter un tempérament à la règle qu'elle avait adoptée, et elle décida que la poursuite criminelle pourrait être suspendue dans ce cas spécial, si les juges remarquaient qu'elle n'était entreprise que pour arriver, par ce moyen de preuve frauduleuse, à établir la filiation. Quoi qu'il en soit, le principe était incontestable: le juge de l'action y était juge de l'exception.

19. — Le Code civil a suivi les anciens errements. Aucun texte ne déclare que la compétence attribuée à chacune des juridictions établies soit exclusive de toute autre; aucun texte ne déclare que les questions de droit civil resteront attribuées exclusivement aux tribunaux civils, à l'exclusion des juridictions criminelles, lorsqu'elles se présenteront accessoirement à un fait incriminé porté devant le tribunal répressif.

L'art. 3 C. inst. crim. vient en fournir la preuve : « L'action civile peut être poursuivie en même temps et devant les mêmes juges que l'action publique. » Le tribunal répressif n'est donc pas incompétent *ratione materiæ* pour connaître des actions civiles, puisque l'art. 3 lui en défère la connaissance lorsque la partie lésée le préfère; l'action civile peut être poursuivie en même temps et devant les mêmes juges que l'action publique : le juge criminel est donc compétent pour connaître des actions civiles nées du fait même qui lui est soumis, mais dont la connaissance n'est pas nécessaire pour que ce tribunal puisse statuer sur le fait incriminé. Ceci est incontestable : c'est

(1) L. 3, C., *de ord. jud.*

donc reconnaître au tribunal répressif le droit de statuer sur des questions d'état, de famille, de contrat, etc. Comment donc ce même tribunal deviendrait-il incapable, alors que des questions d'une nature identique se présentent non plus accessoirement à l'action publique, comme dans le cas prévu par l'art. 3, mais bien comme formant un élément essentiel de l'action publique dont il est appelé à connaître? Comment pourrait-on, dans ce cas, lui préférer une juridiction civile pour un fait qui forme un élément même du délit qui lui est soumis, alors qu'il est lui-même préféré à la juridiction civile lorsqu'il s'agit d'une action civile née d'un fait délictueux et soulevée en même temps que l'action publique?

20. — Que l'on n'invoque pas, du reste, la divisibilité des questions. Elle existe en principe, il faut le reconnaître; elle n'existe plus au point de vue où nous nous plaçons. Lorsqu'une question de droit civil forme un élément du délit, lorsque celui-ci implique l'existence d'un contrat, le contrat et le délit ne forment pas, ne peuvent pas former, au point de vue répressif, deux faits indépendants : il y a entre eux la liaison la plus intime. Connaissant du délit, le tribunal répressif se trouve nécessairement appelé à connaître du contrat, dont la dénégation n'est en réalité qu'un moyen de défense opposé au fait incriminé.

21. — Comment, en outre, expliquer l'utilité de plusieurs articles de notre Code et de lois spéciales avec le système que nous combattons? Si le juge de l'action n'était pas juge de l'exception, quelle utilité y avait-il donc pour le législateur à écrire les articles 326, 327 du Code civil? comment expliquera-t-on les dispositions de l'art. 12 de la loi des 15-29 septembre 1791 (tit. IX), l'art. 182 du Code forestier, qui exigent que la juridiction civile soit saisie exclusivement de la connaissance des droits réels dont exciperait un prévenu en matière de délits forestiers et de pêche fluviale? Comment le législateur aurait-il eu besoin de s'expliquer spécialement sur cette matière, si, comme dans le système que nous combattons, les tribunaux répressifs eussent été incompétents pour connaître des questions civiles? Avouons que, de la part du législateur, prendre la peine d'écrire des applications spéciales d'un principe admis semblerait singulier. Reconnaissons plutôt, avec les travaux préparatoires du Code, et avec la note secrète du 3 novembre 1813 (art. 2), émanée de la Cour de cassation, qu'aujourd'hui comme dans l'ancienne législation *le juge de l'action est juge de l'exception.* « Il est de principe (dit la

note précitée) que tout juge compétent pour statuer sur un procès dont il est saisi l'est par là même pour statuer sur toutes les questions qui s'élèvent incidemment dans ce procès, quoique d'ailleurs ces questions fussent hors de sa compétence, si elles lui étaient proposées principalement. Il faut une disposition formelle de la loi pour ne pas faire application de ce principe. »

22. — Ce second système nous semble donc incontestable ; pourtant les arguments que nous venons de développer ne sont pas à l'abri de toute objection. — On objecte en effet que, si des considérations tirées de l'utilité pratique, de l'intérêt de l'inculpé justifient la compétence accordée aux tribunaux répressifs pour les questions de droit civil se présentant incidemment à une poursuite criminelle, ce sont aussi des considérations analogues qui devraient faire obstacle à cet empiétement d'une juridiction sur les attributions d'une autre ; que, dans un État bien organisé, chaque magistrat a un rôle déterminé qu'il ne peut franchir toutes les fois qu'il est possible de faire statuer par la juridiction à laquelle la compétence a été reconnue tout d'abord sur les questions incidentes qui peuvent se présenter. Autrement ne serait-ce pas méconnaître surtout les principes qui ont guidé le législateur français dans la séparation des justices civile et criminelle ? Quant aux inconvénients qui pourront résulter de l'attribution à des tribunaux distincts des différentes questions soulevées par un même fait, ne sont-ils pas compensés par d'autres non moins graves ? le procès sera plus court, nous dit-on ; mais cet avantage, d'une durée plus courte, n'engendrera-t-il pas l'arbitraire en violant les règles ordinaires de la compétence, l'incertitude, en bouleversant ainsi toutes les théories admises sur les pouvoirs des différents ordres de tribunaux ? Cette appréciation laissée aux tribunaux répressifs, seront-ils capables de la faire dans de bonnes conditions pour les justiciables ? tel tribunal dont les lumières et les connaissances suffisent pour apprécier convenablement une question de fait pourra-t-il décider avec les mêmes garanties une question de droit civile incidente ?

23. — Quant aux textes mêmes sur lesquels nous appuyons notre système, ils ont été l'objet d'une tout autre interprétation au point de vue des arguments que nous en avons tirés pour notre théorie. L'art. 3 C. inst. crim., nous dit-on, ne prouve rien au sujet de la compétence du tribunal répressif sur les questions de droit civil incidentes. Sur quoi statue-t-il en effet ? sur l'inter-

vention de la partie civile dans un procès criminel, afin d'obtenir des dommages-intérêts pour le préjudice éprouvé, et sur la priorité que doit obtenir l'action publique sur l'action civile lorsqu'elles se trouvent introduites en justice en même temps. Or rien, dans ces deux idées, ne peut nous permettre de conclure à la compétence du tribunal répressif sur les questions civiles incidentes. — Quant aux articles 326, 327 du Code civil, ils ne constituent pas une exception au prétendu principe que le juge de l'action est juge de l'exception, mais ils forment une dérogation à cette règle de l'art. 3 C. inst. crim. établissant la priorité de l'action publique sur l'action civile : le criminel tient le civil en état ; c'est au contraire le civil qui, dans l'hypothèse de nos articles, tient le criminel en état. Les art. 182 C. forest., 19 de la loi des 15-27 septembre 1791, ont créé des dérogations à un principe qui n'existe pas, n'ont été que la confirmation d'une règle que la jurisprudence reconnaissait déjà, mais avec hésitation.

24. — Ces objections nous touchent peu. Nous ne contestons pas les inconvénients pratiques que peut présenter le système que nous préférons. Nous admettons volontiers qu'il y aura danger parfois à soumettre les plus graves questions à des juges dont les attributions ordinaires semblent exclure la connaissance de ces mêmes questions. Néanmoins les raisons que nous avons données ci-dessus à l'appui de notre opinion restent tout entières pour le prouver; et, si des inconvénients peuvent en résulter, les modifications apportées par le Code, ou postérieurement, en même temps qu'elles confirment notre théorie, viennent en atténuer les effets.

25. — La jurisprudence a observé sur l'application de notre principe une marche fort irrégulière qui s'explique par l'absence de texte contenant notre règle, et par les inconvénients qu'elle présentait dans certaines matières. La Cour de cassation a cru qu'il était de son devoir de combler sur ce point les lacunes de la loi. A l'origine, en présence des deux systèmes opposés qui s'offraient à elle, ou admettre l'opinion refusant aux tribunaux répressifs la compétence en matière civile pour toute question, ou admettre comme règle générale la compétence de ce même tribunal, la Cour suprême a passé de l'un à l'autre système, suivant la nature de l'affaire et les difficultés qu'elle soulevait, sans se préoccuper de combler les lacunes de la loi, en mettant en lumière un principe abstrait qui pût servir de guide.

26.— Les premières questions dont elle enleva la connaissance aux tribunaux répressifs furent les questions de propriété immobilière. Elle décida que ces questions seraient de la compétence exclusive des tribunaux civils ; que s'il s'en présentait devant les juridictions répressives, elles devaient en prononcer le renvoi devant les tribunaux civils ; l'utilité publique seule pouvait expliquer une décision que la Cour ne prenait pas même la peine de justifier. S'agissait-il, au contraire, de questions relatives à la propriété mobilière, la Cour n'hésitait pas à en confier la connaissance aux tribunaux répressifs ; s'agissait-il de questions préjudicielles relatives à l'instance, à l'interprétation, à la validité des contrats, des hésitations nombreuses se trouvent dans toute sa jurisprudence. Quant aux questions préjudicielles concernant l'état des personnes, quoique sa tendance marquée fût d'en attribuer la connaissance aux tribunaux civils, sa jurisprudence sur ce point présenta encore beaucoup d'incertitude. Ainsi, de 1801 à 1813, la jurisprudence fut très-hésitante sur cette délicate question des exceptions préjudicielles, changeant sans cesse, sans laisser voir un principe fixe, certain, qui le guidât dans ses décisions. Elle sentit pourtant le besoin de régler sa marche, et de résumer pour elle-même dans un texte les principes qui lui semblaient devoir être préférés pour guider ses décisions à venir : c'est ce qu'elle fit le 3 novembre 1813. M. le président Barris résuma dans une note secrète, après discussion et approbation, les principes régissant la matière des questions préjudicielles. En cela, la Cour violait peut-être le principe écrit dans l'art. 3 du Code civil. Quoi qu'il en soit, c'est cette note, que beaucoup d'auteurs ont reproduite (1), qui sert de base à la jurisprudence, sauf de rares écarts. Les principes qu'elle contient n'ont malheureusement pas reçu de sanction législative, en général du moins.

27. — Cependant l'art. 182 du Code forestier vient sanctionner le principe déjà admis par la jurisprudence pour les questions de droits réels immobiliers soulevées incidemment devant les tribunaux répressifs, et reproduire les principes déjà admis dans la note de 1813.

III. 28.—Lorsque le tribunal répressif est appelé à connaître, incidemment à une question criminelle, une question de droit civil, il est soumis, pour la recherche et l'admission des preuves,

(1) Elle est citée en entier par Mangin.

aux règles imposées aux tribunaux civils par les art. 1341 et suivants du Code civil. Ces règles sont, en effet, des principes généraux, communs à toutes les juridictions, et non pas des dispositions spéciales, applicables seulement devant les juridictions civiles.

29. — Cette règle, adoptée par la majorité des auteurs, a pourtant trouvé des contradicteurs. Toullier, après avoir admis que les preuves telles qu'elles étaient réglementées par les art. 1341 et suivants du Code civil étaient exclusivement applicables devant les juridictions civiles, tandis que la preuve testimoniale était toujours recevable en matière criminelle, en a tiré cette conclusion que toute question de droit civil dont la preuve testimoniale ne pourrait être reçue devant la juridiction civile ne pourrait être jugée par une juridiction répressive. Selon cet auteur, l'emploi de tel ou tel mode de preuve dépend de la juridiction devant laquelle on poursuit, tandis que la preuve testimoniale est toujours admissible devant les tribunaux criminels; elle se trouve, au contraire, renfermée dans les limites tracées par les art. 1341 et suivants devant les juridictions civiles. Poursuivant dans cet ordre d'idées, Toullier démontre que permettre aux parties de faire statuer par un tribunal répressif sur une question de droit civil pour laquelle la preuve testimoniale ne serait pas admissible, ce serait permettre aux parties d'enfreindre les règles relatives aux preuves, leur donner une voie détournée pour faire établir par témoins un fait dont elles n'auraient pu faire constater l'existence devant le tribunal civil.

30. — Que si les parties peuvent établir le fait rentrant dans la compétence des tribunaux civils par les moyens de preuve exigés par le Code civil, rien ne fait obstacle à ce qu'ils saisissent la juridiction compétente de la question de droit civil, sauf au tribunal répressif à connaître ensuite du délit, le tribunal civil ayant statué préalablement sur la question préjudicielle. Le fait civil et le délit sont, en général du moins, deux faits distincts; le second, il est vrai, n'existe qu'à la condition de l'existence même du premier; mais ce sont deux faits divisibles, susceptibles par conséquent d'être portés devant deux juridictions différentes, sans qu'il y ait nécessité absolue de déférer au tribunal répressif la connaissance de la question civile dont la preuve testimoniale n'est pas admissible.

31. — Ce système est, avec raison, rejeté par les auteurs. Aucun des arguments invoqués à l'appui ne supporte l'examen. Quel

est, en effet, le principe qui lui sert de base? c'est cette idée que, devant les tribunaux répressifs, la preuve testimoniale est toujours admissible, principe que Merlin avait aussi soutenu pour l'abandonner plus tard.

Rien n'est plus faux que cette prétendue règle. Les dispositions relatives aux preuves établies dans les art. 1341 et suivants du Code civil ne sont pas spéciales à telles ou telles juridictions, mais constituent des principes généraux devant recevoir leur application devant toutes les juridictions civiles ou criminelles. Lorsqu'une question de droit civil doit être soumise aux tribunaux répressifs, elle y est jugée *cum sua causa*, c'est-à-dire suivant les modes de preuve qu'elle aurait dû recevoir devant la juridiction civile. « Ce n'est pas, dit M. Bonnier, à la nature du tribunal, c'est à la nature des questions qu'il convient de s'attacher pour déterminer le mode de preuve à employer. » Ainsi entendue, cette théorie prévient le danger que redoutait Toullier de fournir aux parties une voie détournée pour enfreindre les règles établies en matière de preuve.

Quant à nier la nécessité de soumettre à un même tribunal la question criminelle et la question de droit civil, nous n'avons plus à en fournir la réfutation : nous savons sur quels motifs rationnels et juridiques s'appuie la compétence que nous reconnaissons aux tribunaux répressifs.

32. — Un article pourtant semblerait justifier la théorie que nous combattons et permettre dans tous les cas la preuve testimoniale devant les juridictions répressives : c'est l'art. 1353 du Code civil, qui permet de prouver par tous moyens le dol et la fraude. Ce serait pourtant une erreur de tirer cette conclusion de ce texte; il ne faut pas confondre en effet les deux questions soumises au même tribunal, mais qui n'en restent pas moins distinctes : la question de droit civil préjudicielle et le fait délictueux. Qu'il y ait entre ces deux éléments connexité, nous ne le nions pas; il ne s'ensuit pas de là que les preuves permises pour le fait tombant sous le coup de la loi pénale soient, par là même, admissibles pour la question préjudicielle. Celle-ci suit les règles de preuve qui lui sont propres, nonobstant l'application au fait délictueux de l'art. 1353.

33. — La règle qui consiste à appliquer devant les tribunaux répressifs les mêmes preuves que la question préjudicielle eût exigées devant les tribunaux civils doit recevoir son application, quel que soit le poursuivant; elle ne doit pas seulement

s'appliquer lorsque les parties lésées veulent recourir à la plainte : le ministère public lui-même, lorsqu'il poursuit d'office, a l'obligation de l'observer. Faire une distinction entre les parties lésées et le ministère public serait permettre indirectement ce que la loi a voulu prévenir. En soumettant les questions préjudicielles portées devant les tribunaux répressifs aux règles ordinaires des preuves, telles qu'elles sont établies par le Code, le législateur veut détourner les parties de recourir à la voie criminelle pour faire prouver par témoins ce qu'elles ne pourraient établir de cette manière devant les tribunaux civils. S'il en était autrement, « les parties intéressées, dit Merlin, n'agiraient pas elles-mêmes directement par la voie criminelle, mais elles emploieraient soit par elles-mêmes, soit par une personne interposée, les moyens indiqués par la loi pour que le ministère public agît d'office ; et, une fois l'action du ministère public engagée, une fois la preuve testimoniale acquise, la partie privée interviendrait comme partie civile, et alors il faudrait bien que le juge criminel, en condamnant le prévenu d'après l'action du ministère public, adjugeât à la partie civile les dommages-intérêts qui lui seraient dus. »

Si l'on admet enfin que le jugement rendu au criminel sur les seules poursuites du ministère public a pour la partie civile l'autorité de la chose jugée à l'égard de la partie lésée et du prévenu, c'est là un motif de plus pour appliquer au ministère public les mêmes règles de preuves qu'aux parties privées.

31. — La Cour de cassation, dans sa note secrète de 1813, a reconnu formellement ces principes : « Pour juger que le contrat dénié a existé, comme pour juger qu'il y en a commencement de preuve par écrit, et qu'ainsi la preuve testimoniale est admissible, les tribunaux correctionnels sont assujettis aux règles fixées par les articles 1341 et 1347 du Code civil. Les règles de preuve fixées dans ces articles ne sont pas sans doute attributives de juridiction en faveur des tribunaux civils ; mais, par cela même, les tribunaux correctionnels sont tenus de les observer. Ces règles sont des principes généraux communs à toutes les juridictions. Les délits sont susceptibles sans doute de toute espèce de preuves, mais le délit n'est pas dans le contrat dont la violation est l'objet de la poursuite ; il n'est que dans cette violation. Le contrat, qui n'est qu'un acte civil, ne peut être prouvé, lorsqu'il est dénié, que d'après les règles communes à tous les contrats. Les tribunaux correctionnels doivent prononcer

sur les intérêts civils ; la partie civile ne peut obtenir devant eux
que ce qu'elle obtiendrait devant les tribunaux civils, et elle ne
doit l'obtenir que d'après les preuves auxquelles elle serait soumise devant ces tribunaux. Elle pourrait prouver devant les tribunaux civils la violation du contrat par des dépositions de
témoins, conformément à l'art. 1348 du Code civil ; mais elle ne
pourrait prouver la préexistence du contrat, s'il était dénié, que
d'après les règles des articles 1341 et 1347 du même Code. »

35. — Le principe que nous venons de poser pour les preuves,
admis au sujet des questions préjudicielles portées devant les
tribunaux répressifs, est indépendant de la qualité de la partie
qui poursuit ; il s'applique également quelle que soit la juridiction répressive qui soit saisie. C'est ainsi, notamment, que si le
juge d'instruction est saisi d'une plainte relative à une infraction qui repose sur un contrat civil, comme une violation de
dépôt, un abus de blanc-seing, il lui appartient de refuser
d'admettre la question préjudicielle, si le contrat dont la preuve
doit être fournie présente un intérêt supérieur à 150 francs et
qu'aucune preuve écrite ou aucun commencement de preuve par
écrit n'en soit produit.

36. — Que doit faire le juge criminel lorsqu'une question préjudicielle n'étant pas susceptible d'être prouvée par témoins lui
est soumise ?

Lorsque la preuve écrite ou un commencement de preuve par
écrit est fourni au tribunal, pas de difficulté : la question préjudicielle établie dans le premier cas peut être prouvée dans le
second, en complétant par témoins la preuve résultant d'un commencement de preuve par écrit.

Si la preuve par écrit fait défaut totalement, qu'il n'y ait pas
même un commencement de preuve écrite, le tribunal répressif
devra chercher dans les interrogatoires de l'inculpé un moyen
d'établir la question préjudicielle : celui-ci, en effet, peut avouer,
et son aveu, constaté par le juge, fera tantôt pleine foi du fait à
prouver, tantôt pourra servir de commencement de preuve par
écrit lorsqu'il rendra vraisemblable le fait allégué.

37. — Mais la question devient plus difficile lorsqu'il n'existe
ni preuve écrite, ni commencement de preuve par écrit, ni
aveu : quelle décision va prendre le tribunal répressif ? Suivant
Merlin, la procédure criminelle doit être suspendue jusqu'à ce
que les juges civils aient prononcé sur le fait de l'existence préalable de cette convention présupposée par l'imputation du pré-

tendu délit. Cette solution perd de vue que le tribunal civil ne peut pas plus statuer ici que le tribunal répressif, et cela pour une double raison : d'abord parce que c'est le tribunal répressif qui est compétent, et qu'en outre les preuves requises par la loi civile feraient défaut aussi bien devant le tribunal civil que devant les tribunaux criminels. Faire juger si la preuve testimoniale est admissible ou non serait ridicule, puisque le sursis de la procédure criminelle est précisément motivé sur ce que cette preuve n'est pas recevable.

38. — Le tribunal répressif ne devra pas davantage juger la plainte mal fondée, car de cette manière il jugerait le fond, ce qu'il ne peut pas faire.

Il ne doit pas non plus se déclarer incompétent, car, ayant juridiction sur tous les délits qui lui sont déférés, on ne comprendrait pas que, sur la poursuite du ministère public, soit d'office, soit sur la plainte de la partie lésée, il se déclarât sans attribution pour connaître du délit.

La nature même de l'obstacle qui s'oppose à l'action nous indique la conduite que doit tenir, dans cette circonstance, le tribunal répressif. Pourquoi, en effet, la question de droit civil dont il s'agit ne doit-elle pas être reçue ? c'est que la plainte est interdite toutes les fois que la preuve orale n'est pas autorisée. Or ici cette preuve est refusée parce qu'il n'y a ni preuve ni commencement de preuve par écrit ; un obstacle de ce genre n'est qu'une fin de non-recevoir qui arrête simplement l'action. Que la cause qui le produit vienne à cesser, que l'on découvre une preuve écrite, ou même un simple commencement de preuve écrite, et l'action reprendra son cours. Aussi, de l'avis des auteurs, le tribunal répressif se bornera-t-il, dans ce cas, à déclarer le ministère public ou la partie civile, suivant les cas, *non recevable quant à présent* dans sa plainte.

39. — On s'est demandé si cette décision était applicable aux cours d'assises. La raison de douter se tire de ce que les arrêts de renvoi de la chambre des mises en accusation sont attributifs de juridiction, et que, pour les cas prévus par l'art. 299 du Code d'inst. crim., ils ne peuvent être attaqués que par la voie du recours en cassation, et seulement après l'arrêt définitif (art. 416 C. inst. crim.).

40. — Nous admettons pour la Cour d'assises la même règle que pour les autres juridictions répressives. C'est à elle qu'il appartient d'examiner si la preuve testimoniale est admissible ou

non, s'il existe ou non un commencement de preuve par écrit. Dans le cas où elle constate qu'il n'existe ni preuve littérale ni commencement de preuve écrite, elle doit déclarer la poursuite non recevable quant à présent; toutefois nous reconnaîtrons volontiers avec MM. Bertauld et Faustin-Hélie, que, les réponses ou aveux de l'inculpé pouvant former un commencement de preuve par écrit, la Cour ne peut déclarer la poursuite non recevable quant à présent que lorsqu'il y aura certitude que le commencement de preuve par écrit fera totalement défaut.

41. — Lorsque les preuves requises pour la question de droit civil font défaut, la fin de non-recevoir que le prévenu peut tirer des art. 1341 et suiv. du Code civil peut-elle ou non être opposée en tout état de cause, et, notamment, ayant négligé de l'opposer devant un juge inférieur, pourrait-elle se produire devant une juridiction supérieure? C'est là une question très-controversée, dont la solution dépend d'une autre question, qui elle-même est diversement résolue par les auteurs. Il s'agit de savoir si les règles relatives aux preuves établies dans l'art. 1341 sont ou non d'ordre public. Suivant que l'affirmative ou la négative sera adoptée, il faudra dire que la fin de non-recevoir tirée de notre article est susceptible ou non d'être produite en tout état de cause. Pour nous, l'affirmative doit être admise; les dispositions de l'art. 1341 sont d'ordre public. Si donc la preuve testimoniale ne peut être reçue pour la question de droit civil soumise au tribunal répressif, celui-ci doit la rejeter d'office, et le prévenu pourra se prévaloir en tout état de cause de cette fin de non-recevoir. L'origine de l'art. 1341 nous en fournit la preuve; il a été copié sur l'art. 54 de l'ordonnance de Moulins, dont le préambule porte : « Pour obvier à la multiplication des faits que l'on a vus ci-devant être mis en avant en jugement, sujets à preuve de témoins, et reproches d'iceux, dont adviennent plusieurs inconvénients et involutions de procès, avons ordonné et ordonnons que dorénavant, de toutes choses excédant la somme ou valeur de 150 livres, seront passés contrats, etc. »

42. — Si le tribunal répressif, au lieu de déclarer non recevable quant à présent la poursuite intentée, passe outre, admet la preuve testimoniale sans que le prévenu oppose aucune fin de non-recevoir, ou si, après avoir fait opposition à l'admission de la preuve testimoniale, il laisse acquérir à la décision qui l'admet l'autorité de la chose jugée, le jugement définitif de condamnation intervenu contre l'inculpé ne pourra être réformé

sur son appel ou cassé sur son pourvoi si, avant ce jugement, la partie poursuivante avait découvert un commencement de preuve par écrit de quelque manière que ce soit. Telle est la solution donnée dans la note de 1813, 3° : « S'il n'y a pas eu d'opposition de la part du prévenu, point de doute que le jugement définitif qui est justifié par une preuve testimoniale accompagnée d'un commencement de preuve par écrit (que l'instruction et la preuve testimoniale même ont fait découvrir) ne soit hors de toute atteinte à raison de l'irrégularité dans le mode et l'ordre de l'instruction. Mais si le prévenu avait demandé qu'il ne fût point entendu de témoins jusqu'à ce que la partie poursuivante eût produit un commencement de preuve par écrit qui autorisât la preuve testimoniale, cette réquisition, étant conforme à un principe général et positif rédigé, dans l'art. 1341 du Code civil, en termes prohibitifs, devrait être accueillie par les tribunaux correctionnels; et il y aurait lieu à cassation contre un jugement en dernier ressort qui l'aurait rejetée. Cependant, s'il n'y avait pas eu de pourvoi contre ce jugement et que, le commencement de preuve par écrit ayant été acquis, il fût intervenu un jugement de condamnation au fond, d'après la preuve testimoniale accompagnée d'un commencement de preuve par écrit, on ne pourrait se prévaloir, à la Cour de cassation, contre ce jugement de condamnation, du rejet de la réclamation du prévenu contre l'audition des témoins, avant la production du commencement de preuve par écrit, parce que le jugement qui aurait prononcé ce rejet, n'ayant pas été attaqué par un pourvoi, aurait acquis l'autorité de la chose jugée, et que le jugement de condamnation serait justifié par le commencement de preuve par écrit qui lui aurait servi de base, conjointement avec la preuve testimoniale. »

43. — Lorsqu'un tribunal répressif sera saisi d'une question pour laquelle la preuve testimoniale ne sera admissible qu'avec un commencement de preuve par écrit, c'est au tribunal qu'il appartiendra de décider si ce commencement de preuve existe ou non, ou, s'il existe, s'il est suffisant pour autoriser la preuve testimoniale; le tribunal répressif n'aura donc pas à renvoyer la question à la décision préalable du juge civil, compétent pour décider quand la preuve littérale est complète, si elle se produit devant lui; *a fortiori* sera-t-il compétent pour décider que l'écrit qui est produit est suffisant pour autoriser un commencement de preuve par écrit. « La Cour de cassation, dit la note de 1813, 2°, a jugé

constamment que les tribunaux correctionnels sont compétents pour prononcer sur l'existence du contrat dénié par voie d'exception, lorsqu'il en est produit un commencement de preuve par écrit; elle a jugé que ces tribunaux ont caractère pour décider qu'il y a commencement de preuve par écrit : elle doit donc juger aussi que ces tribunaux ont le droit de déclarer que l'acte produit forme la preuve complète de ce contrat. » (Dall. *Rép., Quest. préj.*, n° 71.)

44. — Lorsque le prévenu aura, devant le juge d'instruction ou devant le tribunal répressif, fait des déclarations qui rendent vraisemblable le fait allégué, devra-t-on tenir compte de ces déclarations? pourra-t-on les considérer comme un commencement de preuve par écrit? La jurisprudence admet l'affirmative; elle décide, notamment, que le commencement de preuve par écrit peut résulter de déclarations faites par le prévenu dans son interrogatoire devant le tribunal correctionnel, ou devant le juge d'instruction (Dall., *P.*, 57, 2, 452; 52, 2, 84). Constatons toutefois que cette jurisprudence est contredite par quelques arrêts (Dall., *P.*, 54, 4, 45).

45. — Cette jurisprudence, que M. Trébutien trouve fort sujette à critique en présence de l'art. 1347 C. civ., nous semble parfaitement fondée. Lorsque le prévenu a avoué en justice l'acte civil sur lequel repose l'infraction, cet aveu fait pleine foi de l'existence de l'acte, ou tient lieu tout au moins de commencement de preuve par écrit. Lorsque l'aveu est constaté par le juge, ne doit-il pas être considéré comme un acte émanant du prévenu lui-même, rendant vraisemblable le fait allégué? n'est-il pas un commencement de preuve par écrit dans le sens de l'art. 1347? *A fortiori*, il faut en dire autant de toute déclaration rendant vraisemblable le fait allégué produit par l'inculpé devant le juge d'instruction, si cette déclaration a été signée par le prévenu ou que celui-ci ait déclaré ne pouvoir signer.

46. — Quand les preuves requises par les art. 1341 et suiv. du Code civil ont été produites devant le tribunal répressif à l'occasion d'une question de droit civil, celui-ci doit les apprécier conformément aux règles du droit civil : c'est ainsi que l'aveu du prévenu, au criminel comme au civil, sera indivisible. Cette règle a été reconnue par un grand nombre d'arrêts, quoique méconnue par quelques-uns. Toutefois nous devons dire, avec un arrêt du 24 septembre 1857 (Dall., *P.*, 37, 1, 452), que le principe de l'indivisibilité ne fait pas obstacle à ce que chacun des aveux consignés dans l'interrogatoire du prévenu soit séparé de ceux qui précèdent ou qui suivent, de sorte que le juge admette les uns et repousse les autres, surtout lorsqu'un aveu formel sur un point présente sur un autre des variations démenties par d'autres preuves : c'est reconnaître la règle que nous posons ; mais montrons aussi que la disposition de l'art. 1356 du Code civil reçoit exception, en matière civile ou criminelle, lorsque celui qui avoue est de mauvaise foi ou lorsque les faits avoués n'ont entre eux aucune connexité.

47. — Il peut se faire que l'inculpé oppose à la poursuite dirigée contre lui une convention antérieure dont l'existence est contestée par la partie civile ou par le ministère public. Ici encore, pas de doute que le tribunal répressif ne soit compétent pour connaître de ce fait et n'ait pas besoin de renvoyer devant la juridiction civile. Si donc le prévenu oppose à l'accusation de soustraction frauduleuse de ce titre une convention qui lui permettait de le détenir, le tribunal répressif serait compétent pour statuer sur cette convention. Il faudrait encore lui reconnaître le droit de statuer dans le cas où le prévenu se prévaudrait d'une convention, postérieure à l'infraction, le justifiant complétement de l'accusation. Mais, dans cette double hypothèse, le juge répressif doit se conformer aux règles des preuves telles qu'elles sont établies par le droit civil. (Dall., *Quest. prél.*, nos 41, 42.)

IV. 48. — Les principes que nous venons de développer ne laissent pas de présenter dans l'application de sérieuses difficultés. Nous pouvons maintenant aborder quelques hypothèses de questions préjudicielles dont le tribunal répressif peut connaître accessoirement à l'action publique, et voir comment les règles qui précèdent seront appliquées.

49. — Quand il s'agira de l'un des délits prévus par l'art. 408 C. pén., tels que la *violation d'un dépôt*, le détournement d'objets confiés pour en faire un usage ou un emploi déterminé, la partie lésée ayant pu ou dû se procurer une preuve littérale du contrat dont la violation constitue le délit, le juge criminel ne pourra admettre la preuve de cette violation qu'autant que l'existence même du contrat aura été prouvée par écrit, suivant les règles établies par le Code civil, soit que le prévenu avoue le contrat, soit que la preuve testimoniale ait complété un commencement de preuve par écrit déjà existant. En dehors de ces trois cas de représentation de la preuve littérale, d'aveu et de preuve testimoniale s'ajoutant à un commencement de preuve par écrit, le

tribunal répressif ne pourra statuer sur la question d'existence du dépôt.

Aussi, comme conséquence du principe posé, devons-nous reconnaître que si le contrat de dépôt avait eu lieu en matière commerciale, il pourrait être prouvé par témoins, quelle que soit la valeur de l'objet du contrat ; de même encore s'il s'agissait d'un dépôt nécessaire, ou enfin d'un dépôt obtenu par dol ou par fraude (Dall., *P.*, 33, 1, 85).

50. — Si une plainte en *abus de blanc-seing* (C. pén., 407) est portée devant la juridiction répressive, celle-ci ne pourra connaître de cette question si la convention portée au-dessus du prétendu blanc-seing dépasse 150 fr., et que la remise volontaire n'en soit établie par une preuve littérale ou un commencement de preuve par écrit. Un arrêt du 5 mai 1831 a appliqué les principes ci-dessus à l'hypothèse de l'abus de blanc-seing, et la majorité des auteurs a adopté cette solution.

51. — MM. Chauveau et F.-Hélie l'ont combattue : la question prend ici, disent en substance ces jurisconsultes, une physionomie particulière. La remise d'un blanc-seing n'est pas une convention, c'est un pur fait qui n'entraîne même aucune obligation. Comment, du reste, dire que cette prétendue convention est supérieure à 150 fr., puisque cette valeur ne se trouve indiquée ni dans une convention qui n'existe pas, ni dans le fait de la remise du blanc-seing, qui n'est qu'un pur fait susceptible d'être établi par témoins. Du reste, cette remise est un fait indépendant du délit d'abus qui reste distinct, et, par suite, peut être prouvé par témoins. Admettre avec l'arrêt de 1831 que la preuve écrite est requise pour établir la remise du blanc-seing serait anéantir le moyen de répression de l'art. 407 : on parviendra difficilement à prouver par écrit la remise d'un blanc-seing ; aussi la preuve testimoniale sera-t-elle ici toujours admissible.

M. F.-Hélie lui-même, dans son *Traité de l'instruction criminelle*, ne présente plus ce même système d'une manière aussi absolue : il distingue en effet entre les cas où la remise d'un blanc-seing a le caractère d'une convention et ceux où elle n'est qu'un fait accidentel suivi d'un frauduleux abus. Les règles indiquées par l'arrêt de 1831 devraient s'appliquer dans le premier cas ; la preuve testimoniale serait admissible dans le second.

52. — Même ainsi tempérée, nous n'admettons pas cette solution. A notre avis, la remise d'un blanc-seing constitue toujours une convention expresse ou tacite, ayant pour but de permettre

au dépositaire d'en faire un usage déterminé. Cette convention devait donc, lorsque son objet était supérieur à 150 francs, être constatée par écrit. Par suite, si celui à qui le blanc-seing a été confié en abuse, l'existence de la remise du blanc-seing devient une question préjudicielle dont le tribunal répressif pourra connaître, mais qui nécessitera la preuve littérale comme une convention de mandat ou de dépôt.

53. — Lorsque la plainte de la partie civile ou l'action du ministère public a pour objet *la soustraction* ou *la destruction d'un titre* (1), la preuve testimoniale sera admise par le tribunal répressif sur l'existence du titre et sur les conséquences de sa destruction ou de sa disparition, parce que, le fait sur lequel s'appuient les poursuites ayant pour objet la destruction même ou la soustraction de la preuve littérale de l'obligation ou de l'existence du droit dont la partie lésée est créancière, on ne peut opposer soit à elle, soit au ministère public la disposition de l'art. 1341, exigeant qu'il soit passé un écrit de tout ce qui excède cent cinquante francs. Il n'a pu, dans cette circonstance, dépendre de la partie lésée de se procurer une preuve écrite de la soustraction commise à son préjudice (C. civ., art. 1348).

Aussi la Cour de cassation n'a-t-elle pas hésité à faire l'application de cette solution au cas de suppression d'un testament olographe, et, dans un arrêt rendu le 4 octobre 1816 (cité par Mangin), elle remarque avec raison que les dispositions des articles 1341 et suivants n'étaient applicables qu'aux conventions et aux faits dont il a été possible de se procurer une preuve écrite ; « que, si la préexistence d'un testament est un fait préjudiciel au fait de la soustraction, cette préexistence peut, comme la soustraction, être prouvée par témoins, parce que l'héritier ou le légataire n'ont eu aucun moyen de faire constater par écrit, pendant la vie du testateur, l'existence de ce testament, qui n'a été que son propre fait ; et que, dès lors, les art. 1341 et suiv. du Code civil sont absolument étrangers à leur action. »

54. — Si la plainte avait pour objet *la soustraction* ou *la destruction d'une contre-lettre* destinée à modifier des conventions antérieures excédant 150 francs, dont la preuve littérale est produite, l'existence de la contre-lettre elle-même doit être prouvée par écrit ou par témoins avec un commencement de preuve par écrit. Avant de rechercher s'il y a ou non soustrac-

(1) Art. 173, 254, 255, 256, 409, 439 C. pén.

tion de contre-lettre, il faut préalablement en établir l'existence : admettre pour cette preuve le simple témoignage, ce
serait enfreindre les règles du Code civil.

55. — La preuve testimoniale sera admise, quelle que soit
l'importance du contrat, lorsqu'il s'agit du *délit d'usure*. En
effet, l'existence du délit se confond avec celle du contrat. Les
stipulations d'intérêts usuraires peuvent être soumises à la
preuve testimoniale, quoique se rattachant à des contrats civils
excédant cent cinquante francs. La note de 1813 a prévu spécialement ce cas : « Relativement au délit d'usure, il ne porte pas
sur des faits extrinsèques à des contrats; il ne suppose pas,
comme le délit de violation de dépôt, la préexistence d'une convention : il se forme dans les actes mêmes du prêt, il est inséparable du prêt et se confond avec lui; dès lors, tout délit étant
susceptible de toute espèce de preuve, il n'y a pas de doute que
les stipulations usuraires dont peut se composer le délit d'habi-
tude d'usure doivent être soumises à la preuve testimoniale,
quoiqu'elles se rattachent à des contrats civils, et que les clauses
portées dans ces contrats ne puissent être altérées (1). »

56. — Si la poursuite embrassait *plusieurs délits* dont les uns
seraient susceptibles de la preuve testimoniale et les autres ne le
seraient pas, le tribunal répressif devrait repousser toute preuve
testimoniale pour le délit qui n'est pas susceptible d'être établi
par témoin, sauf à recevoir le témoignage sur les faits délictueux permettant ce mode de preuve. Ainsi, un individu étant
traduit en police correctionnelle sous la double prévention de
violation de dépôt et de vol, le tribunal répressif recevra la preuve
testimoniale du vol et la repoussera pour le dépôt.

CHAPITRE II.

DES QUESTIONS PRÉJUDICIELLES A L'ACTION PUBLIQUE.

SOMMAIRE.

1. Nature de ces questions préjudicielles. — 2. Division de ce chapitre
en deux sections.

1. — Nous connaissons maintenant les principales questions
préjudicielles dont le tribunal répressif peut connaître, les règles

(1) Note de 1813, 3°.

qui leur sont applicables; nous pouvons aborder maintenant la première des catégories de questions préjudicielles portant une atteinte sérieuse à l'indépendance de l'action publique, c'est-à-dire les *questions préjudicielles à l'action publique.*

Celles-ci ont pour effet de faire suspendre l'action publique; elle ne peut être intentée qu'après qu'elles ont reçu une solution; elles aboutissent à faire prononcer quant à présent l'incompétence du tribunal répressif, suspendent momentanément l'instruction, qui ne peut reprendre son cours qu'après la décision dont elles auront été l'objet; c'est une barrière infranchissable qu'elles élèvent à l'action publique.

2. — Parmi ces questions, nous trouvons en premier lieu certaines questions d'état qui nous sont indiquées par les art. 326, 327 du Code civil, textes doublement exceptionnels, puisqu'ils contiennent à la fois et une atteinte au principe de l'indépendance de l'action publique et une dérogation à la règle que nous avons établie : que le juge de l'action est le juge de l'exception.

Nous aurons à rechercher si la banqueroute ne nous offre pas une seconde catégorie de questions préjudicielles à l'action.

SECTION I.

QUESTIONS D'ÉTAT.

SOMMAIRE.

3. — Les questions d'état préjudicielles à l'action publique s'élèveront le plus souvent devant les tribunaux répressifs, lorsque ceux-ci seront saisis d'un crime de supposition d'état, de suppression d'état, de faux ou de destruction de titres dans le but de changer l'état d'une personne.

4. — En droit romain, les textes semblent accorder aux tribunaux répressifs le droit de connaître des questions d'état soulevées incidemment à une poursuite criminelle, en leur prescrivant de statuer soit en même temps sur les deux questions, soit préalablement sur la question d'état. Toutefois les dispositions de la législation romaine relatives à la compétence ne peuvent guère être invoquées en ces matières, eu égard à la différence des règles de compétence régissant cette législation et la nôtre (LL. 1, 3, 6, C., de ord. cogn.; L. 26, C., ad leg. Jul. de adult., etc.).

5. — Dans l'ancien droit français, les questions d'état n'étaient pas nécessairement préjudicielles à l'action criminelle : aucune disposition des ordonnances ne subordonnait la poursuite criminelle à la sentence préalable de la question d'état. De nombreux arrêts du Parlement de Paris avaient décidé, notamment pour le crime de suppression d'état, que l'action criminelle pouvait être intentée, poursuivie et jugée sans que les tribunaux civils eussent à statuer préalablement sur la question d'état.

6. — Ce principe, admis d'une manière absolue, avait produit des inconvénients dans la pratique ; les parties y avaient trouvé un moyen détourné pour enfreindre les règles relatives aux preuves spéciales en matière de questions d'état. De là une restriction laissant subsister la règle; la jurisprudence admit, en effet, que la poursuite criminelle serait suspendue en matière de suppression d'état, si la question n'était soulevée que pour établir par une voie détournée la preuve de la filiation. C'était, du reste, à la jurisprudence qu'il appartenait d'appliquer cette restriction.

7. — Un réquisitoire de l'avocat général Gilbert des Voisins, prononcé à l'occasion de l'affaire de la demoiselle de Saint-Cyr devant le Parlement de Paris, établit nettement les principes suivis en cette matière par la jurisprudence : « L'état des personnes, dit ce magistrat, est un objet civil en soi-même; mais

il donne lieu de commettre de grands crimes. Non-seulement on peut se l'attribuer par erreur, mais on peut entreprendre aussi de l'usurper par une imposture criminelle. On peut le contester de bonne foi ; mais on peut aussi être coupable en le supprimant à dessein formé. D'un côté, la suppression de l'état d'autrui, lorsqu'elle est accompagnée de préméditation et de noirceur, et, de l'autre, l'usurpation d'un état faux et supposé, lorsqu'elle est concertée avec artifice, ont toujours été mises au rang des crimes que l'État poursuit avec le plus de rigueur. Ainsi nous ne balançons pas à dire que, toutes les fois qu'il s'agit de poursuivre sérieusement un imposteur qui se donne pour ce qu'il sait qu'il n'est pas, ou un plagiaire qui machine de supprimer l'état d'autrui, la disposition des ordonnances civiles ne fait point d'obstacle ; on n'est plus astreint au genre de preuves qu'elles exigent. Il s'agit alors de prouver un crime punissable et odieux ; et, en matière de crime, la justice ne rejette aucune sorte de preuve ; c'est même sur la preuve par témoins qu'elle se fonde le plus ordinairement.

» On a prétendu que, dans les accusations impliquées avec une question d'état, il fallait d'abord traiter la question d'état par la voie civile, et que ce n'était qu'après son événement qu'on pouvait passer à la poursuite criminelle. Il serait d'une trop funeste conséquence d'interdire toute accusation d'imposture ou de suppression d'état jusqu'à ce que l'état fût constaté par la voie civile. L'imposteur, muni des titres de l'état qu'il s'attribue, serait en pleine sûreté, dès qu'il ne pourrait être convaincu que par des témoins qu'on ne pourrait faire entendre. Celui qui aurait entrepris de supprimer l'état d'autrui serait d'autant plus invulnérable qu'il aurait pris plus de soin d'en dérober toutes les preuves écrites, et trouverait la source de l'impunité dans la consommation complète de son crime. Cet excès n'est pas probable. Il faut seulement éviter un excès contraire. Rejeter indistinctement toutes les accusations de cette nature tant que l'état n'est pas prouvé civilement, c'est favoriser le coupable, c'est prouver l'impunité du crime, c'est choquer ouvertement les premiers principes des matières criminelles. Mais autoriser toujours les accusations sans discernement et sans choix, n'est-ce point ouvrir la porte à un artifice dangereux, qui peut, sous l'apparence d'une accusation frivole, ne tendre, en effet, qu'à se procurer une preuve testimoniale de l'état, toujours difficile à faire admettre par la voie civile? Cet artifice est fréquent dans l'usage ; mais il n'a pas échappé à la pénétration de la justice, et il y a longtemps que sa prudence a trouvé le moyen de le réprimer.

» En toute affaire criminelle, il faut premièrement un titre d'accusation qualifié, et ensuite une procédure qui tende sérieusement à en acquérir la preuve. Toutes les fois qu'une plainte rendue en justice présente dans son exposé les caractères d'un crime qui mérite d'être poursuivi, il est difficile que la justice refuse à l'accusateur le droit d'en informer : l'information est une voie de droit en matière de crime. Mais, en accordant cette permission, la justice suppose que l'accusateur l'exécutera à la lettre , c'est-à-dire qu'il s'attachera à instruire et à prouver ce qui fait le véritable titre d'accusation... Lorsque le titre d'accusation a quelque rapport au civil, l'implication du civil et du criminel n'empêche pas ordinairement la justice de permettre d'abord d'informer ; mais, comme son intention n'est pas d'autoriser un détour qui élude la disposition des lois sur les matières civiles, elle est attentive d'avance à ce qui résultera de l'information ; et si elle reconnaît que dans cette information on ne s'est attaché qu'à faire la preuve du civil et qu'on a négligé le criminel, elle regarde le titre d'accusation comme une couleur employée pour la surprendre ; elle désavoue aisément tout ce qu'elle a fait, et se porte à le réformer, le détruire... Pour fonder une procédure criminelle, il faut un titre sérieux d'accusation, et ce titre ne passe pour tel qu'autant que les premières charges, les premières informations y répondent sérieusement. Le principe est un remède efficace aux inconvénients qu'on pourrait craindre dans le cas où l'accusation a quelque rapport au civil, et surtout en ce qui regarde l'état des personnes. »

L'arrêt du 19 juin 1724 vint, dans cette même affaire, confirmer la jurisprudence développée par Gilbert des Voisins.

8. — Cependant un arrêt de l'ancienne jurisprudence semble infirmer ce qui précède. Le 6 avril 1787, le Parlement de Paris prononça la nullité d'une procédure criminelle instruite pour un crime de suppression d'état, par le motif que l'action criminelle ne pouvait être exercée tant que la partie plaignante ne s'était pas pourvue par la voie civile sur la réclamation d'état. Cet arrêt, isolé dans l'ancienne jurisprudence, laisse intacts les principes qu'elle avait admis, et, l'affaire même qui avait donné lieu à cet arrêt étant revenue devant la Cour de cassation, celle-ci reconnut les principes de l'ancienne jurisprudence tels qu'ils

ont été exposés, et en fit l'application spéciale dans l'affaire en cassant l'arrêt de 1787. (Cass., 25 brum. an XIII.)

9. — C'est cet état de choses que le législateur a voulu réformer en écrivant les articles 326 et 327 : « *Les tribunaux civils seront seuls compétents pour statuer sur les réclamations d'état.* » — « *L'action criminelle contre un délit de suppression d'état ne pourra commencer qu'après le jugement définitif sur la question d'état.* » Ainsi, aux termes de ces deux dispositions, les tribunaux civils sont seuls compétents pour statuer sur les réclamations d'état ; aucune action en suppression ou en supposition d'état ne peut être intentée devant la juridiction répressive avant que la question d'état ait été l'objet d'une sentence rendue par la juridiction civile.

10. — Les motifs qui ont inspiré au législateur cette double disposition sont divers. Préoccupé des inconvénients qui résultaient, dans l'ancienne jurisprudence, de l'emploi de la poursuite criminelle pour arriver à violer les règles relatives aux preuves de la filiation, le législateur du Code a voulu prévenir ce danger, sans remarquer que, sous notre législation, il n'était plus à craindre. Aussi M. Bigot-Préameneu, présentant au Corps législatif le titre *De la Paternité et de la Filiation*, disait-il à ce sujet : « La loi craint tellement de faire dépendre entièrement ces questions de simples témoignages, qu'elle impose aux juges le devoir de proscrire les moyens indirects que l'on voudrait prendre pour y parvenir : telles seraient les plaintes en suppression d'état que l'on porterait aux tribunaux criminels avant qu'il y ait eu, par la voie civile, un jugement définitif. Toujours de pareilles plaintes ont été rejetées comme frauduleuses, et les parties ont été renvoyées devant les juges civils.

» Cette décision est contraire à la règle générale, qui, considérant la punition des crimes comme le plus grand intérêt de l'état, suspend les procédures civiles quand il y a lieu à la poursuite criminelle ; mais, lorsqu'il y a un intérêt autre que celui de la vengeance, intérêt dont l'importance fait craindre que l'action criminelle n'ait pas été intentée de bonne foi ; lorsque cette action est présumée n'avoir pour but que d'éluder la règle de droit civil, qui, sur les questions d'état, écarte comme très-dangereuse la simple preuve par témoins ; lorsque la voie civile, qui rejette cette preuve même pour des intérêts civils, serait en opposition avec la loi criminelle, qui l'admettrait, quoiqu'elle dût avoir pour résultat le déshonneur et une peine afflictive, il ne

8

peut rester aucun doute sur la nécessité de faire juger les questions d'état devant les tribunaux civils avant que les poursuites criminelles puissent être exercées (1). »

L'orateur du Tribunat, M. Duveyrier, s'exprimait ainsi : « Des exemples nombreux, surtout dans ces derniers temps, ont dénoncé un abus que le caractère criminel du fait originaire semblait justifier. Privé devant les tribunaux civils de la faculté dangereuse de se composer une preuve avec des témoins, parce qu'il n'avait ni titre, ni possession, ni commencement de preuve, le réclamant portait le fait originaire devant les tribunaux criminels, et remplaçait ainsi une enquête impossible par une information indispensable. C'était une subversion de tout ordre judiciaire, et un instrument fatal mis à la portée de tout le monde pour ébranler dans leurs fondements les familles les plus pures et les plus respectées. D'ailleurs, le fait qui donne lieu à la réclamation peut sans doute être un fait coupable ; mais l'objet de la réclamation est purement civil ; la partie civile ne peut avoir l'action répressive des délits. L'intérêt de la société est, sans contredit, que les crimes soient réprimés, et que les preuves qui conduisent à la répression ne dépérissent pas. *Un plus grand intérêt commande que le repos de la société ne soit pas troublé sous prétexte de l'affermir.* La réforme de cet abus était désirable : elle était généralement désirée. Ainsi, après avoir établi que les tribunaux civils sont seuls compétents pour statuer sur les réclamations d'état, le projet de loi, par une disposition contraire, mais uniquement applicable à ce cas et évidemment utile, dispose que l'action criminelle contre un délit de suppression d'état ne pourra commencer qu'après le jugement définitif de la contestation civile (2). »

Les articles 326 et 327 étaient donc, dans l'intention du législateur, la sanction des modes de preuve établis par les articles 319 et suivants.

11.—Il ne faudrait pourtant pas croire que le législateur ait obéi exclusivement à cette préoccupation de sauvegarder les règles relatives aux preuves de la filiation. Des motifs non moins graves l'ont inspiré lorsque les dispositions de nos deux articles ont été rédigées. Le texte primitif de nos articles était ainsi conçu : « L'enfant qui réclame un état qu'il prétend avoir été supprimé

(1) Locré, t. VI, p. 161-162, n° 15, et 203, n° 22.
(2) Locré, t. VI, p. 308, n° 27.

ne peut se pourvoir que par la voie civile, même contre les auteurs et les complices de cette suppression, sauf au fonctionnaire chargé de la poursuite des délits à intenter d'office, s'il y a lieu, l'action criminelle. » (Art. 18.)

« L'action criminelle ne peut être admise, de la part du fonctionnaire public, que sur un commencement de preuve par écrit, et l'examen de cette preuve est une question préjudicielle sur laquelle il doit être statué préalablement. Le jugement, soit préjudiciel, soit sur le fond, ne peut être rendu qu'en la présence des parties qui ont des droits acquis à l'époque de l'accusation. L'action criminelle, intentée d'office, suspend toute poursuite commencée au civil. » (Art. 19.)

« Dans le cas de l'article précédent, le tribunal criminel, en jugeant le fond, se borne à prononcer en même temps sur l'état de l'enfant, et renvoie, s'il y a lieu, les parties intéressées à se pourvoir pour leurs droits civils, devant le tribunal compétent. » (Art. 20.)

Ces articles, en subordonnant la poursuite du ministère public à l'existence d'un commencement de preuve par écrit, prévenaient donc le danger d'une preuve testimoniale que le législateur voulait empêcher. Pourtant ils n'ont pas été adoptés ; c'est que le législateur obéissait en même temps à d'autres raisons, qui, du reste, n'ont pas été sans laisser des traces dans les travaux préparatoires et dans les discussions.

12. — Il a considéré en effet que, le plus souvent, les crimes de suppression de l'état d'enfant légitime avaient lieu lorsque le mari cherchait à prévenir une paternité que la loi lui attribuait, mais que l'adultère de la femme lui rendait suspecte. M. Boulay, dans le procès-verbal de la séance du 7 novembre 1801, dit « qu'un mari et une femme ne s'accorderont jamais à supprimer l'état de leur enfant ; s'ils se le permettaient, ce serait parce que le mari aurait la conviction qu'il n'est pas le véritable père : d'où il conclut qu'en fait général tous les enfants dont la naissance a été cachée et l'état déguisé sont des enfants adultérins qu'on voudrait rendre héritiers d'un père qui n'est pas le leur ; » et, dans la même séance, M. Régnier disait aussi « que la suppression d'état aura moins lieu encore maintenant que les familles ne sont plus dirigées par l'orgueil de la naissance et par l'intérêt de favoriser les mâles et les aînés. » Or le législateur, en présence de ces faits, devait opter entre l'impunité du coupable et les inconvénients qui pouvaient résulter d'une poursuite pu-

blique, pénétrant dans les secrets les plus cachés des familles, en découvrant les hontes jusqu'alors inconnues, mettant à nu les plus scandaleuses discordes. Ce dernier danger n'était-il pas plus considérable que le premier ? la sécurité des familles ne devait-elle pas passer avant la nécessité de punir un coupable ? la société, enfin, n'avait-elle pas à gagner à ce que ces crimes demeurassent inconnus plutôt que de punir le coupable en mettant au jour de pareilles révélations ? Ce sont aussi ces dernières considérations qui ont guidé le législateur dans l'adoption de nos textes. « L'intérêt de la société, dit M. Duvergier, est sans contredit que les crimes soient réprimés et que les preuves qui conduisent à leur répression ne dépérissent pas ; mais un plus grand intérêt commande que le repos de la société ne soit pas troublé sous prétexte de l'affermir. » Et Portalis, dans le même ordre d'idées, avait dit déjà que « l'inconvénient de laisser un enfant dans l'obscurité est moins grand que celui d'exposer toutes les familles à être troublées. » Aussi la société laisse aux victimes de la suppression d'état le droit de réclamer, droit dont elle ne pouvait les priver sans injustice ; mais elle neutralise l'action du ministère public jusqu'à ce que la juridiction civile ait statué. Elle abandonne ici le rôle principal qui lui est ordinairement dévolu, pour ne prendre qu'un rôle secondaire ; elle attend que la partie lésée ait fait valoir ses droits, ait prouvé la légitimité de sa plainte en établissant les bases sur lesquelles elle la fonde : c'est à cette condition seule que la société se réserve le droit d'agir.

13. — Le législateur en effet ne s'est pas borné, dans l'hypothèse de nos articles, à exiger que le tribunal répressif se déclarât incompétent ou compétent, suivant que la plainte de la partie lésée aurait pour but d'arriver ou non à faire établir par témoins l'état réclamé ; il a interdit absolument l'exercice du droit de plainte jusqu'au jugement définitif de la question d'état. Celle-ci constitue une question préjudicielle à toute poursuite en suppression d'état. Nous aurons un peu plus loin l'occasion de développer les effets des questions préjudicielles à l'action publique.

14. — Étudions maintenant l'application du principe que nous avons établi, à savoir que les questions d'état des art. 326-327 étaient préjudicielles à l'action publique. Deux hypothèses peuvent se présenter : ou la question d'état est déjà intentée devant les tribunaux civils ; dans ce cas, le tribunal répressif n'a qu'à attendre la décision définitive de la juridiction civile pour se

laisser saisir de l'action publique ; — ou cette question d'état n'a été intentée par personne, aucun intéressé ne l'a soulevée. Ici il faut faire une sous-distinction : la poursuite criminelle est-elle provoquée par la plainte de la partie, celle-ci n'est pas recevable. Permettre, en effet, au plaignant de porter son action devant la juridiction répressive et de se constituer partie civile avant que la question d'état ait été tranchée par les tribunaux civils, ce serait lui permettre d'éluder les prohibitions de la loi civile en lui laissant l'option entre les deux juridictions ; elle pourrait par là soumettre à la juridiction criminelle, par une voie détournée, la question d'état, dont la connaissance appartient exclusivement à la juridiction civile aux termes de l'art. 327. C'est là une atteinte portée au principe de l'art. 3 C. inst. crim., qui peut, en général, opter entre la juridiction civile et la juridiction criminelle pour faire statuer sur la question civile.

15.—Devons-nous en dire autant du ministère public ? pourra-t-il poursuivre d'office le crime de suppression d'état lorsqu'il n'y a pas encore de contestation actuelle ou probable devant les tribunaux civils sur l'état prétendu supprimé ou supposé ? Merlin et, après lui, Marcadé ont soutenu que le ministère public pouvait librement agir lorsque la question d'état n'était pas soulevée par les intéressés et qu'il agissait d'office. Il serait impossible d'admettre, d'après cet auteur, que le législateur ait voulu ainsi assurer l'impunité au coupable toutes les fois que les intéressés, par négligence ou par fraude, ne voudraient pas saisir les juridictions civiles de la question d'état. « Ne serait-il pas souverainement déraisonnable, dit Merlin, qu'un crime de faux demeurât perpétuellement impuni, sous prétexte qu'aucune partie privée ne viendrait le dénoncer par la voie civile, et qu'il dût son impunité à la circonstance, souvent très-aggravante, qu'il aurait été commis dans l'acte le plus important de la vie sociale ? Le Code civil n'a pu introduire dans la législation criminelle une innovation aussi dangereuse, aussi immorale; et la preuve qu'il ne l'a pas fait, c'est que l'art. 327 n'est évidemment relatif qu'aux accusations de suppression d'état intentées à la suite de réclamations d'état portées devant les tribunaux civils; c'est que non-seulement sa contexture, mais encore les quatre articles dont il est précédé, démontrent que tel est son unique objet (1). »

16. — L'esprit dans lequel nos art. 326 et 327 ont été rédigés

(1) Merlin, Rép., vᵒ État, et Quest. de dr., vᵉ Supp. d'état.

confirme ce système. Le législateur n'a voulu que faire cesser l'usage frauduleux du droit de poursuivre le crime de suppression d'état par la voie de la plainte ; qu'il n'a eu d'autre but que d'empêcher les parties de se procurer par cette voie une preuve testimoniale de l'état réclamé.

17. — Notre article ne s'appliquerait que dans le cas où les actions civile et criminelle seraient intentées en même temps. Le civil ne tient le criminel en état que s'il y a exercice simultané de ces deux actions ; mais si l'action civile n'est pas mise en mouvement, l'accusé ne peut trouver dans cette négligence ou dans cette inaction une protection indéfinie contre l'action publique.

Celle-ci, en effet, n'a pas pour but, lorsqu'elle est exercée par le ministère public agissant d'office, de faire statuer sur la question d'état : l'intérêt social, voilà le seul but auquel tende la poursuite du ministère public. Rien ne peut donc arrêter son action, si l'état dont la suppression le fait agir n'est pas encore l'objet d'une réclamation devant la juridiction civile.

18. — La presque totalité des auteurs et la jurisprudence ont repoussé ce système. La poursuite d'office dirigée par le ministère public doit être soumise aux mêmes règles que celles qu'il exercerait sur la plainte de la partie civile, puisqu'elle présenterait les mêmes dangers. Dans les deux hypothèses, en effet, la poursuite aboutirait à faire indirectement établir l'état de la personne pour prouver le crime de suppression d'état.

Qu'on n'objecte pas que l'action publique intentée dans l'intérêt social exclusivement ne peut être suspectée d'être exercée pour éluder la voie civile, car la partie, au lieu de recourir à la plainte, provoquera indirectement l'action du ministère public en faisant parvenir au ministère public tous les renseignements et les indices qui ne manqueront pas de l'exciter à la poursuite ; celle-ci une fois engagée, qui pourra empêcher l'intervention de la partie civile et prévenir les conclusions qu'elle prendra ? Or voilà ce que nos articles ont eu pour but d'empêcher.

Du reste, la généralité des art. 326 et 327 ne permet pas d'établir une pareille distinction entre l'action publique exercée sur la plainte de la partie et celle intentée d'office. En tout cas, étant toujours intentée par le ministère public, c'est évidemment à cette action que se réfère l'art. 327 en interdisant son exercice, sans distinguer s'il s'agit d'une action criminelle mise en mouvement par la plainte de la partie ou d'office par le ministère public.

19. — Nous ne nions pas pourtant que les objetions de Merlin mettent à découvert de graves inconvénients attachés à notre système ; que parfois, en effet, il aboutisse à l'impunité du coupable, qu'il permette à un criminel d'échapper à la vindicte publique, c'est incontestable. Si regrettables que soient ces conséquences, elles trouvent cependant une compensation dans la sécurité des familles, dont le législateur a voulu assurer le repos en écrivant nos articles ; il a préféré écarter les recherches téméraires, les révélations scandaleuses à la punition du coupable. « L'ordre social, dit avec raison M. F.-Hélie, ne vit pas seulement de la répression des crimes; il puise aussi quelques-uns de ses éléments dans l'ordre des familles, dans la stabilité des droits des citoyens.

C'est sous la préoccupation de ces considérations que le législateur a repoussé le texte primitif de nos articles qui subordonnait l'exercice de l'action publique par le ministère public à l'existence d'un commencement de preuve par écrit, pour ce motif que, si par ce moyen le danger de la preuve testimoniale était écarté, il restait encore le danger social à prévenir. Cette simple remarque suffit pour faire repousser le système de Merlin.

20. — Nous avons à déterminer maintenant quelle est l'étendue de la règle qui subordonne l'exercice de l'action publique au jugement préalable de la question d'état. Trois conditions sont exigées pour que la question d'état soit préjudicielle à l'action publique; il faut : 1° qu'elle ait pour objet une question de *filiation* ; 2° que cette filiation soit contestée, ou que la poursuite criminelle puisse exercer une influence directe sur l'état de l'enfant; 3° qu'elle se présente d'une manière principale et se rattache au fait même de l'accusation. Que si ces trois conditions n'existent pas cumulativement, la question d'état n'est pas préjudicielle à l'action publique.

I. 21. — 1° Il faut en premier lieu que la raison d'état ait pour objet *une question de filiation*. Cette première condition n'est guère contestable en présence de la place qu'occupent dans le Code nos articles 326 et 327, puisqu'ils sont sous le titre *De la Paternité et de la Filiation*. Ajoutons qu'ils sont exceptionnels, et qu'à ce titre il ne faut les appliquer que pour les questions d'état auxquelles ils se réfèrent strictement.

Que leur disposition soit applicable à la filiation légitime, c'est évident.—La disposition de l'art. 327 s'appliquera-t-elle *à la filiation naturelle?* La négative a trouvé un défenseur savant et convaincu dans M. Bertauld, dont le système mérite d'être examiné. L'art. 327 ne peut s'appliquer à la filiation naturelle, parce que l'état d'un enfant naturel ne peut être supprimé, si du moins la suppression d'état consiste à prévenir, à empêcher la preuve d'un état dont la loi exige la constatation : or la loi n'a pas voulu interdire la dissimulation d'un enfant naturel, à la différence de ce qui a lieu pour un enfant légitime.

22. — Et tout d'abord, la place occupée par l'art. 327 nous montre qu'il est inapplicable à la filiation naturelle. Écrit sous le titre *De la Paternité et de la Filiation*, il a pris rang dans le chapitre II, relatif spécialement aux enfants légitimes : il n'est donc que la sanction de l'art. 323 et non des articles 340 et suivants.

23. — Aucun motif, du reste, n'existe pour justifier une assimilation entre la situation de l'enfant naturel et celle de l'enfant légitime. En écrivant l'art. 327, le législateur a eu pour but non-seulement de prévenir la preuve testimoniale pour des matières qui n'étaient pas susceptibles d'être ainsi établies, mais aussi de mettre les familles à l'abri de recherches téméraires, de révélations scandaleuses pouvant compromettre leur sécurité. Pas de doute, en effet, que si le législateur de 1804 eût obéi au premier motif exclusivement, notre article ne fût applicable aux questions d'état d'époux ; c'est qu'en effet la loi est bien plus sévère pour la preuve de la célébration du mariage que pour celle de la filiation naturelle ou légitime : pour le mariage, elle n'admet pas la preuve testimoniale, même avec un commencement de preuve par écrit. Or, toute poursuite criminelle pouvant aboutir à la constatation d'un mariage, la loi eût dû subordonner l'action publique au jugement préalable de la question civile sur la qualité d'époux : nous démontrerons le contraire. Si donc l'art. 327 a eu surtout pour but de prévenir les recherches scandaleuses, d'assurer le repos des familles, avec ces considérations disparaît la cause d'assimilation entre l'enfant légitime et l'enfant naturel.

24. — En effet, en quoi consiste la suppression d'état? c'est à empêcher la preuve d'un état dont la loi exige la révélation : tel est le crime auquel l'art. 227 se réfère. Or comment ce crime pourra-t-il avoir lieu pour l'enfant naturel, puisque pour lui, à la différence de ce qui a lieu pour l'enfant légitime, dont l'état doit être révélé sous de fortes sanctions pénales, parce que la société y est intéressée, rien ne force au contraire de révéler

son état, sauf à fournir à la preuve une fois acquise de sa filiation les mêmes garanties qu'à la preuve de la filiation légitime ?

25. — Des trois faits qui peuvent constituer la suppression d'état d'un enfant légitime, aucun ne peut constituer la suppression d'état d'enfant naturel : 1° le défaut absolu, dans les délais de l'art. 56 du Code civil, de déclaration de la naissance de l'enfant naturel de la part de ceux que la loi en a chargés dans un certain ordre et non concurremment, ou l'insuffisance de cette déclaration ; 2° l'attribution de l'enfant à des père et mère imaginaires ; 3° l'attribution de l'enfant naturel à une femme autre que la femme mariée dont il est né. Appliquons à l'enfant naturel chacun de ces faits, qui, pour l'enfant légitime, aboutissent à la suppression de son état. Aucun ne peut en constituer la suppression.

S'agit-il, en effet, du défaut absolu de la déclaration prescrite par l'art. 56 ? mais la filiation naturelle, à la différence de la filiation légitime, ne se prouve pas par l'acte de naissance (art. 319, 341, 336, C. civ.); quelles que soient les déclarations qui accompagnent la naissance de l'enfant naturel, elles ne peuvent prouver ni la paternité (art. 310), ni même la maternité, ni enfin servir de commencement de preuve par écrit (art. 1317), à moins d'émaner de ceux-mêmes que l'enfant réclame comme père ou comme mère. En un mot, la situation de l'enfant naturel, au point de vue de la filiation, est la même, s'il n'y a pas eu de déclaration, que s'il y avait eu un acte de naissance, ou si les déclarations faites avaient été muettes sur le fait de la paternité ou de la maternité naturelles. La première, du reste, est interdite (art. 340), la seconde est inutile ; par suite, l'absence d'indication des père et mère naturels ne peut donc tomber sous le coup de la loi pénale ; mais le défaut de déclaration de la naissance de l'enfant naturel est un fait punissable, dont la répression pourra être poursuivie *de plano* devant la juridiction répressive, alors même que cette instance pourrait aboutir à révéler l'accouchée.

26. — A-t-on attribué l'enfant naturel à des père et mère imaginaires, soit en les présentant comme mariés ou non mariés, ici encore point de suppression d'état, puisque cette déclaration ne peut en rien nuire à l'enfant. — Si enfin la maternité naturelle a été attribuée à une femme mariée autre que celle qui est accouchée, nous ne pourrons voir dans ce fait une suppression d'état d'enfant naturel, car l'art. 327 prévoit le cas d'un

crime de suppression d'état, et il s'agirait ici d'une usurpation de légitimité.

27. — Y aurait-il enfin suppression de l'état d'enfant naturel dans le faux commis par l'officier de l'état civil qui, appelé par le père ou par la mère naturelle pour constater une reconnaissance de la filiation naturelle, dénaturerait la substance de la déclaration et enlèverait à l'enfant le titre qui devrait lui être conféré? Non ici encore, parce que l'acte de l'officier de l'état civil, pas plus que la déclaration, même constatée, ne fait foi, soit directement, soit indirectement, de la sincérité de la reconnaissance : il y a alors altération de la preuve de l'état pouvant *de plano* être portée devant la juridiction répressive. En résumé, la répression de toute infraction se rattachant à la filiation naturelle ne pourra être paralysée par la crainte que la poursuite n'ait pour but ou pour résultat de masquer ou de dérober aux juridictions civiles une réclamation d'état. Tel est le système développé par M. Bertauld, soutenu aussi par M. Le Sellyer.

28. — Nous ne croyons pas devoir l'adopter.

L'argument que l'on a tiré de la place de l'art. 327 n'a plus de valeur si l'on considère, d'une part, que le législateur se trouvait dans l'obligation de faire aux articles 326-327 une place à part dans le titre *De la Paternité et de la Filiation*, ou de les répéter dans chacun des chapitres composant ce titre. D'autre part, il est reconnu que les dispositions du chapitre III, relatives aux enfants naturels, sont incomplètes, et qu'elles doivent être complétées par des dispositions empruntées au chapitre II. La généralité des termes de nos deux articles nous autorise d'autant plus à lui donner cette extension, qu'elle contraste singulièrement avec les art. 319-320, dont les termes distinguent entre les filiations.

29. — Les motifs, du reste, qui ont inspiré le législateur dans l'art. 327 se retrouvent ici. Il a voulu, entre autres motifs, prévenir la preuve testimoniale; or ce danger était aussi bien à craindre pour la filiation naturelle, dont la preuve par témoins est inutile, que pour la preuve de la filiation légitime (art. 323, 341).

30. — Il est vrai que le législateur a obéi à d'autres inspirations; il a voulu, notamment, prévenir le danger que présenteraient les tentatives d'étrangers cherchant à s'introduire dans des familles auxquelles ils n'appartiennent pas, en troubler la paix, en ébranler le fondement au moyen d'une plainte en suppression d'état.

Or la réclamation d'une filiation naturelle offrait ce danger, aussi bien que la réclamation d'une filiation légitime ; celui qui prétend à la qualité d'enfant naturel d'une femme troublera aussi bien le repos d'une famille que celui qui réclame le titre d'enfant légitime. Ajoutons, dans cet ordre d'idées, que le plus souvent la suppression d'état d'enfant naturel se présentera plus fréquemment en pratique ; elle aura pour but de cacher le déshonneur d'une famille ou la honte d'une chute.

31. — Mais la suppression d'état de l'enfant naturel est-elle impossible, comme le prétendent MM. Bertauld et Le Sellyer ? Passant en revue les faits qui constituent pour l'enfant légitime la suppression d'état, le premier auteur nous montre qu'aucun d'eux n'est applicable à l'enfant naturel ; d'où il tire cette conclusion que la suppression d'état d'enfant naturel est impossible : elle est inexacte, à notre avis.

Que la désignation de la mère dans l'acte de naissance de l'enfant naturel ne prouve pas la filiation de ce dernier lorsqu'elle est faite sans l'aveu de celle-ci, cela n'est pas contestable. Mais lorsque la mère ne contredit pas la déclaration faite dans l'acte de naissance, la situation de l'enfant va-t-elle rester la même, d'autant plus que, suivant certains auteurs, il y aurait obligation pour les déclarants de l'art. 56 d'indiquer la mère lorsqu'elle leur est connue ? évidemment non. Faite sans son aveu exprès, mais non contredite par la mère, la déclaration de maternité établie dans l'acte de naissance ne constitue ni la preuve complète de la maternité, ni même un commencement de preuve par écrit nécessaire pour établir l'identité de l'enfant. Mais cet acte, s'il ne prouve pas la filiation, ne constitue-t-il pas au moins une preuve authentique de l'accouchement de la mère tant que celle-ci ne le contredit pas, et l'enfant n'aura-t-il pas l'obligation de le représenter parmi les preuves dont la prestation est indispensable pour réclamer sa mère (art. 341) ? Allons plus loin : l'indication de la mère dans l'acte de naissance ne pourra-t-elle pas établir la filiation de l'enfant naturel à l'égard de celle-ci lorsqu'il aura une possession d'état conforme aux indications de l'acte de naissance, du moins jusqu'à la contestation de la part de celle qui a été indiquée comme étant sa mère ou des intéressés ? C'est, du moins, ce qu'ont jugé plusieurs arrêts (Paris, 18 mars 1850 ; Cass. 1er juin 1833, 7 janv. 1832) et ce que soutiennent plusieurs auteurs. « L'acte de naissance d'un enfant naturel, dit l'arrêt de 1833, dans lequel la mère a été désignée sur la déclaration du médecin accoucheur, fait foi, vis-à-vis des tiers, du rapport naturel de filiation et de maternité entre l'enfant et la mère..... Qu'en matière de filiation naturelle, non plus qu'en matière de filiation légitime, on ne peut contester l'état de celui qui a une possession de l'état conforme à son acte de naissance. »

32. — Nous ne voulons retenir de ce qui précède qu'une seule chose : c'est que, quelle que soit la valeur attachée à l'acte de naissance de l'enfant naturel, contenant déclaration de la mère, non contredite par celle-ci, il y aura pour l'enfant naturel suppression d'état si, d'une manière quelconque, on fait disparaître les preuves de sa naissance, soit en ne le faisant pas inscrire sur les registres de l'état civil, soit en lui donnant de faux noms, parce qu'on lui enlèvera par là même le moyen de fournir les preuves nécessaires pour établir la filiation naturelle. N'est-ce pas là précisément le caractère distinctif du crime de suppression d'état dans le sens de l'art. 345 du Code pénal, placé sous cette rubrique : *Crimes et délits tendant à empêcher ou détruire la preuve de l'état civil d'un enfant, etc.?*

33. — Que la situation de l'enfant naturel dont la mère est indiquée dans l'acte de naissance, ayant une possession d'état conforme à son acte de naissance, n'ait ni les mêmes conséquences ni la même solidité que pour l'enfant né dans le mariage, qu'elle ait un caractère provisoire, nous ne le nions pas; mais enfin cet état, lorsqu'on ôte à l'enfant naturel les moyens de le justifier, n'est-il pas l'objet d'une suppression? Lorsqu'on enlève par un moyen quelconque à l'enfant naturel les preuves qu'il pourrait fournir de cet acte, ce fait ne produit-il pas pour lui des conséquences analogues à celles qu'engendrent les événements cités par M. Bertauld, comme entraînant la suppression d'état d'enfant légitime ?

34. — Du reste, l'art. 345 du Code pénal vient pleinement confirmer ce système, qui a pour lui la presque totalité des auteurs. Cet article ne distingue pas en effet entre les enfants naturels et les enfants légitimes ; il punit le crime de suppression d'enfant, quelle que soit la filiation, et frappe de la même peine tous ceux qui supprimeraient l'état civil d'un enfant quel qu'il soit, état que la loi lui garantissait.

35. — Ajoutons, en terminant cette discussion, que les mêmes motifs d'équité justifient l'application de nos articles à la filiation légitime et à la filiation naturelle. Permettre enfin la poursuite

criminelle avant qu'il soit préalablement statué sur la question d'état d'enfant naturel, ce serait faire préjuger la filiation : c'est là encore un danger que le législateur a voulu éviter, et qui se présenterait aussi bien pour la filiation naturelle que pour la filiation légitime.

36. — La même question se présente pour la filiation *adoptive*. Nous retrouvons ici encore deux systèmes opposés : le premier niant pour la filiation adoptive l'application de l'art. 327, comme il le nie pour la filiation naturelle, s'appuyant sur ce motif qu'on peut altérer, détruire la preuve de l'adoption, que l'état d'enfant adoptif ne peut être supprimé.

Nous adopterons ici l'opinion contraire, en faisant remarquer que l'enfant adoptif a un état qui peut être l'objet d'une suppression : ce qui arrivera toutes les fois que, par un moyen quelconque, on aura fait disparaître les traces de son adoption. L'art. 345 est placé sous une rubrique qui comprend les crimes et délits tendant à empêcher ou à détruire la preuve de l'état civil d'un enfant, faits qui peuvent se présenter pour l'enfant adoptif.

Quant à la filiation *adulterine et incestueuse*, pas de doute que l'art. 327 ne puisse recevoir son application, les tribunaux ne pouvant jamais être appelés à la constater directement.

37. — Les crimes qui ont pour objet la suppression ou la supposition de l'*état d'époux* exigent-ils que cet état soit préalablement constaté par un jugement des tribunaux civils ? en un mot, l'article 327 est-il applicable au crime de suppression ou de supposition de l'état d'époux ? La négative est généralement adoptée, en principe du moins ; les motifs sur lesquels s'appuie cette théorie nous semblent à l'abri de toute contestation sérieuse. Nous avons démontré que les dispositions des articles 326 et 327 étaient exceptionnelles à un double point vue ; à ce titre seul, elles ne pourraient donc recevoir leur application en matière de suppression ou de supposition de l'état d'époux, puisqu'elles ne concernent que les questions de filiation ; le droit commun doit donc ici reprendre son empire. Dépendante de l'action civile dans l'hypothèse prévue par l'art. 327, l'action publique doit retrouver son indépendance pour les questions de l'état d'époux.

38. — Les textes confirment pleinement ce système. Célébré devant l'officier de l'état civil et rendu public, l'acte de célébration, dans ces circonstances, est le moyen de preuve ordinaire laissé aux parties qui veulent faire constater l'existence de leur mariage. « Nul ne peut réclamer le titre d'époux et les effets

civils du mariage s'il ne représente un acte de célébration
inscrit sur le registre de l'état civil » (art. 194). Or la suppression de l'état d'époux suppose nécessairement une des infractions ayant pour objet cet acte de célébration, sans lequel la
preuve du mariage, en principe du moins, n'est plus possible.
Avec l'art. 52, nous pouvons les ramener à quatre hypothèses :
ce seront les cas de destruction totale ou partielle des registres
de l'état civil ; la falsification, postérieure à la célébration, par
l'officier de l'état civil ; le faux intellectuel dans les déclarations
sur les registres de l'état civil ; enfin l'inscription de l'acte de
célébration sur une feuille volante. Or, lorsqu'une infraction de
ce genre aura été commise, infraction, remarquons-le, qui
enlèvera aux prétendus conjoints comme à tout autre le moyen
de prouver la célébration du mariage, l'exercice de l'action
publique sera-t-il subordonné à un jugement préalable de la
juridiction civile constatant cet état d'époux ? Non. L'art. 59 dit
en effet que le procureur de la république vérifiera l'état des
registres et dénoncera les contraventions ou délits commis par
les officiers de l'état civil, de même que l'art. 192 lui permet de
poursuivre ces officiers : « Si le mariage n'a point été précédé
des deux publications requises, ou s'il n'a pas été obtenu des
dispenses permises par la loi, ou si les intervalles prescrits dans
les publications et célébrations n'ont point été observés, le procureur de la république fera prononcer contre l'officier public
une amende qui ne pourra excéder 300 fr., et, contre les parties
contractantes ou ceux sous la puissance desquels elles ont agi,
une amende proportionnée à leur fortune ; » et enfin l'art. 193
ordonne que les peines portées au Code pénal soient prononcées,
alors même que ces contraventions n'auraient pas été suffisantes
pour faire déclarer la nullité du mariage. Cet ensemble de dispositions ne nous prouve-t-il pas suffisamment que, quelles que
soient les conséquences, pour l'acte de célébration et pour le
mariage, des infractions commises, la liberté la plus entière est
laissée au ministère public pour exercer ces poursuites, et que la
répression n'est en rien subordonnée à la condition d'un jugement préalable de la juridiction civile sur la question de l'état
d'époux ?

39. — Cette démonstration trouve un nouvel appui dans les
dispositions du Code pénal. Les art. 192 et 194 de ce Code déterminent les peines qui punissent les infractions commises par les
officiers de l'état civil pour les actes de célébration. L'art. 193

ajoute « que les peines portées aux articles précédents contre
les officiers de l'état civil leur seront appliquées, lors même que
la nullité de leurs actes n'aurait pas été demandée ou aurait été
couverte, le tout sans préjudice des peines plus fortes prononcées
en cas de collusion, et sans préjudice aussi des autres dispositions pénales du titre V du livre Ier du Code civil, » ce qui prouve
que la poursuite exercée par le ministère public n'est en rien
subordonnée au jugement préalable de la validité des actes, et
que la collusion, vînt-elle aggraver la responsabilité de l'officier
public, là encore liberté complète serait laissée à l'action publique.
Que conclure de ce qui précède? si ce n'est que tout fait délictueux ayant pour objet la supposition ou la suppression de l'état
d'époux, quel que soit son auteur, peut être poursuivi indépen-
demment de tout jugement préalable sur la question d'état.

10. — Les articles 198 et suivants du Code civil nous en fournissent une nouvelle preuve en permettant de puiser dans une
décision rendue par les tribunaux répressifs la preuve de la
célébration du mariage. Mais là, ne trouvons-nous pas une
raison d'hésiter pour adopter cette théorie, et n'y a-t-il pas contradiction, de la part du législateur, entre les dispositions des
art. 198 et 327? L'art. 198 dit, en effet : « Lorsque la preuve
d'une célébration légale du mariage se trouve acquise par le
résultat d'une procédure criminelle, l'inscription du jugement
sur les registres de l'état civil assure au mariage, à compter du
jour de sa célébration, tous les effets civils, tant à l'égard des
époux qu'à l'égard des enfants issus de ce mariage. » Ainsi le
législateur permet de trouver la preuve de la célébration dans
une procédure criminelle, alors qu'il décide, d'un autre côté,
« que l'action criminelle contre un délit de suppression d'état
ne pourra commencer qu'après le jugement définitif sur la
question d'état. » Or il a été plus sévère, en matière de preuve,
pour la célébration du mariage que pour la filiation ; car, tandis
qu'il permet pour celle-ci d'en fournir la preuve non-seulement
au moyen de l'acte de naissance même, mais encore par témoins,
sous certaines conditions, et par la possession d'état, pour le
mariage au contraire il n'en a permis la preuve que par la
représentation de l'acte de célébration : « Nul ne peut réclamer
le titre d'époux et les effets civils du mariage s'il ne représente
un acte de célébration inscrit sur les registres de l'état civil »
(art. 194). Puis, établissant une différence saillante entre la
preuve de la filiation et celle de la célébration du mariage, il écrit

l'art. 195 : « La possession d'état ne pourra dispenser les prétendus époux de représenter l'acte de célébration du mariage devant l'officier de l'état civil ; » tandis que pour la filiation, il dispose dans l'art. 320 « qu'à défaut de l'acte de naissance, la possession constante de l'état d'enfant légitime suffit. » Il est vrai que la preuve de la célébration du mariage par la possession d'état est permise, mais seulement dans un cas particulier aux enfants, et sous ces quatre conditions : 1° que les père et mère seront décédés ; 2° que ceux-ci étaient en possession de l'état d'époux ; 3° que les enfants qui réclament aient la possession d'état d'enfants légitimes ; 4° que cette possession d'état ne soit pas contredite par un acte de naissance. Mais cette disposition spéciale aux enfants laisse subsister la règle, à savoir que la preuve de la célébration du mariage ne peut être fournie que par la représentation de l'acte de célébration, tandis que la filiation peut aussi se prouver par la possession d'état. Or, tandis que, plus sévère pour la preuve de la célébration du mariage que pour celle de la filiation, le législateur de 1804 subordonne néanmoins l'exercice de l'action publique au jugement préalable de la juridiction civile pour la question de filiation, ne semblerait-il pas *a fortiori* que cette règle dût s'appliquer pour la question d'état d'époux, dont la preuve est soumise à des règles plus rigoureuses que la preuve de la filiation. Il n'y a là qu'une contradiction apparente. Cette différence se justifie complètement, et cette apparente anomalie trouve son explication dans la nature différente des faits juridiques accomplis et de ceux qu'il s'agit de constater.

41. — Lorsqu'en effet une infraction a enlevé aux conjoints l'acte de célébration de leur mariage, elle les a privés par là même du titre unique qui leur permettait d'établir légalement leur union. Au contraire, la suppression de l'acte de naissance de l'enfant ne lui enlève pas tous les moyens de prouver sa filiation; aussi le législateur devait-il se montrer plus facile pour admettre la procédure criminelle, destinée à procurer le rétablissement de la preuve du mariage. Ajoutons que la célébration est un fait public, notoire, entouré de solennités, précédé d'affiches : rien ne s'opposait donc à ce que la procédure criminelle, pour laquelle la preuve testimoniale est permise (1353), vînt offrir un moyen de faire constater *de plano* devant elle l'infraction ayant eu pour objet la suppression de l'acte de naissance. Au contraire, la filiation est plus difficile à constater : la preuve de

la paternité est impossible ; la preuve de la maternité, quoique présentant plus de probabilité, offre moins de notoriété qu'un mariage; car, en supposant même qu'on parvienne à établir l'accouchement, on aura encore à prouver l'identité de l'enfant qui réclame avec celui dont la naissance est prouvée. De là les garanties exigées par la loi pour qu'une telle preuve fût admise ; de là enfin l'article 327 sanctionnant les modes de preuve imposés par les articles 323 et suivants.

42. — Allons au fond des choses. L'infraction même, donnant lieu à la suppression ou à la supposition de l'état d'époux, n'est-elle pas, par sa nature même, susceptible d'être portée *de plano* devant la juridiction répressive...? c'est la destruction totale ou partielle de l'acte de célébration, l'altération ou la falsification qui en est faite postérieurement au mariage, c'est un faux intellectuel dans les déclarations faites à l'officier de l'état civil; c'est enfin l'inscription de cet acte sur une feuille volante. Qu'y a-t-il dans ces hypothèses ? si ce n'est la suppression du moyen de preuve unique d'un état, et non la suppression de cet état, fait qui, devant toute juridiction, serait susceptible de la preuve testimoniale. Là, en effet, à la différence de ce qui a lieu pour la filiation légitime, l'état civil, légal, d'époux est essentiellement lié à la preuve qui peut l'établir : il n'existe pas pour ainsi dire indépendamment de cet acte de célébration.

43. — Bien plus, ici où les faits que nous avons à apprécier altèrent, détruisent la preuve acquise de l'état, les juridictions répressives offrent plus de garantie que les juridictions civiles. Les articles 190 et 200 nous en fournissent la preuve : « Si les époux ou l'un d'eux sont décédés sans avoir découvert la fraude, l'action criminelle peut être intentée par tous ceux qui ont intérêt de faire déclarer le mariage valable, et par le procureur de la république. » — « Si l'officier public est décédé lors de la découverte de la fraude, l'action sera dirigée au civil contre ses héritiers par le procureur de la république, en présence des parties intéressées et sur leur dénonciation. » Ces deux articles contiennent, en effet, une double dérogation au droit commun : la première, c'est que l'action civile, lorsque le décès du prévenu a éteint l'action publique, ou, plus généralement, lorsqu'une cause quelconque a éteint cette action, l'action civile survit; mais l'exercice en est confié au ministère public, qui l'exerce en présence des intéressés et sur leur dénonciation. Une seconde dérogation se trouve dans l'art. 200 : c'est qu'il ne peut y avoir

lieu à l'action civile devant la juridiction civile que lorsqu'il y a impossibilité de la joindre à l'action publique pour saisir la juridiction répressive ; c'est la contre-partie de l'art. 327.

44. — Toutefois Merlin, quoique reconnaissant que l'art. 327 ne s'applique pas aux crimes de supposition ou de suppression de l'état d'époux, a limité cette disposition aux cas prévus par l'art. 52 du Code civil, à savoir l'altération des registres et l'inscription sur une feuille volante. En dehors de ces deux cas, l'art. 327 devrait recevoir son application. Cette opinion trouverait, selon ce jurisconsulte, sa confirmation dans l'historique de la rédaction des art. 52, 198 et 327 du Code civil. Dans le projet de la commission, l'art. 198 venait à la suite de l'art. 47 (aujourd'hui art. 52), ainsi conçu : « Tout officier public devant lequel un mariage aura été réellement célébré, et qui n'en aura rédigé l'acte que sur une feuille volante, sera poursuivi criminellement ; s'il est convaincu, il sera condamné, etc. L'action criminelle peut être intentée tant par les époux eux-mêmes que par l'accusateur public ; elle est dirigée par l'accusateur public tant contre l'officier public que contre les époux eux-mêmes, si le délit a été commis de concert avec eux et contre celui des deux époux qui aurait seul concouru à la fraude, et, dans ce dernier cas, l'action peut être intentée contre cet époux par l'autre. » Et l'article suivant ajoutait : « Dans le cas où la preuve de la célébration du mariage se trouvait acquise par l'événement de la procédure criminelle autorisée par l'article précédent, l'inscription du jugement sur les registres de l'état civil assure au mariage, à compter du jour de sa célébration, tous les effets civils. » De toutes ces dispositions il résulterait, en premier lieu, que l'action criminelle ne pouvait être intentée avant que la juridiction civile ait statué sur la question d'état d'époux, sauf dans le cas où elle était dirigée contre l'officier public, et seulement pour le cas d'inscription de l'acte de célébration sur une feuille volante.

Or cette disposition, limitée à un seul cas, fut étendue par le conseil d'État et au cas d'altération de l'acte et au cas de faux, que le coupable fût l'officier public ou toute autre personne, disposition qui fut transformée ainsi et qui donna l'art. 52, que l'on plaça au titre *Des Actes de l'état civil*. Cette double extension donnée à nos dispositions, la séparation qu'on en fit de l'art. 198 qui le précédait auparavant, ne doivent pas néanmoins faire perdre de vue la corrélation qui existe entre ces dispositions... L'art. 198, par ces mots *procédure criminelle*, fait évidemment allusion aux cas prévus par l'art. 52 ; ces deux dispositions se complètent l'une l'autre. Ceci posé, il en résulte qu'en dehors des trois hypothèses indiquées dans l'art. 52, hypothèses auxquelles l'art. 198 se réfère exclusivement, l'art. 327 reprend son empire, et qu'aucune action criminelle pour suppression d'état ne peut être intentée qu'après le jugement rendu définitivement par les tribunaux civils sur l'état supprimé ; que si, au contraire, il s'agit de l'une des infractions énoncées dans l'art. 52, l'art. 198 reprend son empire.

45. — Cette argumentation a trouvé un contradicteur dans M. Bourguignon. Déjà Locré, rapportant les transformations subies par nos articles, ajoutait : « L'art. 198 a été étendu au-delà de l'espèce à laquelle la commission le borne ; on l'a généralisé, et il s'applique ainsi à toute procédure criminelle, à celle par exemple qui tendrait à faire condamner l'officier pour avoir omis de rédiger l'acte ou à faire punir l'auteur des altérations faites aux registres. » Mais la corrélation établie si précisément par Merlin entre les art. 57 et 198 existe-t-elle toujours ? là est toute la question.

M. Bourguignon a démontré d'une manière péremptoire que la corrélation établie entre nos deux articles dans le projet avait été rompue. La séparation des deux articles et leur collocation dans deux titres différents serait déjà une preuve, alors que le second ne contient aucune expression rappelant directement ou indirectement la corrélation qui existait auparavant. Bien plus, les expressions que l'art. 198 contenait, et qui rappelaient les dispositions de l'art. 52, à savoir ces mots « *la procédure criminelle, autorisée par l'article précédent,* » ces expressions, dis-je, au lieu d'avoir été remplacées par d'autres, s'accommodant avec la nouvelle place de l'art. 52, ont été purement et simplement retranchées ; de plus, tandis que l'art. 198 parle de procédure criminelle, il n'en est nullement question dans l'art. 52. De tels changements, le déplacement des articles, la suppression des membres de phrase qui établissaient la liaison ne se sont pas faits sans motifs ; évidemment le législateur, en isolant ainsi l'art. 198 de l'art. 52, a voulu généraliser la disposition, afin que cet article reçût son application toutes les fois que la preuve de la célébration du mariage ressortirait d'une procédure criminelle exercée soit pour les faits prévus par l'art. 52, soit pour toute autre infraction équivalente.

46. — Et, comme le même jurisconsulte n'a pas eu de peine à le démontrer, les conséquences du système contraire seraient inadmissibles. C'est, par exemple, le ravisseur d'une mineure qui déclare, pour se défendre, qu'il a épousé la fille ravie; mais l'acte de célébration de cette union a été détruit par un incendie: ne tiendra-t-on aucun compte de la preuve de cette union si la procédure criminelle aboutit à la faire constater? Ou encore, c'est une femme qui, poursuivie en adultère par son mari, nie son union, sachant que le registre sur lequel se trouve l'acte de célébration a péri : si l'instruction prouve le mariage et que la femme soit condamnée, laissera-t-on de côté la preuve de ce mariage ainsi obtenue? Dans ces deux hypothèses, repoussera-t-on la preuve du mariage parce que l'une et l'autre sont en dehors de celles prévues par l'article 52? Évidemment le législateur, en supprimant dans l'art. 198 les termes qui le liaient avec la disposition de l'art. 52, en isolant ces deux articles, a voulu généraliser la disposition de l'art. 198, reconnaissant lui-même combien serait injuste et illogique son application exclusive aux hypothèses de l'art. 52.

47. — Sur cette question, une nouvelle complication peut se présenter : il peut arriver, en effet, que les poursuites auxquelles donnerait lieu l'infraction relative à un acte de célébration aboutissent à une décision ayant de l'influence sur l'état des enfants nés du mariage. Ainsi, lorsqu'on attaque des faux commis sur des actes de mariage et que des enfants sont nés de cette union, n'attaque-t-on pas indirectement les actes de naissance de ces derniers, et n'enfreint-on pas les dispositions des art. 326 et 327 ?

48. — L'affirmative a été soutenue (M. Legraverend). Un arrêt de la cour de Grenoble (9 décembre 1822), sur une plainte en faux dirigée par une femme contre l'officier de l'état civil, relative à son acte de mariage, femme ayant eu un enfant de celui auquel elle contestait le titre d'époux, déclara qu'une telle réclamation emportait en même temps une attaque contre l'état de l'enfant; que les art. 326 et 327 étaient applicables, et renvoya la plaignante devant les tribunaux civils pour faire juger la question d'état d'époux.

Ainsi il résulterait de cet arrêt une double conséquence : en premier lieu, que l'action publique contre les infractions commises à l'occasion des actes de célébration du mariage ne serait recevable qu'après la décision du tribunal civil sur la question d'état; en second lieu, que, par cela seul que l'état d'un enfant pourrait être compromis par une poursuite en faux dirigée par ses père et mère contre l'acte de célébration, on devrait surseoir à cette poursuite jusqu'au jugement définitif par les tribunaux civils sur la question de l'état de l'enfant.

49. — Nous avons suffisamment démontré la fausseté de la première conséquence en établissant la compétence des tribunaux civils pour statuer sur toutes les infractions relatives aux actes de célébration, indépendamment de toute décision préalable des tribunaux civils sur la question d'état. Mais la seconde conséquence serait-elle exacte? nous ne le croyons pas. Sur quoi repose, en effet, la doctrine que nous combattons? sur ce motif qu'arguer de faux l'acte de célébration d'un mariage ayant donné naissance à des enfants, c'était réclamer non-seulement la suppression de l'état des époux, mais aussi celui des enfants. N'est-ce pas là une singulière confusion de mots? qu'est-ce donc que la suppression d'état d'enfant, si ce n'est une infraction aboutissant à priver un enfant de l'état que la loi ou la nature lui donnent? Il ne suffit pas que l'action criminelle puisse influer sur l'état des enfants pour qu'il y ait suspension jusqu'au jugement préalable sur la question d'état : il faut que celle-ci, directement agitée par la poursuite, soit la question de filiation; il faut que cette poursuite ait pour but immédiat la suppression ou la supposition de la filiation. Or ici il n'y a rien de pareil : la poursuite est directement dirigée contre l'acte de célébration du mariage; la question de filiation, qui seule pourrait rendre l'art. 327 applicable, n'est pas en jeu.

50. — Sans doute la solution que donnera la juridiction criminelle pourra avoir quelque influence sur l'état de l'enfant, mais là les dispositions du Code civil viennent d'une façon précise déterminer les effets de la procédure criminelle. Les art. 198, 199 déclarent en effet que la preuve du mariage acquise par la voie criminelle assurera à cette union tous les effets civils, tant à l'égard des époux qu'à l'égard des enfants issus de ce mariage. Ils montrent bien par là que, si les décisions des tribunaux répressifs peuvent avoir quelque conséquence sur l'état des enfants, la compétence n'en est nullement atteinte par cette circonstance. Pour que l'art. 327 reçoive son application, il faut que la poursuite exercée ait pour but immédiat la suppression ou la supposition de la filiation; sinon le droit commun reprendrait son empire.

II. 51. — Nous avons à poursuivre encore l'étude de la partie qui doit être attribuée à nos art. 326, 327. Ce qui précède nous a suffisamment démontré cette première condition, pour que la question d'état soit préjudicielle à l'action publique, c'est qu'il devra s'agir d'une question de filiation.

La seconde condition prescrite, c'est que *cette filiation doit être contestée*, ou *que la poursuite intentée soit de nature à exercer une influence directe sur l'état de l'enfant*.

Nous avons ici à présenter l'étude des principaux faits qui peuvent remplir cette condition, et qui donneront lieu à l'application de nos art. 326 et 327.

52. — La suppression d'état, tel est le fait délictueux dont l'existence donne lieu à l'application de nos articles. La suppression d'état ne constitue pas une infraction spéciale; aucun texte du Code pénal ne la prévoit à ce titre. Elle se confond toujours avec une autre infraction dont elle est le résultat; la peine applicable ne sera donc pas uniforme, elle variera avec les moyens à l'aide desquels on aura supprimé l'état.

Toute suppression d'état ne donne pas lieu à l'application des art. 326 et 327. Sans doute, en général, l'expression d'*état* est fort large. Ici il ne s'agit que de l'état d'*enfant*.

53. — Les articles 321 et suivants ont déterminé des modes de preuve pour établir la filiation. Parmi les motifs qui ont dicté les art. 326, 327, nous savons que le législateur a voulu prouver une infraction à ces règles. Or la suppression d'état, c'est ici priver l'enfant de la preuve de sa filiation, ou faire obstacle à ce qu'il l'acquière; c'est l'empêcher d'obtenir le titre de la possession de son état. Par cette infraction, on parvient à priver l'enfant du bénéfice qu'il pourrait faire de la preuve de sa filiation; sans elle il eût pu invoquer la présomption *pater is est*. L'infraction dont il est victime le met dans l'impossibilité d'invoquer les preuves de l'art. 321.

54. — Sous l'empire du Code pénal de 1791, comme sous l'empire du Code pénal actuel, la suppression de l'état d'enfant n'était l'objet d'aucune pénalité spéciale. Il est vrai que la première législation contenait la peine de 12 ans de fers contre quiconque serait convaincu d'avoir volontairement détruit la preuve de l'état civil d'une personne. Nous reconnaissons néanmoins, avec M. Bertauld, que cette législation n'avait pas fait du délit de suppression d'état une infraction *sui generis*. Aussi la rédaction actuelle de l'art. 327 : « *L'action criminelle contre un délit de suppression d'état*, » est-elle moins heureuse que la rédaction primitive : « *L'action criminelle contre un délit qui aurait été*

commis dans une suppression d'état ne pourra, etc. » Cette seconde rédaction mettait mieux en relief cette idée que la suppression d'état n'est pas un délit spécial, mais le résultat d'une autre infraction qui peut varier et présenter des caractères plus ou moins criminels.

Nous trouvons pourtant dans le Code pénal cette rubrique (sect. vi, chap. i, tit. ii, liv. iii) : « *Crimes et délits tendant à empêcher la preuve de l'état civil d'un enfant*, etc. » Cette section s'occupe de nombreuses infractions complétement étrangères à la suppression d'état ; et parmi celles qui ont pour objet des atteintes à la preuve de l'état civil des enfants, nous voyons que les unes détruisent cette preuve, que les autres l'empêchent.

55. — Un jurisconsulte a divisé en trois catégories les faits qui peuvent constituer une suppression d'état : une première catégorie comprend tous les faits délictueux, qui produisent toujours et nécessairement la suppression d'état : ce sera le crime de *faux*, en tant qu'il a pour objet de donner à un enfant légitime un père ou une mère autre que le sien. On rangera sous cette infraction : l'altération de l'acte de naissance opérée *ex post facto* par l'officier de l'état civil (C. pén., 145, 147) ; le faux commis dans la rédaction de l'acte de naissance par l'officier de l'état civil au moment même où les déclarations sincères sur la filiation de l'enfant lui sont faites (C. pén., 146) ; les fausses déclarations faites à l'officier de l'état civil (art. 147, 531) dans le but de supprimer l'état de l'enfant.

Une seconde catégorie embrasserait les infractions ne constituant la suppression d'état qu'à cette condition que l'enfant n'ait pas la possession d'état qui lui appartient par sa naissance : ce serait : 1° le défaut de la déclaration prescrite par les art. 56, 57 C. civ., 346, C. pén. ; 2° l'inscription de l'acte de naissance sur une feuille volante (art. 192, C. pén.) ; 3° le faux ayant pour objet de faire passer un enfant légitime comme né de père et mère inconnus ; 4° la destruction soit des registres de l'état civil, soit d'un ou de plusieurs actes de naissance inscrits sur ces registres (C. pén., 254, 255).

Une troisième classe, enfin, se composerait des infractions ne constituant la suppression d'état que lorsque l'enfant n'a pas de titre de filiation, c'est-à-dire s'il n'a pas été inscrit sur les registres ou s'il a été inscrit comme né de père et mère inconnus. On trouve des infractions de cette nature dans l'art. 345 C. pén., dont nous aurons à examiner la première partie.

De ces trois catégories d'infractions aboutissant à la suppression d'état, toutes ne donnent pas lieu également à des questions préjudicielles. L'examen d'un certain nombre de questions va éclaircir cette matière.

56. — L'art. 345 du Code pénal mentionne cinq infractions : l'enlèvement, le recel, la suppression d'un enfant, la substitution d'un enfant à un autre, et la supposition d'un enfant à une femme non accouchée. Ces cinq infractions ont-elles toujours pour résultat une suppression de l'état d'enfant ou seulement quelques-unes d'entre elles? — Examinons séparément chacune de ces infractions en particulier, et recherchons si, constituant une suppression d'état, elles vont donner lieu ou non à un renvoi devant la juridiction civile.

Lorsqu'un enfant aura été *enlevé* à sa famille ou *recelé*, et que le crime aura eu pour but non la suppression de l'état de l'enfant, mais seulement celui de sa personne, la poursuite pourra être portée *de plano* devant la juridiction répressive, alors même que cette suppression de l'état de la personne pourrait renfermer celle de l'état de l'enfant. La Cour de cassation, dans un arrêt du 1ᵉʳ octobre 1843, a adopté cette solution, en faisant remarquer avec raison que le crime de suppression d'un enfant nouveau-né ne se confond pas nécessairement avec la suppression de son état; que celle-ci diffère de la première par ses effets comme par sa nature : il s'agit ici, en effet, de savoir si un enfant a été enlevé, recélé ou non. Or la constatation d'un fait de ce genre est complétement distincte de l'état de l'enfant supprimé. Le système contraire aboutirait, du reste, à cette conséquence que, pour ne pas troubler la famille en faisant obstacle à la poursuite criminelle, on enlèverait à l'enfant la protection de la loi pour sa personne, sous prétexte de ne pas toucher à son état.

57. — Supposons qu'une femme accouche et meure pendant l'accouchement, son mari étant absent; les collatéraux de la femme, prévoyant le prochain décès de l'enfant nouveau-né, dissimulent l'accouchement pour éviter que la succession de la mère ne passe à ses frères consanguins : ce fait pourra-t-il être porté *de plano* devant les tribunaux répressifs? Si l'enfant était mort-né, le crime d'enlèvement, de recel ou de suppression ne serait pas punissable : c'est du moins la solution que donne la jurisprudence. Ajoutons que, dans cette hypothèse, l'intérêt qui en général pousse à accomplir ces infractions ne subsisterait pas; mais si l'enfant naît vivant et viable, ces infractions pour-

ront-elles être portées devant les tribunaux répressifs ? Nous admettons, avec M. Bertauld, la négative. Il en donne cette raison, qu'admettre devant le tribunal répressif la poursuite de cette infraction, ce serait dispenser l'enfant enlevé, ou, s'il était mort depuis l'enlèvement, ses héritiers, de la revendication de son état.

58. — *Quid* de la *supposition* d'enfant à une femme non accouchée ? Cette supposition ne constitue pas nécessairement la suppression de l'état d'un enfant. Elle s'explique souvent par le désir, de la part de l'agent, d'accomplir des actes d'usurpation et de spoliation. Il faudra donc distinguer suivant que la supposition d'enfant a été ou non accompagnée de l'introduction d'un étranger dans la famille.

Lorsqu'en effet cette supposition consiste à faire passer comme né de la femme un enfant qui lui est complétement étranger, la filiation de cet enfant constitue une question préjudicielle sur laquelle la juridiction civile devra statuer préalablement à toute poursuite devant les tribunaux répressifs : « On n'a pu attribuer à un enfant un état qui n'est pas le sien qu'en supprimant son état véritable. »

Au contraire, la supposition d'enfant est-elle purement imaginaire, n'y a-t-il eu aucun enfant étranger introduit dans la famille, il n'y a pas de question d'état, partant point de question préjudicielle puisqu'il n'y a aucune suppression d'état.

59. — Cette distinction, admise par l'unanimité des auteurs, a été reproduite par la Cour de cassation. Celle-ci, dans un arrêt du 7 avril 1831, rejetait un pourvoi réclamant l'application de l'art. 327 dans une espèce où un mari avait déclaré la naissance et le décès d'un prétendu enfant dont sa femme n'était pas accouchée. De même, elle admettait l'application de l'art. 327 dans une affaire où une femme avait supposé la naissance d'un enfant qu'elle n'avait pas mis au monde, et avait fait inscrire sur les registres de l'état civil un enfant né d'une autre femme comme étant le sien propre. — On voit par là que les trois premières infractions indiquées par l'art. 345 C. pén., enlèvement, recel et supposition de part, n'impliquent pas nécessairement la suppression d'un état d'un enfant.

60. — Deux autres infractions nous sont encore indiquées par l'art. 345 : la suppression d'enfant et la substitution d'un enfant à un autre.

La *suppression d'enfant* constitue-t-elle ou non une suppression d'état ? — La suppression d'enfant ne se présente pas tou-jours avec le même caractère. Selon M. F.-Hélie, qu'elle ren-ferme ou non la suppression de son état, la suppression de la personne de l'enfant ne donne pas lieu à une question préjudi-cielle. L'infraction est un fait assez distinct de la question de l'état de l'enfant pour faire l'objet d'une appréciation séparée : l'enfant a-t-il ou non été supprimé ? voilà toute la question. La recherche de ce fait ne nécessite nullement la recherche de l'état de l'enfant et des personnes auxquelles l'enfant supprimé peut appartenir. L'intérêt de l'enfant lui-même ne nous semble-t-il pas réclamer cette solution ? ce serait, sous prétexte d'empê-cher de toucher à l'état de l'enfant, laisser de côté la légitime protection due à la personne. Sous prétexte de ne pas troubler la possession de la famille, oserait-on mettre de côté les intérêts qui s'attachent à la personne de l'enfant ?

61. — Je n'hésite pas à adopter cette solution lorsque la sup-pression de l'enfant aura suivi la constatation de son état ; c'est un père qui déclare faussement le décès de son nouveau-né après l'avoir fait inscrire sous son nom sur les registres de l'état civil et l'avoir traité comme son enfant légitime. En supprimant l'en-fant, le père a cherché à le priver des bénéfices qui devaient ré-sulter pour lui de l'état qu'il avait acquis. Mais cette suppression a laissé l'état de l'enfant intact : la preuve lui en est acquise ; ainsi, lorsque l'action sera exercée sur ce fait de suppression de l'enfant, il ne s'agira pas de savoir quel est son état : vit-il ou non ? voilà la seule question à résoudre. Pas de doute que le ministère public puisse exercer l'action publique sans qu'au-cune question préjudicielle ne vienne arrêter l'exercice de la vindicte.

62. — Mais devrons-nous admmettre la théorie absolue de M. F.-Hélie lorsque la suppression de l'enfant aura précédé la constatation de son état ? Nous ne le croyons pas. Ici, en effet, l'enfant supprimé n'a pas la preuve acquise de son état : la sup-pression de sa personne a fait obstacle à l'acquisition de cette preuve. Permettre la poursuite *de plano* devant les tribunaux répressifs, ce serait autoriser une revendication d'état qui doit faire l'objet d'une décision préalable devant la juridiction civile, et prouvée conformément aux dispositions spéciales du Code civil, c'est-à-dire avec une preuve orale accompagnée d'un com-mencement de preuve par écrit. Du reste, une fois la question d'état tranchée par la juridiction civile, la question de suppres-

sion d'enfant seule se posera devant la juridiction répressive; la question de suppression d'état n'était pas le fait incriminé, mais seulement une circonstance accidentelle du fait punissable : la suppression de l'enfant.

63. — Lorsque l'enfant *supprimé est mort-né*, il n'y a pas lieu à poursuite, et la jurisprudence repousse l'application de l'art. 345 du Code pénal; mais il n'est pas nécessaire qu'au moment de la suppression de l'enfant celui-ci existe encore. Lorsqu'en effet un enfant a vécu, a acquis et, par cela même, a pu transmettre des droits; lorsqu'il a eu une existence juridique la société devait la connaître. Si donc, venant à décéder promptement, et que des intéressés viennent à cacher son existence, dissimulant la vie qu'il a reçu, il y a là suppression d'enfant tombant sous l'application de l'art. 345.

64. — Il nous reste à parler de la *substitution d'un enfant* à un autre (C. pén., art. 345). Le plus souvent, la substitution d'un enfant à un autre impliquera la suppression d'état et engendrera une question préjudicielle à l'action publique; autrement la preuve de l'infraction, en établissant l'état de l'enfant, dispenserait celui-ci d'une revendication d'état qu'il ne pourrait faire qu'en se conformant aux modes de preuve établis par les articles 320 et suivants.

Toutefois, la suppression de l'état d'un enfant n'est pas une conséquence nécessaire de la substitution d'un enfant à un autre; il peut arriver, par exemple, que la substitution n'ait eu pour objet que de mettre un enfant légitime à la place d'un autre, alors que les deux enfants sont nés d'une femme mariée à l'époque de leur conception et que leur naissance ait été inscrite sur les registres de l'état civil. Il ne s'agit plus en effet, dans cette hypothèse, que d'une recherche à faire sur l'identité des enfants. Donc, pas de question préjudicielle, la maternité de leur mère étant établie par titre, conformément aux dispositions du Code. Le fait de la maternité est ici établi par titre pour les deux mères; il y a pas lieu de redouter la preuve testimoniale, qui peut être parfois admise : l'action du ministère public ne peut être paralysée.

65. — *Quid* de *l'exposition d'un enfant* dans un lieu solitaire? (art. 349-353 C. pén.) L'exposition d'enfant peut être poursuivie devant la juridiction répressive sans que l'action publique soit entravée par aucune question préjudicielle. Ce délit, quelque grave qu'il soit, n'implique pas nécessairement une suppression

d'état. Dans la discussion du conseil d'État, M. Jolivet fit remarquer que l'on pourrait conclure de l'art. 327 que l'action de la justice est paralysée lorsqu'il y a eu exposition d'enfant sans qu'aucun litige se soit élevé sur la question d'état. M. Treilhart répondit avec raison que cette espèce n'est pas celle de l'article, qu'il supposait une question d'état qui n'est pas nécessairement liée avec l'exposition d'enfant, exposition qui toujours constitue un crime que la justice doit punir. Toutefois il ne faut pas attacher à la décision de M. Treilhart une portée trop absolue; lorsqu'en effet l'exposition a eu lieu pour cacher l'origine d'un enfant, lui enlever les moyens d'établir sa filiation, il y a là suppression d'état, et, par suite, l'art. 327 doit recevoir son application.

66. — Nous arrivons à l'examen d'une question plus délicate qui, envisagée sous plusieurs aspects, ne laisse pas de présenter les plus sérieuses difficultés. *Un faux* a été commis dans un acte de naissance au moment même de sa rédaction. L'officier de l'état civil, au lieu d'indiquer la filiation de l'enfant conformément aux déclarations qui lui sont faites, l'attribue, par exemple, à des personnes mariées autres que celles qui lui sont désignées; devra-t-on, préalablement à la poursuite criminelle contre l'officier public, faire statuer par la juridiction civile sur l'état de l'enfant, conformément à l'art. 327 ?

Suivant M. Demante, la question doit se résoudre par une distinction : l'enfant a-t-il une possession d'état conforme aux déclarations faites à l'officier de l'état civil (par application des art. 56 et 57), aucune question d'état ne sera soulevée; il n'y a pas lieu pour l'enfant à une réclamation d'état. Lorsque, au contraire, l'enfant se trouve dans cette situation que, d'un côté, il n'a pas la possession d'état conforme aux déclarations faites à l'officier civil; que, d'un autre côté, son acte de naissance, vicié par le faux de l'état civil, ne reproduit pas les déclarations de ceux qui avaient indiqué sa filiation, il y aura alors une question d'état qui devra être préalablement jugée et nécessitera l'application de l'art. 327.

67. — Cette distinction établie par M. Demante entre le cas où l'enfant a une possession d'état conforme ou non conforme aux déclarations faites à l'officier public, et que celui-ci n'a pas reproduites, nous semble erronée. Elle repose, en effet, sur cette erreur que l'enfant, pouvant encore établir sa filiation par la possession d'état, ne se trouve pas encore dépourvu de tout moyen

de preuve par le faux commis dans son acte de naissance. C'est là une erreur évidente, puisque la preuve par l'acte de naissance est préférée d'abord à la preuve par la possession d'état, et que si, en outre, l'enfant a un acte de naissance qui vient corroborer sa possession d'état, l'art. 322 reçoit son application. Si, au contraire, le titre de la possession d'état n'était pas conforme, le titre, c'est-à-dire l'acte de naissance falsifié, doit avoir la préférence.

Le faux constitue ici la suppression de l'état de filiation et se confond avec elle. On ne peut concevoir qu'il puisse être l'objet d'une poursuite criminelle sans soulever dans tous les cas la question d'état. Ce faux, en effet, n'a pas eu seulement pour but de faire disparaître une preuve acquise de l'état, il a fait obstacle à l'acquisition même de cette preuve; l'enfant dont l'acte de naissance a été ainsi l'objet d'un faux a son état supprimé, et l'action qu'il exerce est bien une réclamation d'état dans le sens de l'art. 326 : l'art. 327 devra recevoir son application.

68. — Lorsqu'il y aura eu *soustraction*, destruction totale ou partielle des registres de l'état civil contenant les actes de naissance, ces faits pourront toujours être poursuivis *de plano* devant la juridiction criminelle, parce qu'il y a là suppression de la preuve acquise d'un état plutôt que suppression de l'état lui-même.

69. — S'il y a eu simplement altération matérielle *ex post facto* d'un acte de naissance, la même solution doit être admise ici encore; il n'y a pas suppression d'état, mais suppression de la preuve acquise d'un certain état.

III. 70. — Une *troisième* et dernière condition vient encore restreindre le cercle d'application de notre art. 527. L'action publique peut être exercée librement toutes les fois que la question d'état ne se présentera pas principalement comme un élément du fait punissable. Nous savons, en effet, quels sont les motifs qui ont dicté au législateur les dispositions des art. 326, 327 : prévenir la preuve testimoniale en matière de filiation. Or, toutes les fois que l'infraction pourra être poursuivie sans qu'il soit nécessaire de faire preuve de la filiation, toutes les fois que la question de filiation ne se présentera qu'incidemment et ne se rattachera pas au fait de l'accusation, il n'y aura pas lieu de s'arrêter à cette question; l'action publique suivra son libre cours. Toutefois nous aurons à rechercher plus tard si, dans cette hypothèse, la question de filiation n'est pas préjudicielle au jugement de l'action publique.

71. — En résumé, l'application de la question préjudicielle à l'action de l'art. 327 est limitée par une triple condition : il faut, en premier lieu, qu'il s'agisse d'une question de filiation; en second lieu, que cette filiation soit contestée, et que la poursuite puisse exercer une influence directe sur l'état de l'enfant; il faut enfin que la question de filiation se présente d'une manière principale et se rattache directement au fait même de l'accusation.

SECTION II.

QUESTIONS PRÉJUDICIELLES RELATIVES A LA BANQUEROUTE.

SOMMAIRE.

73. Dans une accusation de banqueroute, la déclaration de la faillite est-elle ou non une question préjudicielle à l'action? — 74. Deux systèmes. — I. 75-86. Premier système reconnaissant au tribunal répressif le droit de connaître de l'état de faillite. — Argument des art. 584, 587 C. com.—Argument tiré de l'intérêt social. — Argument tiré de l'injustice qu'entraînerait le système contraire.— Ce système est conforme au principe que le juge de l'action est juge de l'exception. — La faillite est un élément nécessaire de la banqueroute. — Le tribunal répressif doit être indépendant pour apprécier les faits qui lui sont soumis. — La juridiction consulaire, juridiction d'exception, ne peut faire la loi à la juridiction répressive ordinaire.— L'art. 483 C. com. n'est qu'énonciatif. — L'art. 440 ne prévoit que le cas où la faillite se présente comme fait principal.—Argument de l'art. 601. II. 87-103. Second système (MM. Delamare et Lepoitevin) reconnaissant une question préjudicielle à l'action. — Argument de l'art. 440 C. com.— Argument de l'art. 515. — Rôle du juge-commissaire. — Impossibilité de faire produire à la sentence du tribunal répressif les conséquences exceptionnelles produites par la déclaration de faillite.— Argument des art. 438, 439. — Argument des art. 460, 459, 483. — Conséquences pratiques de l'indépendance attribuée au ministère public. — Son rôle ordinaire est ici confié à la juridiction consulaire. — Argument tiré des garanties accordées à l'intérêt public par la loi commerciale. — Inconvénients pratiques du système contraire.— Impossibilité de soumettre légalement cette question au jury.

73. — Nous abordons maintenant une question très-délicate, sur laquelle la doctrine s'est partagée d'une manière fort inégale, mais qui n'en présente pas moins les plus sérieuses difficultés : il s'agit de savoir si, *dans une accusation de banqueroute simple ou frauduleuse, la déclaration de faillite est ou non préjudicielle à l'action publique?*

74. — Deux systèmes sont en présence. Le premier, qui a pour lui la presque totalité des auteurs et la jurisprudence, reconnaît à la juridiction répressive le droit de constater l'état de faillite,

lorsqu'une poursuite en banqueroute simple ou frauduleuse est exercée devant elle, sans qu'elle ait à se déclarer incompétente et à attendre la décision de la juridiction commerciale. Ce premier système applique le principe dont nous avons fourni le développement; il ne voit dans la faillite qu'un élément, qu'un fait accessoire de la banqueroute dont le tribunal répressif peut connaître, comme du fait principal lui-même.

Le second système, qui a trouvé pour interprètes MM. Delamare, Lepoitevin et Trébutien, voit dans la question de faillite une question préjudicielle à l'action publique, analogue à celle que nous avons étudiée avec les art. 326, 327 du Code civil, et qui rentre dans la compétence exclusive du juge consulaire. Nous devons discuter chacune de ces opinions.

I. 75. — Le premier système, sans méconnaître la gravité des objections faites par le second, reconnaît au tribunal répressif une compétence entière pour connaître de la question de faillite. La jurisprudence, d'une manière invariable, repousse le système de MM. Delamare et Lepoitevin. En principe, en effet, l'action publique, dont l'exercice est confié au ministère public, est indépendante. Représentant des intérêts sociaux, rien ne doit l'enchaîner partout où une infraction porte atteinte à l'intérêt social; peu importe que les parties lésées agissent ou non; le ministère public met librement en mouvement l'action publique; tel est le principe que reconnaît notre législation criminelle, tel est le principe que nous devons appliquer toutes les fois qu'un texte ne contient aucune règle qui y déroge. Nous avons vu déjà les art. 326 et 327 C. civ. y apporter une dérogation; nous aurons l'occasion d'en trouver d'autres. Où trouvons-nous un texte analogue pour le cas de faillite? où trouvons-nous une disposition qui nous montre que la législation criminelle dût se déclarer incompétente, ou même dût prononcer un simple sursis lorsque, dans une poursuite de banqueroute, l'accusé prétend que l'état de failli n'a pas été l'objet d'une décision du tribunal de commerce? Si aucun texte formel ne contient cette dérogation, qui pourrait nous autoriser à l'admettre?

76. — Loin de trouver un texte justifiant une telle exception aux principes, nous en trouvons au contraire qui nous prouvent que l'action publique a la même indépendance en cette matière que nous lui reconnaissons suivant le droit commun. Les articles 584, 587 C. com. donnent au ministère public le droit de poursuivre d'office. « Les cas de banqueroute simple

seront punis des peines portées au Code pénal, et jugés par les tribunaux de police correctionnelle, sur la poursuite des syndics, de tout créancier ou du ministère public » (art. 584). Si l'action du ministère public devait se trouver subordonnée à quelque condition, comment le législateur aurait-il rédigé ces articles sans en faire l'indication ? comment enfin aurait-il pu écrire des dispositions aussi absolues que nos deux articles, alors que le ministère public aurait eu les mains liées tant que la juridiction consulaire n'aurait pas statué?

77. — Et pourtant l'action publique, si elle est ici indépendante, ne pourrait-elle pas froisser des intérêts légitimes ? Créée dans un but exclusif d'intérêt public, celui-ci serait-il sauvegardé si le ministère public ne pouvait agir tant que le tribunal de commerce ne s'est pas prononcé ? assurément non. Qu'on n'invoque pas ici l'intérêt général compromis par l'atteinte portée au crédit commercial par cette poursuite intentée indépendamment de toute décision de la juridiction consulaire; qu'on n'oppose pas l'intérêt qui s'attache au commerce en général, atteint sans l'intervention du tribunal créé pour le protéger. Il y a un intérêt dominant : c'est celui de la société tout entière, qui exige que celui qui est coupable de banqueroute n'échappe pas à une juste répression, qui ne permet pas qu'une pareille atteinte à l'intérêt social reste impunie. Serait-il donc admissible qu'un voleur irait rendre compte de son délit devant le tribunal répressif, et que les manœuvres frauduleuses, caractéristiques, de la banqueroute, restassent impunies si les intéressés restaient inactifs?

78. — Il ne faut pas oublier en effet que, devant le tribunal de commerce, le ministère public ne peut agir; il se trouverait ainsi dans l'impossibilité de poursuivre la déclaration de faillite, afin de se procurer un moyen pour agir ensuite au criminel. Le tribunal de commerce peut, il est vrai, d'office déclarer la faillite ou sur la demande des intéressés ; s'ils sont inactifs, le tribunal de commerce ne déclarant pas la faillite, le banqueroutier trouvera donc dans ce silence l'impunité assurée, un abri sûr contre les poursuites légitimes du ministère public. Est-ce donc là ce que réclame la justice sociale, est-ce là ce que veulent l'équité, la logique ? Comment ! le caractère de commerçant aggrave votre faute; aux intérêts privés que vous lésez viennent s'ajouter et l'intérêt du commerce en général, auquel vous portez la plus sérieuse atteinte, et l'intérêt de la société, que vous lésez surtout en portant préjudice au crédit commercial ; et voici que ces circonstances, qui devraient être pour vous autant de faits aggravant votre responsabilité, vont constituer à votre profit autant d'entraves à l'exercice de la justice, autant de moyens pour échapper à une légitime répression... Telles sont les conséquences auxquelles nous conduirait le système opposé.

79. — Les inconvénients pratiques que l'on pourrait invoquer contre ce premier système perdent singulièrement de leur valeur en présence de la persistance de la jurisprudence à en faire l'application. Comment en effet n'auraient-ils pas fait changer la jurisprudence si, à côté des hésitations sérieuses que pouvaient faire naître certains textes, la pratique avait en outre révélé de sérieux inconvénients dans l'application d'un système qui ne trouvait pas dans la loi des appuis à l'abri de toute contestation.

80. — La loi, du reste, confirme ce système. Il ne faut pas, en effet, exagérer le rôle du tribunal de commerce en matière de faillite. L'état du failli n'est pas créé par la juridiction consulaire ; elle constate un fait : la cessation des payements, voilà son rôle. Or, lorsque cet état devient un élément d'un fait criminel, le juge compétent, pour apprécier le délit, devient compétent aussi pour apprécier et constater tous les éléments de l'acte délictueux qu'il doit juger.

81. — Qu'on ne conteste pas que l'état du failli soit un élément constitutif, nécessaire de la banqueroute, sous peine de tomber dans la plus grave erreur et d'aboutir à des conséquences inacceptables. En admettant en effet que la faillite est un élément complétement indépendant, distinct de la banqueroute, on en arrive à cette conséquence que, la faillite étant par elle-même un fait tombant sous le coup de la loi pénale, pour entraîner l'application d'une pénalité il faut que chacune des circonstances dont le concours est nécessaire pour l'application de la peine soit considérée isolément, susceptible par elle-même et pour elle-même d'entraîner l'application d'une disposition pénale, ou tout au moins de constituer le commencement d'une violation de la loi pénale. C'est ainsi, par exemple, que l'abus de blanc-seing, exigeant la constatation d'un blanc-seing, qui par lui-même ne tombe pas sous le coup de la loi pénale, ne serait pas punissable, puisque le premier élément de ce délit, à savoir l'existence du blanc-seing, ne rendrait pas applicables les dispositions de la loi pénale. La banqueroute suppose évidemment l'état de faillite, la cessation de payements, comme l'abus de blanc-seing suppose l'existence du blanc-seing. Allons au fond des choses : « La qualité commerciale et l'inexécution des engagements ne sont par elles-mêmes, dit M. Bertauld, ni des tentatives de banqueroute, ni des actes préparatoires du crime ; elles sont seulement des conditions sans lesquelles le crime de banqueroute frauduleuse ne saurait être commis. » — « Sera déclaré banqueroutier frauduleux, et puni des peines portées au Code pénal, *tout commerçant failli* qui aura soustrait ses livres, détourné ou dissimulé une partie de son actif, ou qui, soit dans ses écritures, soit par des actes publics ou des engagements sous signature privée, soit par son bilan, se sera frauduleusement reconnu débiteur de sommes qu'il ne devait pas. » (Art. 591.)

82. — Ajoutons que l'indépendance que doit avoir le juge répressif exige qu'il en soit ainsi. Lorsqu'en effet une question complexe lui est soumise, il ne doit être contraint par aucune décision antérieure ou être obligé d'attendre une décision à intervenir. Sa sentence doit être tout entière l'expression de sa conviction personnelle : pas de doute que l'art. 591 précité ne lui laisse cette indépendance.

83. — Dans le système contraire, on arrive à des conséquences inacceptables. S'il arrive, en effet, que le tribunal de commerce nie la qualité de commerçant ou la cessation de payements, l'action publique pour le crime de banqueroute ne sera plus recevable. Déclare-t-il au contraire la faillite, la cessation de payements, l'action publique se trouve en partie justifiée, puisque l'un des faits principaux sans lesquels la banqueroute n'existe pas se trouve constaté par le tribunal de commerce. Ainsi la juridiction consulaire, juridiction d'exception, fera la loi à la juridiction criminelle ! Ce que ne peut faire la juridiction civile, la juridiction exceptionnelle des tribunaux de commerce pourra le faire, elle dont les pouvoirs sont des dérogations au droit commun ! Non, la décision de la juridiction consulaire ne peut en rien enchaîner l'action publique, ni au profit de l'accusé ni contre lui. Il n'y a pas ici de place pour un système intermédiaire distinguant entre la décision du tribunal de commerce, favorable à l'accusé, et celle qui lui est défavorable. Et nous repoussons ici, avec MM. Delamare et Lepoitevin, le système de M. Renouard reconnaissant que le jugement du tribunal de commerce sur la faillite lie ou ne lie pas le juge répressif, suivant qu'il a déclaré ou refusé de déclarer l'existence de la faillite.

84. — Les textes que l'on pourrait invoquer contre ce premier système sont loin d'établir l'opinion qu'on oppose. Serait-ce l'art. 483 C. com., qui indique les pouvoirs attribués aux officiers du ministère public en cas de faillite, lui permettant de se transporter au domicile du failli et d'assister à l'inventaire, lui donnant le droit de requérir communication de tous les actes, livres et papiers relatifs à la faillite ? Il n'y a rien là de limitatif; ce n'est là qu'une simple énonciation des droits du ministère public ; aucun terme ne vient montrer chez le législateur l'intention de restreindre les pouvoirs attribués au ministère public par la loi générale. Qu'après la déclaration de faillite le greffier, le juge commercial fournissent au procureur de la république les renseignements qui le mettent à même d'exercer sa surveillance, rien de plus naturel; mais rien en cela ne nous montre que le droit d'initiative qui lui appartient ordinairement doive lui être enlevé.

85. — Il est vrai que l'art. 440 semble, par ses termes, ne reconnaître qu'au tribunal de commerce le droit de déclarer la faillite : « La faillite est déclarée par jugement du tribunal de commerce rendu soit sur la déclaration du failli, soit à la requête d'un ou plusieurs créanciers, soit d'office. » Sans doute, ordinairement le fait de la faillite est déclaré par le tribunal de commerce ; mais lorsque le tribunal répressif est saisi d'une action criminelle contre le banqueroutier, la faillite n'est plus un fait principal ; elle disparaît pour faire place à l'état de cessation de payements du commerçant, que le juge répressif constate non comme fait principal, mais comme formant un élément accessoire de la banqueroute sur laquelle il est appelé à statuer. Reconnaissons toutefois que le texte laisse quelque hésitation ; mais les conséquences qu'il entraîne nous mettront en garde contre la portée exagérée qu'on pourrait être tenté de lui attribuer. Il aboutirait, en effet, à faire admettre que la décision d'une juridiction consulaire, juridiction exceptionnelle, pourrait empêcher la répression d'un crime portant atteinte non pas seulement aux intérêts commerciaux, mais aussi à l'intérêt social lui-même; il n'est pas admissible que ce texte puisse contenir sous cette forme un peu vague une pareille dérogation aux principes ordinaires.

86. — L'art. 601 fournit un dernier argument à ce premier système ; « Dans tous les cas de poursuite et de condamnation pour banqueroute simple ou frauduleuse, les actions civiles autres que celles dont il est parlé dans l'art. 595 resteront sépa-

rées, et toutes les dispositions relatives aux biens prescrites pour la faillite seront exécutées sans qu'elles puissent être attribuées ni évoquées aux tribunaux de police correctionnelle, ni aux Cours d'assises. » Si, aux termes de l'art. 601, et contrairement aux principes de l'art. 3 C. inst. crim., les dispositions relatives aux biens ne peuvent être invoquées devant les tribunaux répressifs, c'est donc que l'action publique est complétement indépendante et ne reçoit aucune atteinte.

II. 87. — Nous rejetons ce système pour adopter celui que MM. Delamare et Lepoitevin ont soutenu avec une verve et un talent exceptionnels ; nous ne pouvons ici qu'analyser les développements consacrés à l'exposition de leur théorie. Ces deux auteurs n'envisagent pas seulement l'institution des tribunaux de commerce comme fondée sur un motif d'utilité privée ; il y a plus ; le commerce, lié comme il l'est aux grandes opérations de l'État, aux relations internationales, le commerce enfin, sans lequel, selon l'expression de Casaregis, *Respublica sustinere non potest*, donne à la juridiction destinée à le protéger un caractère d'utilité publique.

88. — Mais, en admettant même que la création de la juridiction consulaire ne réponde qu'à des motifs d'utilité privée, il est incontestable que, spécialement en matière de faillite, l'intérêt social est aussi directement engagé que l'intérêt privé, et que le rôle du tribunal de commerce doit sauvegarder l'un et l'autre. Plusieurs textes nous en fournissent la preuve. L'art. 440 C. com. permet aux tribunaux commerciaux de prononcer la faillite non-seulement sur la demande des intéressés, mais même d'office, contre quelque personne que ce soit faisant *animo lucrandi* des opérations commerciales habituelles. Jamais un tribunal civil, auquel pourtant quelques auteurs reconnaissent une juridiction omnipotente, n'osera déclarer d'office une faillite. Or, lorsque la juridiction consulaire déclare d'office l'état de faillite, elle exerce là un acte d'autorité publique fondé non pas seulement sur l'intérêt des créanciers, mais aussi sur l'intérêt du crédit commercial en général, c'est-à-dire en vue de l'intérêt social, de l'intérêt de l'État lui-même. L'art. 440, remarquons-le, est unique au point de vue des pouvoirs exorbitants qu'il donne à la juridiction consulaire ; aucune juridiction ne peut se vanter d'avoir un pouvoir aussi étendu. Comment une telle disposition pourrait-elle s'expliquer s'il ne s'agissait que d'intérêts privés exclusivement ?

89. — L'art. 515 C. com. nous en fournit un autre exemple : « *En cas d'inobservation des règles ci-dessus prescrites, ou lorsque des motifs tirés soit de l'intérêt public, soit de l'intérêt des créanciers, paraîtront de nature à empêcher le concordat, le tribunal en refusera l'homologation.* » Ainsi, c'est donc à la juridiction consulaire qu'est confiée l'appréciation discrétionnaire de l'intérêt public.

90. — Pendant tout le temps de la liquidation de la faillite, nous trouvons encore cet intérêt public protégé par la surveillance confiée au juge commissaire. Aussi, dans l'exposé des motifs, trouvait-on, au sujet des art. 631 et 632, cette considération nettement expliquée : que, « si la législation se composait de lois d'exception, ce n'est pas pour l'avantage des commerçants qu'elles sont faites, c'est pour l'intérêt de tous, parce que la richesse publique, l'aisance, le bonheur des citoyens sont attachés à la prospérité commerciale. Par cette raison, qui nous semble si simple, c'est le commerce, non les commerçants, qui doit être l'objet de la législation qui nous est confiée. » Ces textes, cet exposé des motifs ne prouvent-ils pas surabondamment que le tribunal de commerce est institué surtout pour l'intérêt public ? Ce motif à lui seul suffirait pour priver la juridiction répressive du droit de statuer, même accessoirement, à une poursuite criminelle sur la question de faillite.

Poursuivons cependant, et d'autres dispositions du Code de commerce viendront ajouter de nouvelles preuves à celles qui précèdent.

91. — En principe, le commerçant seul peut faillir ; seul le failli peut être en banqueroute. Or tout failli n'existe légalement qu'avec un jugement déclaratif. Sans doute la cessation de payements peut exister, mais c'est un fait, un ensemble de circonstances qui doit être l'objet d'un examen, d'une appréciation par le tribunal compétent ; sinon aucune des conséquences si graves de l'état de faillite ne pourra se produire : ni la déchéance du failli, ni le dessaisissement de l'administration de ses biens, ni l'époque légale de la cessation des payements, ni la nullité tantôt absolue, tantôt relative, frappant certains actes accomplis par le failli ; point de nomination de syndics, point de concordat, point d'union : autant de conséquences de la plus haute gravité que l'état légal de la faillite peut seul engendrer. Qui osera prétendre que la simple cessation de payements pourrait entraîner de semblables résultats ou qu'ils pourraient avoir pour principe la

décision d'un tribunal autre que le tribunal de commerce ? Tous ces effets ne peuvent résulter que d'un fait : la constatation légale de l'état de faillite par le tribunal de commerce. En dehors de ces cas, aucune de ces conséquences ne peut se produire.

Il est vrai que c'est une simple constatation que fait le tribunal de commerce ; qu'il ne crée pas cet état de faillite : il le déclare. Mais que nous importe qu'il s'agisse d'un état préexistant ou résultant de la décision consulaire, si la juridiction commerciale est seule compétente pour faire cette constatation.

92. — Ce qui précède nous prouve suffisamment que le tribunal de commerce est seul chargé de cette déclaration. Bien plus, il est si vrai que l'état de faillite n'existe qu'après le jugement déclaratif du tribunal de commerce, que la déclaration et le dépôt indiqués par les art. 438 et 439 ne suffiraient pas pour le constituer. Ces deux actes étant même accomplis, le tribunal de commerce aura encore à examiner si leur accomplissement a été légalement fait, s'ils n'ont pas eu lieu de se procurer frauduleusement l'état de faillite, qui parfois peut être une source d'avantages pécuniaires pour le prétendu failli.

Or la faillite n'existe qu'avec la cessation de payements dûment constatée par le tribunal de commerce rendant un jugement déclaratif; et, la banqueroute supposant la faillite, il s'ensuit que le ministère public ne peut poursuivre la banqueroute devant les tribunaux répressifs qu'après la décision préalable du tribunal de commerce sur l'état de faillite.

93. — La preuve s'en trouve dans tout l'ensemble des articles du Code de commerce concernant ces matières; mais, pour n'emprunter que ceux dans lesquels il est question du ministère public, nous en arriverons à cette démonstration évidente qu'il ne peut agir tant que le tribunal de commerce n'a pas prononcé la faillite. — C'est d'abord l'art. 460, qui suppose un jugement déclaratif : « Les dispositions qui ordonneront le dépôt de la personne du failli dans une maison d'arrêt pour dettes, ou la garde de sa personne, seront exécutées à la diligence soit du ministère public, soit des syndics de la faillite. » — De même l'art. 480 : « Le greffier du tribunal de commerce adressera, dans les vingt-quatre heures, au procureur de la république du ressort, extrait des jugements déclaratifs de faillite, mentionnant les principales indications et dispositions qu'ils contiennent. » — L'art. 483, surtout, nous fournit un argument péremptoire : « Les officiers du ministère public pourront se transporter au domicile du failli

et assister à l'inventaire. Ils auront, à toute époque, le droit
de requérir communication de tous les actes, livres et papiers
relatifs à la faillite. » Comment, en effet, s'expliquerait la précision avec laquelle l'art. 483 détermine les pouvoirs du ministère public en cas de faillite, s'il avait en cette matière les pouvoirs qui lui sont ordinairement accordés? Le ministère public
a en tout temps le droit de poursuivre les crimes et les délits :
qu'était-il donc besoin qu'un article spécial vînt ainsi, pour un
fait délictueux particulier, lui accorder des droits qu'on lui reconnaît sans contestation et préciser le moment à partir duquel
il pourra les exercer? C'est une disposition bien inutile, ou, si on
est obligé de lui supposer quelque utilité, il faut bien reconnaître
qu'alors, antérieurement au jugement déclaratif de faillite, le
ministère public a les mains liées; que s'il avait des pouvoirs
avant la décision du tribunal de commerce, il serait inexplicable
de la part du législateur qu'une autre disposition complétant
l'art. 483 n'eût pas été écrite.

94. — Il est vrai que l'action publique, en principe, est indépendante; mais cette indépendance elle-même reçoit parfois des
exceptions plus ou moins graves : c'est précisément l'une d'elles
que nous trouvons en matière de banqueroute. Qu'on le nie,
voici à quelles conséquences on arrive : indépendamment de
toute décision consulaire sur l'état de faillite, croit-il tel commerçant en délit flagrant de banqueroute, le ministère public se
transportera au domicile du commerçant, y dressera procès-
verbal du corps de délit, pourra faire prendre tous les livres,
papiers, actes de commerce, afin de constater le délit dont il
croit avoir fait la découverte. Ainsi voilà à quelle inquisition on
livre le commerce! Que deviennent, avec une semblable théorie,
l'intérêt commercial, la sécurité du crédit, la sûreté des
affaires privées? Que si le ministère public peut librement poursuivre la banqueroute sans décision préalable du tribunal de
commerce établissant l'état de faillite, il peut, il doit agir de la
sorte. « Qui veut la fin, veut les moyens. »

Le ministère public pourra trouver, sans doute, dans sa propre
sagesse un remède à l'exagération même des pouvoirs que lui
attribue la doctrine que nous combattons; mais sa propre absten-
tion condamne ce système. Voilà un principe posé dont l'application fait reculer ceux mêmes qui l'invoquent.

95. — Bien plus, la banqueroute, en général, est complétement
en dehors de la loi pénale ordinaire. Propre aux commerçants

exclusivement, aboutissant parfois, pour ce motif même, à des conséquences exorbitantes, elle ne peut s'expliquer, comme crime ou délit spécial, que par les dispositions du Code de commerce. Sans doute, les peines qui frappent le banqueroutier sont tarifées par le Code pénal; mais l'indication du crime, les caractères qui le constituent, c'est à la législation commerciale qu'il faut les demander. Aussi était-ce à elle à préciser le moment où le ministère public pourrait agir, et comment il le pourrait : de là la disposition de l'art. 483; il ne le peut qu'après le jugement déclaratif de faillite. Comment nier qu'il y ait dans cet article une dérogation au principe de l'indépendance de l'action publique?

96.—Ajoutons que la nature même des choses vient confirmer ce que les textes nous apprennent. Laisser le ministère public poursuivre le banqueroutier avant toute décision de la juridiction consulaire, n'est-ce pas lui donner le droit de décider *a priori* si le failli existe suffisamment pour légitimer sa plainte, sauf plus tard à en fournir une preuve plus complète?

Et ce droit que l'on accorderait au ministère public lui serait attribué en présence des créanciers, dont le nombre est considérable peut-être, et qui tous restent dans l'inaction! Pas un de ceux que leur intérêt pousserait, à défaut de peine contre le failli, ne provoque la poursuite, et ce serait le ministère public qui prendrait ici l'initiative!

C'est en face du tribunal de commerce, qui peut le prononcer d'office et qui se tait, que le ministère public agira! Il se constituerait le défenseur du crédit communal, alors que le tribunal de commerce, protecteur naturel des intérêts commerciaux, resterait inactif! Avouons que les rôles seraient changés, et convenons qu'il faudrait singulièrement redouter ce zèle du ministère public dans une pareille tâche, si sa sagesse individuelle ne savait le protéger contre une semblable initiative.

97. — En écrivant l'art. 483, le législateur, il faut bien le reconnaître, a voulu enlever tout droit de poursuite au ministère public avant le jugement déclaratif de la faillite par le tribunal consulaire, et en cela il s'est montré prévoyant et sage. Il a compris que c'était inutile, dangereux même de donner, en cette matière, au ministère public les pouvoirs que lui reconnaît la législation criminelle dans les circonstances ordinaires, alors que l'intérêt du commerce et l'intérêt général se trouvaient sauvegardés par la double garantie résultant de la surveillance des

créanciers, intéressés à ce que le commerçant ne prenne aucune mesure défavorable à sa solvabilité, et de la protection du tribunal de commerce, qui, meilleur juge que tout autre en cette matière, peut, même d'office, prononcer l'état de faillite. Mais il rend au ministère public son indépendance, alors que la faillite est déclarée par la juridiction consulaire, les dangers que nous venons de signaler n'existant plus.

98. — Contre ce système, les objections n'ont pas manqué. Le principe que le juge de l'action est juge de l'exception est le principal argument opposé; mais les textes du Code de commerce que nous avons exposés ci-dessus, en établissant la compétence exclusive des tribunaux de commerce sur la question de faillite, tout en laissant subsister la règle, nous montrent qu'elle reçoit ici une exception. Elle se justifie, du reste, aussi bien que celle que nous avons vue ou que celle que nous aurons à examiner avec certains articles, et notamment avec l'art. 182 du Code forestier.

99. — La pratique vient donner un démenti formel au système que nous combattons. Si, en effet, un individu est accusé devant la Cour d'assises, on ne pourra poser au jury la question suivante : « Un tel est-il coupable de banqueroute frauduleuse ? » sous peine de faire casser l'arrêt, parce que la question n'aboutirait ni à la constatation de l'état de faillite ni à celle de l'état de commerçant de l'accusé; parce que ce serait poser au jury une question de droit : la banqueroute en effet implique une question de droit. On aboutirait également à faire casser la déclaration du jury si la question était ainsi posée : « Un tel, accusé, est-il commerçant et failli, ou est-il commerçant failli ? » Il faut dire, dans le système que nous combattons : « Un tel, commerçant failli, accusé, est-il coupable d'avoir soustrait ses livres, etc. ? » ce qui sera conforme à la loi, puisque le jury ne peut résoudre aucune question de droit; que la faillite constitue un élément nécessaire de la banqueroute, et qu'enfin la banqueroute est un fait principal ne constituant ni une circonstance ni une modification de la faillite.

100. — Même ainsi interprétée et appliquée, cette théorie est fort contestable. Dire en effet que le jury, la question étant ainsi posée, n'aura aucune question de droit à résoudre, c'est une erreur. La banqueroute peut-elle, oui ou non, exister sans faillite, et celle-ci peut-elle avoir lieu sans cessation de payements commerciaux ? évidemment non. Si donc la banqueroute exige l'existence de ces faits, est-ce que ce ne sont pas là des

questions de droit dont le jury aura à faire la constatation?

La faillite, dit-on, est un élément nécessaire de la banqueroute; par conséquent, elle doit donc être soumise au tribunal répressif, appelé à connaître du fait principal. Compétent pour statuer sur le fait délictueux, il l'est par là même pour connaître de toutes les parties de l'infraction qui lui est soumise. — Là est l'erreur. Il est certain que l'action contre le banqueroutier ne pourra être exercée s'il n'est en faillite; mais la faillite n'est pas un élément nécessaire de la banqueroute, elle n'est que la condition suspensive de l'action naissant du crime de banqueroute, condition qui doit être préalablement constatée par le tribunal compétent.

101.— La banqueroute, enfin, constitue, dit-on, un fait principal, et n'est ni une circonstance ni une modification de la faillite. En effet, en procédure criminelle, on appelle fait principal celui qui, dans l'ordre des questions à poser au jury, a la priorité sur tous les autres faits de l'accusation. On lui donne le nom de principal pour faire antithèse aux faits accessoires qui en modifient la culpabilité soit en l'aggravant, soit en l'atténuant. La banqueroute frauduleuse offrirait ce caractère que, dès l'instant où elle existe, elle est, par sa nature même, insusceptible de toute aggravation légale : « c'est un fait solitaire. » Mettez ce fait en question posée au jury, tout sera cassé, car il faut nécessairement y joindre quelque chose : la question de faillite, qui, à elle seule, ne constitue ni un crime ni un délit, et dont la banqueroute n'est ni une circonstance ni une modification. Or comment poser cette question de faillite au jury, lui qui ne peut connaître que des faits ayant un caractère délictueux et de leurs circonstances? Ici nous ne trouvons dans la faillite ni crime, ni délit, ni circonstance même d'un fait coupable, mais un fait indépendant. Que si la faillite était par elle-même un fait coupable, tout embarras disparaîtrait bientôt : elle constituerait alors le fait principal, dont la banqueroute ne serait qu'une circonstance aggravante. Mais étant à l'abri de toute disposition criminelle, la faillite ne laisse qu'un fait indépendant sous le coup de la loi pénale : c'est la banqueroute.

102.— Aussi poser au jury cette double question : « Un tel est-il en faillite? a-t-il commis tel acte caractéristique de la banqueroute frauduleuse? » c'est aboutir nécessairement à l'annulation de la réponse du jury par la Cour suprême, parce que la réponse obtenue sur la question de faillite s'est produite sur un fait échappant à la loi pénale ; la seconde question aboutira au même résultat, parce que les mots *commerçant failli* auraient dû faire partie de la seconde question en tournant la loi.

103.— Du reste, en supposant même que le système que nous combattons soit exact, c'est au jury qu'il appartiendrait de trancher la question de faillite. Or y a-t-il rien de plus irrationnel que de vouloir faire juger par douze citoyens, dont les connaissances juridiques seront le plus souvent nulles, des questions de ce genre exigeant, avec des connaissances de jurisconsulte, celle des affaires commerciales, auxquelles ils peuvent être complétement étrangers! Aussi croyons-nous devoir admettre la compétence exclusive du tribunal de commerce en matière de faillite, sauf au tribunal répressif à statuer ensuite sur la banqueroute. Dans ce système, la question à poser au jury deviendra plus simple : « Un tel, déclaré failli par le tribunal de commerce, est-il coupable d'avoir soustrait ses livres, etc.? »

SECTION III.

EFFETS DES QUESTIONS PRÉJUDICIELLES A L'ACTION.

SOMMAIRE.

104. Elles font obstacle à l'exercice même de l'action publique.— 105. Le tribunal répressif doit se déclarer incompétent. — 106. Il doit se déclarer incompétent, même d'office. — 107. Cette règle est applicable même devant les juridictions d'instruction. — 108-109. *Quid* devant la Cour d'assises? — Double système.— 110-111. La Cour d'assises doit mettre l'accusé en liberté : controverse.

104.— A la différence des questions préjudicielles au jugement de l'action publique, qui n'entraînent qu'un simple sursis à la procédure de l'action criminelle, les questions préjudicielles à l'action frappent la juridiction répressive d'une incompétence absolue, et la mettent dans la nécessité de déclarer l'action publique non recevable. M. Tronchet avait demandé « que l'instruction pût être commencée, sauf à surseoir jusqu'au jugement, attendu, dit-il, que la plainte peut être rendue et les preuves recueillies sans que, jusqu'au jugement de la question d'état, la sûreté du prévenu soit compromise. » Cette proposition fut repoussée sur les observations de M. Treilhard.

105.— Par suite, lorsqu'une question préjudicielle à l'action est portée devant le tribunal répressif, et que la procédure

criminelle aboutirait à la résoudre explicitement ou implicitement, la juridiction répressive n'a pas à tenir compte du degré
auquel est parvenue la procédure criminelle, elle doit se déclarer
immédiatement incompétente et se dessaisir de la poursuite :
l'action publique n'est plus actuellement recevable; la compétence fait complétement défaut au tribunal répressif.

106.— Celui-ci devrait déclarer l'action publique non recevable,
même d'office : c'est l'application de ce principe que toutes les
règles relatives à la compétence sont d'ordre public.

107. — Ces règles doivent recevoir leur application soit qu'il
s'agisse d'une juridiction de jugement, soit d'une juridiction
d'instruction. Si donc le prévenu était en état de détention préventive, le mandat décerné contre lui n'aurait plus de raison
d'être, et le tribunal saisi devrait prononcer sa mise en liberté
immédiate en annulant la poursuite (Paris, 10 janvier 1851.
Dall., *P.*, 1, 2, 27).

108. — Pourtant la question est controversée lorsque la poursuite en suppression ou en supposition d'état est parvenue jusqu'à la Cour d'assises sans que la juridiction d'instruction ait,
conformément à ce qui précède, annulé la poursuite en se déclarant incompétente et en prononçant la mise en liberté immédiate de l'inculpé.

Dans une première opinion, soutenue par Mangin (nº 189),
lorsque la procédure criminelle est parvenue devant la Cour
d'assises sans que la juridiction civile ait statué préalablement
sur la question d'état et que l'accusé ne se soit pas pourvu dans
les délais prescrits contre l'arrêt de la chambre d'accusation le
renvoyant devant la Cour d'assises, celle-ci ne peut surseoir
d'office à l'ouverture des débats jusqu'au jugement de la question d'état par la juridiction civile. La raison en est qu'elle est
saisie du jugement. Si l'accusé réclamait le sursis, elle ne pourrait le refuser; l'arrêt de mise en accusation n'ayant pu statuer
sur cette exception, l'accusé conserve encore ses droits entiers
pour s'en prévaloir. « Toutefois la Cour d'assises, ajoute Mangin,
ne pourrait mettre l'accusé en liberté; pour cela il lui faudrait
annuler la procédure, ce qu'elle ne peut faire, parce que l'arrêt
de la chambre d'accusation ne peut être anéanti que sur un
pourvoi devant la Cour suprême, et l'ordonnance de prise de
corps ne peut disparaître qu'avec l'acquittement de l'accusé. »
Un arrêt du 22 juin 1820 a statué dans le même sens.

109. — Laissons de côté, dans cette opinion, ce qui concerne

la mise en liberté de l'accusé, et attachons-nous d'abord à ce qui concerne notre question. La distinction faite entre le cas où l'accusé s'est prévalu de l'exception et celui où il n'a pas réclamé nous semble inadmissible. Est-ce que l'exception n'est pas de nature à être soulevée en tout état de cause ? est-ce que le tribunal saisi mal à propos de l'action criminelle n'a pas le droit, l'obligation même de la rejeter d'office si un texte lui refuse le droit d'en connaître au moment où elle lui est proposée ? L'accusé pouvait élever devant la chambre d'accusation cette exception ; s'il ne l'a pas fait, il le peut pour la première fois devant la Cour d'assises. Cette exception, en effet, est péremptoire, puisqu'elle aboutit sinon à détruire l'existence du fait incriminé, du moins à le faire considérer comme inexistant jusqu'à ce que la juridiction civile, seule compétente, ait statué; elle est donc de nature à pouvoir être élevée en tout état de cause. Du reste, Mangin lui-même se met en contradiction avec sa propre doctrine, car, tandis qu'il refuse aux Cours d'assises le droit de se déclarer d'office incompétentes, il le permet aux juges correctionnels. Sur quoi peut-il appuyer une pareille distinction ? elle est évidemment inadmissible. C'est que la Cour d'assises, nous dit-il, est saisie du jugement. Mais n'a-t-elle pas l'obligation de statuer suivant les règles légales ? Comment ! pouvant surseoir lorsque les parties réclament, ne le pourrait-elle pas d'office lorsqu'elle se reconnaît incompétente ?

110. — La Cour d'assises, en déclarant son incompétence, doit-elle mettre ou non l'accusé en liberté ? Nous déciderons, avec MM. Trébutien et F.-Hélie, contre Mangin et Dalloz, que l'accusé doit être mis en liberté soit en vertu d'une décision formelle de la Cour d'assises, soit par le seul effet de la déclaration de son incompétence.

111. — M. Mangin repousse cette solution, en se fondant sur un arrêt du 18 juin 1820 (Cass.) ; l'arrêt de la chambre d'accusation ne peut, à son avis, être détruit que par la Cour de cassation sur un pourvoi régulièrement formé, et l'ordonnance de prise de corps ne peut être annulée qu'en vertu d'un acquittement ou d'un arrêt d'absolution. Cette doctrine est inacceptable : elle méconnaît d'abord ce principe incontestable que ce qui est nul ne peut produire aucun effet. Or n'est-il pas vrai de dire avec M. Trébutien que l'arrêt qui reconnaît l'existence d'une question préjudicielle reconnaît, par cela même, que l'action publique n'existe pas encore avec ses effets utiles, et que l'ordonnance de prise de corps qui a été prononcée tombe nécessairement par voie de conséquence et par le principe « *quod nullum est, nullum producit effectum.* » Elle aboutit en outre à changer la situation du tribunal répressif : nous savons en effet que les questions préjudicielles à l'action aboutissent au dessaisissement absolu du tribunal répressif de l'action publique jusqu'à ce que le tribunal civil ait statué sur la question d'état. Or, d'après Mangin, il ne s'agirait plus d'un dessaisissement absolu, mais d'un simple sursis analogue à celui que produisent les questions préjudicielles au jugement.— Cette doctrine aboutit enfin à une monstrueuse iniquité : à faire rester l'accusé sous les verrous jusqu'à ce que la question d'état soit portée devant les tribunaux civils. Restera-t-il donc indéfiniment en état de détention préventive si aucune personne n'est intéressée à soulever la question d'état ou n'a qualité pour le faire? Aussi décidons-nous que la mise en liberté de l'accusé n'est, dans ce cas, « qu'un acte d'exécution de la déclaration d'incompétence prononcée par la Cour d'assises. »

CHAPITRE III.

QUESTIONS PRÉJUDICIELLES AU JUGEMENT DE L'ACTION PUBLIQUE.

SOMMAIRE.

1-5. Questions préjudicielles au jugement : leurs caractères. — Division de ce chapitre en deux questions.

1. — Nous avons établi, dans un premier chapitre de ce travail, le principe que le juge de l'action est juge de l'exception ; qu'une juridiction répressive saisie de la connaissance d'une infraction se trouve compétente pour connaître de tous les éléments qui se rattachent au fait principal sur lequel elle est appelée à statuer, alors même qu'ils n'auraient pu lui être soumis dans une instance principale. Les questions préjudicielles à l'action apportent une première et sérieuse atteinte à notre principe ; nous en trouvons une autre dans les *questions préjudicielles au jugement.*

Celles-ci, à la différence des questions préjudicielles à l'action, ne font pas obstacle à l'exercice de l'action publique, qui peut être mise en mouvement ; elles s'opposent seulement à ce que cette action aboutisse à une décision au fond avant que la question préjudicielle ait été elle-même l'objet d'une sentence de la part de la juridiction compétente : c'est un simple sursis qu'elles ont pour résultat. De là leur dénomination de *questions préjudicielles au jugement.*

2. — Deux caractères principaux appartiennent aux questions préjudicielles au jugement : elles ont pour objet un droit qui, invoqué par l'accusé, fait disparaître l'infraction en rendant licite un acte que la justice avait cru d'abord illicite. Le prévenu ne nie pas les faits qui lui sont imputés, il invoque seulement un droit qui lui permettait de les accomplir sans encourir aucune pénalité : *Feci, sed jure feci.* On conçoit alors pourquoi cette question doit recevoir une solution préalablement au jugement de l'action publique ; car, suivant que l'existence du droit allégué par le prévenu aura été ou non vérifiée, cette vérification aboutira à sa condamnation ou à son absolution. En général, lorsque le ministère public poursuit, c'est que l'acte accompli par l'inculpé est, en principe, un fait délictueux ; or, en opposant une exception préjudicielle, l'inculpé ne fait pas disparaître le caractère délictueux qui s'attache au fait accompli en général, mais il le rend licite relativement à lui.

3. — Ce premier caractère n'est pas le seul, car la vérification préalable d'un fait ou d'un droit pour statuer sur une infraction n'aboutit pas nécessairement à rendre le juge répressif incompétent sur le droit allégué ; il faut en outre, pour qu'il y ait exception préjudicielle, que le droit invoqué par le prévenu ne puisse être soumis au tribunal répressif ; que la connaissance en appartienne exclusivement à une autre juridiction à laquelle, explicitement ou implicitement, la loi en aura attribué la connaissance exclusive. Dès lors, deux juridictions se trouvent en concours pour connaître à la fois et de l'infraction et du fait allégué par le prévenu pour paralyser le résultat de l'action publique. La nature des solutions à obtenir indique d'une manière évidente dans quel ordre ces juridictions statueront : pas de doute, en effet, que la juridiction saisie de l'exception préjudicielle ne doive statuer préalablement au tribunal répressif, puisque de la décision rendue sur la question préjudicielle dépendra le sort de la décision à rendre sur l'action publique.

4. — Il nous suffira d'avoir déterminé ces deux caractères pour que la nature des questions préjudicielles au jugement nous soit connue. En supposant que la chose fût possible, nous n'essalerons pas d'en donner une définition : elles se présentent sous tant de faces différentes, qu'elles échappent par là même à toute définition exacte.

8. — Nous ne trouverons pas, pour les questions préjudicielles au jugement, des textes analogues aux art. 326, 327, relatifs aux questions préjudicielles à l'action, présentant d'une manière précise l'exception apportée au principe de l'indépendance de l'action publique; mais, pour des matières spéciales, nous trouverons des textes contenant le principe même de la question préjudicielle, puis la jurisprudence le généralisant et l'appliquant à tous les cas analogues.

Les questions préjudicielles au jugement sont assez nombreuses ; nous aurons à étudier successivement les exceptions préjudicielles de propriété ou de possession immobilière dans une première section, puis, dans une seconde section, des exceptions préjudicielles de diverses natures.

SECTION I.

QUESTIONS DE DROITS RÉELS IMMOBILIERS.

SOMMAIRE.

IV. 67-68. Procédure des exceptions préjudicielles au jugement ayant pour objet des droits immobiliers. — 69-70. Moment où peut se produire l'exception. — 71-72. Rôle du tribunal répressif si le droit est contesté ou non. — 73. Les mesures conservatoires sont interdites au tribunal répressif. — 74. Nouveaux actes de la part de l'inculpé. — 75. Mesure ordonnée par l'autorité administrative. — 76-77. Délais. — 78-80. Omission de délai. — 81-84. C'est au prévenu qu'il appartient de saisir la juridiction civile : controverse. — 85-89. Le prévenu doit justifier de ses diligences : sanction. — Le tribunal n'est pas dessaisi. — 90-91. Suspension de l'exécution de la condamnation. — 92. Rôle du tribunal si le prévenu n'a pas saisi la juridiction civile. — 93-95. Effets de la décision civile. — 96. Transaction entre le prévenu et la partie plaignante. — 97. Le tribunal civil pourra-t-il, en rejetant la question civile, condamner le prévenu à des dommages-intérêts ?

I. 6. — La première série d'exceptions préjudicielles au jugement, de beaucoup la plus importante et la plus nombreuse, est celle des questions de propriété et de possession immobilières. Lorsqu'à une accusation l'inculpé répond par un droit réel immobilier qui justifie sa conduite et fait tomber l'infraction, le tribunal répressif doit surseoir jusqu'à ce que la juridiction civile ait statué sur le droit réel, objet de la question préjudicielle.

7. — Cette dérogation aux principes ordinaires est l'œuvre de la jurisprudence : aucun texte, en effet, n'avait enlevé d'une manière formelle aux tribunaux répressifs la connaissance de ces questions préjudicielles pour les attribuer exclusivement aux juridictions civiles. Toutefois cette création de la jurisprudence n'a pu avoir lieu en dehors de textes indiquant l'intention du législateur de soumettre ces questions à la juridiction civile exclusivement.

8. — Une loi du 29 septembre 1791 (tit. IX, art. 12) sur l'administration forestière contenait la disposition suivante : « Si, dans une instance en réparation de délit, il s'élève une question incidente de propriété, la partie qui en excipera sera tenue d'appeler le procureur général syndic du département de la situation des bois, et de lui fournir copie de ses pièces dans la huitaine du jour où elle aura proposé son exception ; à défaut de quoi, il sera provisoirement passé outre au jugement du délit, la question de propriété demeurant réservée. » Cette disposition, tout incomplète qu'elle était, n'en contenait pas moins le germe d'un principe qui plus tard fut admis d'une manière générale pour toute matière pénale, lorsque le prévenu invoque un droit de propriété immobilière expliquant l'acte qui, sans cela, serait délictueux. On a vu dans cette disposition un principe rationnel

11

qui devait recevoir son application non-seulement pour les délits forestiers, mais encore pour toute autre infraction (1).

Lorsqu'en 1813 la Cour de cassation fit rédiger la note secrète dont nous avons eu déjà l'occasion de parler, elle ne négligea pas ce point important : « Si, devant un tribunal de police correctionnelle ou de police, le prévenu propose pour défense une exception de propriété qui soit nécessairement préjudicielle à l'action sur le délit, il y aura lieu de surseoir à cette action, et la question de propriété devra être renvoyée au jugement des tribunaux civils : *La propriété des immeubles est essentiellement dans le domaine des tribunaux civils.* »

9. — Depuis cette époque, des textes législatifs de la plus haute importance sont venus reproduire ces principes. En 1827, l'article 182 du Code forestier déclare que « si, dans une instance en réparation de délit ou contravention, le prévenu excipe d'un droit de propriété ou autre droit réel, le tribunal saisi de la plainte statuera sur l'incident, en se conformant aux règles suivantes : L'exception préjudicielle ne sera admise qu'autant qu'elle sera fondée soit sur un titre apparent, soit sur des faits de possession équivalents, personnels au prévenu, et par lui articulés avec précision, et si le titre produit ou les faits articulés sont de nature, dans le cas où ils seraient reconnus par l'autorité compétente, à ôter au fait qui sert de base aux poursuites tout caractère de délit ou de contravention. — Dans le cas de renvoi à fins civiles, le jugement fixera un bref délai dans lequel la partie qui aura élevé la question préjudicielle devra saisir les juges compétents de la connaissance du litige et justifier de ses diligences; sinon il sera passé outre. Toutefois, en cas de condamnation, il sera sursis à l'exécution du jugement, sous le rapport de l'emprisonnement s'il était prononcé; et le montant des amendes, restitutions et dommages-intérêts sera versé à la caisse des dépôts et consignations, pour être remis à qui il sera ordonné par le tribunal, qui statuera sur le fond du droit. »

10. — Le 15 avril 1829 fut promulguée la loi sur la pêche fluviale : l'art. 90 reproduit les mêmes principes en des termes identiques.

11. — Quelle est la portée de ces textes? ne les appliquerons-nous qu'en matière forestière et fluviale? ou, d'accord en cela avec la jurisprudence, généraliserons-nous et reconnaîtrons-nous une exception préjudicielle toutes les fois qu'un droit réel immobi-

(1) Avis du conseil d'État, 5 fév. 1812.

lier sera, accessoirement à une infraction, soulevé devant une juridiction répressive? La raison de douter se tire de ce que le tribunal répressif n'est pas incompétent *ratione materiæ* pour connaître des questions de droit civil, et qu'en outre, si quelquefois la partie poursuivant devant la juridiction répressive n'est pas toujours le contradicteur devant la juridiction civile, il arrivera parfois aussi que l'inculpé pourra trouver devant les deux juridictions le même contradicteur : alors à quoi bon dessaisir la juridiction répressive de la question de droit réel immobilier?

12. — Cette première raison de douter s'était, à l'origine, imposée à la Cour de cassation, et, sans admettre le système absolu que la jurisprudence reconnaît aujourd'hui, elle a, dans un arrêt du 17 août 1837 (D., 38, 1, 44), fait la distinction suivante : la question préjudicielle devait être renvoyée devant la juridiction civile si le contradicteur, devant cette juridiction, n'était pas la partie poursuivante devant la juridiction répressive; elle admettait, au contraire, la compétence du tribunal répressif si l'inculpé devait trouver le même contradicteur devant les deux juridictions.

13. — Cette distinction se conciliait mal avec les textes absolus que nous venons de reproduire : les art. 182 C. forest. et 59 de la loi de 1829 ne laissent pas de place à un système intermédiaire. La jurisprudence revint sur sa première décision, et, à partir de l'arrêt du 18 septembre 1843, elle déclara que nos deux dispositions s'appliqueraient pour toutes les contestations soit entre particuliers, soit entre particuliers et le ministère public ou l'administration, lorsque l'inculpé invoquerait en sa faveur un droit réel immobilier.

14. — Cette jurisprudence ne s'arrête pas là : elle donna aux art. 182 et 59 de la loi de 1829 la plus large extension ; et désormais ce ne fut plus seulement en matière forestière et fluviale qu'elle reconnut une exception préjudicielle dans le droit réel immobilier invoqué par l'inculpé, mais bien *pour toute espèce d'infraction*. Elle mit en pratique cette décision de la note de 1843 : « La propriété des immeubles est essentiellement dans le domaine des tribunaux civils. » (Cass., 27 septembre 1855; 3 avril 1857.)

15. — Cette jurisprudence est-elle fondée? Recherchons les motifs qui l'ont fait admettre ; peut-être parviendrons-nous à la justifier. — Où trouvons-nous le fondement de cette jurisprudence? ce n'est pas, en tout cas, dans ce motif que le tribunal ré-

pressif serait incompétent. Remarquons, en effet (et nous aurons plus tard à insister sur ce point), que le tribunal répressif n'est pas complétement dessaisi ; il aura, pour admettre ou rejeter l'exception préjudicielle, à apprécier la valeur approximative du droit invoqué. Semble-t-il sérieux, est-il vraisemblable que l'inculpé est titulaire d'un droit dont la vérification enlèverait à l'infraction son caractère délictueux, il renvoie la connaissance du droit invoqué au tribunal civil ; il le repousse, au contraire, si le moyen invoqué par le prévenu ne lui semble pas sérieux : c'est là un point incontestable en présence de l'art. 182 du Code forestier.

16.—Mais lorsque le tribunal répressif a reconnu que le droit opposé par l'inculpé était vraisemblable, pourquoi n'en connaîtrait-il pas puisqu'il n'est pas incompétent *ratione materiæ* ? — Deux motifs nous semblent justifier cette jurisprudence. Les questions de propriété et de droits réels immobiliers ont une importance que personne ne contestera. Or il semble bien difficile d'en permettre la connaissance au tribunal répressif accessoirement à une infraction ayant quelquefois la plus minime importance.

17. — Puis la juridiction répressive offre-t-elle autant de garantie dans ses moyens d'instruction que la procédure suivie devant les juridictions civiles ? Or, lorsqu'il s'agit d'un droit réel immobilier, cette question nécessite une instruction plus difficile, plus minutieuse que pour les infractions.

Enfin la nature même des infractions auxquelles s'applique l'exception préjudicielle achèvera la justification d'une jurisprudence que la doctrine admet, du reste, sans contestation. Lorsqu'une infraction a eu pour conséquence la destruction totale ou partielle d'une propriété privée, un préjudice causé à un intérêt particulier, la société doit prendre la défense du particulier lorsque cette infraction a été commise sans son consentement ; c'est là le rôle de la loi pénale : protéger celui qui n'a pu ou su se défendre. Les titres des parties sont choses que la société est intéressée à défendre. Mais lorsque l'infraction qui ne porte atteinte qu'à un intérêt particulier trouve son explication dans le droit de celui qui l'a commise, lorsque ce dernier non-seulement ne se plaint pas, mais vient mettre en face de la poursuite un droit lui permettant d'agir comme il l'a fait, la société ne peut être plus soigneuse de ses intérêts que l'intéressé lui-même : « *Feci, sed jure feci,* » dit-il. Le tribunal répressif, le droit de l'inculpé étant constaté, n'a qu'à répéter après lui : *jure fecit*; l'intérêt public est hors de cause, la société n'a plus rien à voir dans le fait dont le caractère délictueux a disparu avec la vérification du droit allégué par le prévenu.

18. — Que cette règle s'applique dans le cas où l'inculpé invoque un droit de propriété immobilière, cela n'est pas douteux : le texte de l'art. 182 et celui de la note de 1813 ne permettent pas même de poser la question.

En dirons-nous autant de tout autre droit réel immobilier invoqué par l'inculpé ? Les motifs qui ont fait adopter cette jurisprudence pour le droit de propriété se présentent presque avec la même force lorsqu'il s'agit de droits réels autres que le droit de propriété. Donc tous les droits réels immobiliers, droits d'usufruit, de servitude, rentrent également dans la compétence exclusive des tribunaux civils lorsqu'ils se présentent accessoirement à une infraction devant un tribunal répressif. Celui-ci devra donc renvoyer à la connaissance de la juridiction civile tout droit réel de cette nature invoqué par le prévenu, et tel que l'existence de l'infraction dépende de la question de savoir si le droit réel existe ou non.....

19. — La jurisprudence a fait de nombreuses applications de la règle précédente aux servitudes, droits de passage, droits d'usage..... invoqués par un prévenu contre la poursuite d'une infraction supposant l'existence de ces droits ; elle a prononcé le renvoi de la question devant la juridiction civile.

20. — La *possession* elle-même, invoquée par l'inculpé, peut donner lieu à une question préjudicielle au jugement. « L'exception préjudicielle, dit l'art. 182 C. forest., ne sera admise qu'autant qu'elle sera fondée..... sur des faits de possession personnels au prévenu et par lui articulés avec précision......, et si les faits articulés sont de nature, dans le cas où ils seraient reconnus par l'autorité compétente, à ôter au fait qui sert de base aux poursuites tout caractère de délit ou de contravention. » Il s'agit de déterminer ici quelles conditions sont prescrites pour que la possession puisse servir de base à une question préjudicielle : la simple détention suffira-t-elle, ou, au contraire, la possession utile seule pourra-t-elle faire l'objet de l'exception ? Ici le texte de l'art. 182 C. forest. nous fait défaut. Nous croyons cependant que la possession doit remplir les conditions prescrites par l'art. 23 du Code de procédure, qu'elle doit être de nature à pouvoir donner lieu à l'action possessoire, c'est-à-dire être

annale, paisible, publique et à titre non précaire. La possession
est alors légale; et, alléguée par le prévenu, vérifiée, elle le fera
maintenir dans la possession, ou l'y fera réintégrer en même
temps qu'elle fera repousser la poursuite. Elle est, remarquons-
le, mise par l'art. 182 sur le même plan que le droit de propriété lui-même; c'est, du reste, la conséquence de cette idée
que la possession fait présumer la propriété chez le possesseur
utile, en même temps qu'elle peut la faire acquérir si elle se
continue pendant le temps voulu et si elle réunit les conditions de
l'art. 2220.

21. — De là nous pouvons tirer quelques conséquences. Si
l'inculpé oppose à la poursuite criminelle une possession qui ne
remplirait pas les conditions voulues, entachée de violence ou
de précarité par exemple, cette exception ne pourrait faire surseoir la juridiction répressive au jugement de l'infraction. Dans
cette hypothèse, en effet, invoquée devant le juge du possessoire, cette possession ne pourrait être prise en considération ;
elle n'est donc pas équivalente à un titre apparent, condition
que les termes mêmes de l'art. 182 exigent.

22. — La note de 1813, n° 6, vérifie les conditions que nous
prescrivons pour la recevabilité de l'exception préjudicielle fondée
sur la possession : « Si l'exception porte sur une question de possession d'un objet immobilier, elle ne formera une question préjudicielle qui doive être jugée par les tribunaux civils que dans
le cas où la preuve de la possession alléguée entraînerait celle
de la propriété, ou si cette possession était l'effet d'un titre qui
supposât la propriété. Dans ces deux cas, en effet, la question
de possession se confond avec celle de propriété, et celle-ci est
essentiellement civile. Mais, hors ce cas, la possession alléguée, ne
pouvant avoir d'effet que sur des jouissances de fruits, se détermine toujours à des effets mobiliers; elle n'est qu'un *fait* étranger
à la propriété immobilière, et l'exception qui en est opposée
doit, comme celle de la propriété des objets mobiliers, être de
la compétence des tribunaux criminels, juges de l'action contre
laquelle elle est proposée. » Nous ne voulons de cette citation retenir que ces mots : c'est que la possession exigée pour l'exception préjudicielle doit entraîner la preuve au moins provisoire
de la propriété. Or il n'y a de possession telle que celle qui remplit les conditions que nous avons déterminées. Le texte de
l'art. 182, qui a été évidemment inspiré par cette note, veut lui-
même que les faits de possession soient équivalents à un titre

— 167 —

apparent : expression un peu obscure, mais qui, selon M. Bertauld, signifie qu'ils doivent être l'équivalent d'un titre apparent : la possession utile de l'art. 23 C. proc. civ. seule peut offrir ce caractère.

23. — La faveur accordée à la possession utile du prévenu sur l'immeuble se justifie à tous les points de vue ; de même que le droit de propriété, elle constitue aussi un *jus in re*, et fait présumer chez le possesseur le titre de propriétaire. En invoquant cette possession et en la justifiant, le prévenu fait disparaître l'élément caractéristique de l'infraction : l'intention de nuire. Un arrêt de 1844 a développé ces motifs : « Attendu que la qualité de possesseur fait présumer le prévenu propriétaire et lui donne tous les droits de la propriété, tant qu'il n'a pas été définitivement évincé par un jugement rendu au pétitoire et passé en force de chose jugée ; que cette présomption de propriété exclut toute application des lois pénales à des faits constituant l'exercice des droits conférés au propriétaire..... »

24. — Les faits de possession invoqués par l'inculpé doivent, en outre, remplir certaines conditions qui nous sont indiquées par l'art. 182, C. forest. : ils doivent être *personnels* au prévenu et *articulés avec précision*. Qu'ils soient personnels au prévenu..., nous n'insistons pas sur cette condition ; nous la retrouverons en traitant des conditions requises pour la recevabilité de l'exception préjudicielle de l'art. 182. Les faits doivent être articulés *avec précision :* ces expressions indiquent assez en quoi consisteront les faits de possession invoqués par l'inculpé. C'est pour ce motif qu'un arrêt (du 25 juillet 1851) de la Cour de cassation annule un jugement admettant l'exception fondée sur une possession que les prévenus avaient eu « *promiscûment avec d'autres.* »

25. — Lorsque l'exception préjudicielle tirée de la possession aura été invoquée par le prévenu, le tribunal répressif vérifiera si, en apparence, elle est fondée, et, dans le cas de l'affirmative, renverra devant le tribunal compétent, c'est-à-dire au juge du possessoire. Ils n'auront donc pas à se prononcer sur les caractères de la possession, ni à déclarer qu'elle est de bonne ou de mauvaise foi, litigieuse ou non. Toutefois nous n'en dirons pas autant pour les conditions extrinsèques dont nous avons exigé l'existence pour que la possession puisse servir de base à une exception préjudicielle : c'est au tribunal répressif qu'il appartiendra de déterminer si elle remplit ou non les conditions

indiquées dans l'art. 23 du Code de procédure; il devra repousser de prime abord l'exception préjudicielle, si l'une de ces conditions faisait défaut (Bert., n° 67).

26. — Si donc le prévenu oppose à ce fait incriminé une possession annale remplissant les conditions déterminées par l'art. 23 C. proc., et que cette possession soit vérifiée, on le renverra *de plano* des fins de la poursuite, sans que le tribunal répressif ait besoin de prononcer un sursis. Il faudrait, pour détruire la présomption de propriété qui résulte en sa faveur de cette vérification et qui justifie sa conduite, qu'un jugement ait été rendu contre lui au pétitoire.

27. — Si la possession de l'inculpé était contestée, le sursis invoqué n'aurait pour but que de faire constater la possession ; qu'elle soit ou non le résultat d'une usurpation, peu importe, sauf au plaignant à agir au pétitoire pendant le même sursis.

28. — Lorsque le jugement au possessoire aura été prononcé, deux situations différentes se présenteront, suivant que la décision du tribunal compétent aura maintenu ou non l'inculpé en possession de l'immeuble. A-t-il été maintenu en possession, l'action intentée contre lui doit être définitivement rejetée; cette décision, en effet, l'a mis dans la situation d'un propriétaire, tant que le plaignant n'aura pas agi au pétitoire contre lui; le caractère de l'infraction a disparu avec la vérification de la possession alléguée (Cass., 3 août 1811). S'il n'a pas été maintenu en possession, le tribunal répressif continue l'affaire et statue sur l'infraction.

29. — Lorsque le prévenu a opposé à la poursuite de l'infraction une possession qu'il n'a pu parvenir à faire constater, il peut encore recourir à l'exception préjudicielle de propriété, s'il n'y a pas de partie plaignante et que le ministère public poursuit d'office. Il ne pourrait, au contraire, après avoir échoué dans l'opposition de la première, recourir à cette seconde exception préjudicielle, si quelqu'un avait été déclaré possesseur légal de l'immeuble.

30. — Lorsque le prévenu invoque un droit de propriété *mobilière*, il n'y aura pas lieu à question préjudicielle. La règle reprendra son empire, et le tribunal répressif pourra connaître de cette question accessoirement à la question principale. On a considéré que les questions de propriété mobilière présentaient, en général, moins d'intérêt, moins d'importance que celles des droits réels immobiliers, en même temps qu'elles soulevaient

moins de difficultés pour la décision à rendre. Du reste, et c'est là le motif principal de notre solution, les exceptions préjudicielles constituent des dérogations au droit commun, au principe que le juge de l'action est juge de l'exception. Aucun texte ne contenant de dispositions spéciales aux questions de propriété mobilière, il faut donc en conclure que le tribunal répressif est compétent pour les résoudre, en même temps que le fond de l'accusation. « Si l'exception de propriété, dit la note de 1813, n° 5, ne porte que sur un objet *mobilier*, il n'y aura lieu ni à sursis ni à renvoi; les effets mobiliers sont la matière des vols, des détournements, etc., dont l'attribution à la juridiction correctionnelle emporte avec elle le droit de connaître de toutes les exceptions proposées comme moyens de défense contre la prévention du fait criminel qui peut avoir été commis sur l'effet mobilier. » Ajoutons que la nature même des choses exige cette solution. Le plus souvent, les infractions ayant pour objet des choses mobilières étant « des vols, des détournements, » il était impossible d'attribuer la connaissance de la question de propriété de l'objet volé à une juridiction autre que celle qui était appelée à connaître du vol; il fallait nécessairement qu'elle pût apprécier ces deux questions, qui, en réalité, n'en font qu'une. La jurisprudence n'a pas hésité à appliquer cette solution, qui, du reste, a reçu une application législative dans la loi de 1844 (5 juillet) sur les brevets d'invention, qui reconnaît au tribunal correctionnel saisi d'une action pour délit de contrefaçon la connaissance des exceptions tirées par le prévenu des questions relatives à la propriété du brevet (art. 34, 40).

31. — Aussi, lorsque le prévenu opposera une possession ayant pour objet non pas un immeuble, mais la simple jouissance des fruits qu'il produit, le tribunal répressif pourra apprécier la valeur de cette exception, puisqu'elle n'aura pour objet qu'un droit de possession sur des choses mobilières. « Hors le cas où l'exception porte sur une question de possession d'un objet immobilier et où la question de possession se confond avec celle de propriété, la possession alléguée, ne pouvant avoir d'effet que sur des jouissances de fruits, se détermine toujours à des effets mobiliers; elle n'est qu'un fait étranger à la propriété immobilière, et l'exception qui en est opposée doit, comme celle de la propriété des objets mobiliers, être de la compétence des tribunaux criminels, juges de l'action contre laquelle elle est proposée. »

32. — Il pourra arriver, rarement il est vrai, que l'inculpé invoque non plus un droit de propriété, mais une exception de non-propriété. Ainsi, c'est une personne poursuivie pour plantation illicite de tabac qui élève l'exception de non-propriété ; un arrêt avait décidé que le tribunal répressif était incompétent pour connaître de cette exception. Cette solution ne nous semble pas exacte. Les motifs qui ont fait admettre l'exception préjudicielle que nous étudions ne se retrouvent plus ici : nous ne voyons aucun motif qui puisse justifier l'incompétence du tribunal.

33. — Lorsque, incidemment à un délit, on oppose une exception ayant pour objet un droit de bail, l'interprétation de ce contrat appartient essentiellement au tribunal répressif. La Cour de cassation avait statué, il est vrai, dans plusieurs décisions, que l'interprétation des actes de baux était du ressort exclusif des tribunaux civils. Mais ces arrêts, antérieurs à la note de 1813, n'ont pas fait jurisprudence, et bientôt les tribunaux sont revenus aux principes en reconnaissant la compétence de la juridiction répressive : le bail, en effet, n'impose au bailleur que l'obligation de faire jouir le locataire de la chose louée pendant le temps déterminé ; il ne constitue pour le preneur ni un droit de propriété ni un démembrement du droit de propriété, mais simplement une créance, un droit personnel, le droit de prendre des fruits moyennant un prix déterminé. En réalité, l'exception ne concerne donc que des objets mobiliers ; par suite, le tribunal répressif est compétent : « Si le jugement sur le fait d'un délit ou d'une contravention dépend de l'interprétation d'un acte ou d'un contrat, le tribunal, juge du délit ou de la contravention, a nécessairement caractère pour juger si, d'après l'acte ou le contrat produit, le délit ou la contravention existe ou n'existe pas ; il a donc caractère pour examiner l'acte ou le contrat pour en rechercher ou déterminer le sens, l'effet et l'obligation. Cette décision rentre dans le principe que le juge d'une action est essentiellement juge de l'exception qui est opposée à cette action comme il est juge de tous les éléments des preuves sur lesquelles l'action ou l'exception peuvent être fondées. » (Note de 1813, n° 7.)

34. — Le tribunal répressif serait encore compétent pour connaître d'une exception tirée d'un droit de chasse ou de pêche résultant d'une permission de la part du propriétaire, ou même d'un droit de chasse résultant d'un contrat : ce n'est pas un droit réel, mais un simple avantage concédé à la personne (Cass. 7 févr. 1853).

II. 33. — Lorsqu'un prévenu invoquera, incidemment à la poursuite d'une infraction, un droit réel immobilier devant une juridiction répressive, celle-ci doit surseoir, quelle que soit la juridiction saisie. Cela n'est pas douteux pour le tribunal correctionnel et le juge de paix.

Pour la Cour d'assises, la question présente plus de difficulté ; sa composition est mixte ; un jury et une Cour ayant chacun leurs attributions spéciales, qui connaîtra de l'exception, qui prononcera le sursis ? Par ses fonctions ordinaires, le jury ne nous semble pas appelé à se prononcer : juge de fait des éléments et des circonstances qui constituent et déterminent la criminalité, il se prononce par un verdict unique pour constater ou nier la culpabilité de l'accusé. — Sera-ce la Cour ? mais peut-on lui reconnaître ce droit exorbitant de pouvoir dessaisir le jury une fois les débats ouverts ? Les dispositions des art. 351, 354 et 406 du Code d'instruction criminelle ne prouvent-elles pas que ce droit ne peut lui appartenir en dehors des hypothèses qu'ils prévoient ? Non, ces articles ne sont pas limitatifs. La Cour peut encore, en dehors de leur hypothèse, dessaisir le jury : c'est ainsi qu'elle dérobe la connaissance du fait incriminé au jury lorsqu'une exception de prescription, d'amnistie, de chose jugée, est opposable à la poursuite. De même, dans notre hypothèse, elle pourra surseoir et renvoyer devant le tribunal civil la question de droit réel immobilier que l'accusé aura soulevée dans l'instance.

III. 36. — Quand l'inculpé se prévaut d'un droit réel sur l'immeuble objet du délit, le tribunal répressif doit surseoir ; qu'il invoque un droit de propriété, de possession ou d'usage, c'est au tribunal civil qu'il appartient d'en vérifier l'existence, préalablement à la décision de la juridiction répressive. Toutefois il ne suffirait pas que l'inculpé pût se prévaloir sans raison, sans aucune vraisemblance, d'un droit réel, entravant ainsi la marche de la justice sans aucune utilité pour lui. Qu'il puisse se défendre, rien de plus légitime, mais ce droit ne pouvait dégénérer en abus ; aussi le législateur a-t-il, pour prévenir cet inconvénient, soumis la recevabilité de l'exception préjudicielle à certaines conditions indispensables.

37. — Elles sont au nombre de quatre : 1° il faut que le prévenu oppose formellement l'exception ; 2° que l'exception soit de nature à enlever au fait incriminé son caractère d'infraction ; 3° que le droit réel immobilier invoqué soit propre et personnel

au prévenu ; 4° il faut enfin que l'exception soit vraisemblable.

Ces quatre conditions, que nous trouvons indiquées dans les art. 182 du Code forestier, et 59 de la loi de 1829, ne sont pas seulement applicables en matière forestière et fluviale ; mais de même que la jurisprudence a généralisé les exceptions préjudicielles admises par ces textes, de même ces conditions sont applicables à toute espèce de délit dont la poursuite provoque des exceptions de cette nature.

38. — C'est au tribunal répressif que revient l'examen de ces quatre conditions. L'opposition, par le prévenu, de l'exception préjudicielle ne dessaisit pas immédiatement le tribunal répressif : il doit d'abord vérifier si le fait allégué réunit ou non les conditions prescrites pour constituer l'exception préjudicielle ; s'il les trouve vérifiées, il renvoie la question devant la juridiction civile, sinon il passe outre. Examinons séparément chacune de ces conditions.

39. — 1° *Il faut que le prévenu oppose formellement l'exception.* — C'est en effet au prévenu qu'il appartient surtout de se prévaloir de l'exception dont la vérification entraîne son acquittement ou son absolution ; le tribunal répressif ne pourrait suppléer d'office ce moyen de défense et surseoir pour que le prévenu ait réclamé le sursis : *ultra petita non est judicandum.*

40. — Toutefois il n'est pas nécessaire que l'inculpé dépose ces conclusions écrites tendant au renvoi ; la procédure criminelle n'exige pas cette régularité et cette solennité de formes qu'impose la procédure civile : il suffit que le prévenu ait fait valoir ce moyen de défense pour que l'exception préjudicielle existe, et qu'elle frappe par conséquent les tribunaux répressifs d'incompétence. Il n'est pas nécessaire non plus que le prévenu, en opposant l'exception préjudicielle, réclame formellement un sursis ; l'exception qu'il invoque implique par là même une demande de sursis.

41. — Lorsque l'infraction sera de nature à entraîner l'emprisonnement, il sera nécessaire, conformément à l'art. 185 C. Inst. crim., que le prévenu comparaisse en personne pour opposer l'exception préjudicielle : il s'agit ici d'une défense au fond. (Rouen, 31 janv. 1851.)

42. — Nous avons, au sujet de cette première condition, traité une question délicate ; nous avons à rechercher si les exceptions préjudicielles au jugement dont nous venons de déterminer la première condition de recevabilité peuvent se produire non-seule-

ment devant les juridictions répressives de jugement, *mais aussi devant les juridictions d'instruction.*

En étudiant les questions préjudicielles à *l'action*, nous n'avons pas hésité à en attribuer la connaissance à la juridiction d'instruction en lui imposant l'obligation de se déclarer incompétente même d'office, jusqu'à ce que la juridiction civile eût statué sur la question d'état. Ces questions, en effet, opposent un obstacle infranchissable à l'exercice de l'action publique, tant qu'elles n'ont pas été l'objet d'une décision préalable : la poursuite doit donc être déclarée non recevable jusqu'à ce que la juridiction civile ait statué ; ces juridictions d'instruction doivent rejeter l'action publique. Mais l'exception préjudicielle au jugement, n'aboutissant qu'à un simple sursis, ne dessaisissant pas le tribunal répressif, mais suspendant simplement le cours de la procédure, doit-elle être accueillie par la juridiction d'instruction, et, si elle n'est pas accueillie devant cette juridiction ayant refusé le renvoi devant la juridiction civile, pourra-t-elle de nouveau être reproduite devant la juridiction de jugement? Quel sera l'effet attaché à cette décision devant le tribunal répressif?

43. — Un premier système refuse aux juridictions d'instruction le droit de connaître des exceptions préjudicielles. Lorsqu'il intervient une décision sur une exception préjudicielle, le fond est nécessairement préjugé : comment donc attribuerait-on à la juridiction d'instruction le pouvoir de rendre une décision qui porterait atteinte au fond, alors qu'il n'y a ni publicité ni débats contradictoires?

44. — Une seconde opinion, que nous adoptons, reconnaît à la juridiction d'instruction le droit de connaître des exceptions préjudicielles qui sont proposées par l'inculpé. Il est vrai que la décision ainsi rendue préjugera nécessairement le fond du procès ; mais y a-t-il là rien qui doive faire reculer alors que les pouvoirs qu'on lui reconnaît sont parfois, au point de vue de l'influence même exercée par la décision sur le fond, bien plus considérables? Lorsqu'en effet la juridiction d'instruction décide qu'il n'y a pas lieu à suivre, cette décision n'établit pas seulement un préjugé, mais elle juge le fond, du moins eu égard à l'état dans lequel l'affaire s'est présentée, et cette décision met l'inculpé à l'abri de nouvelles poursuites tant que de nouvelles charges ne seront pas découvertes. Quelle raison y aurait-il donc de refuser à cette juridiction le droit de connaître des exceptions préjudicielles, de prononcer par exemple le sursis lors-

que l'inculpé fera valoir un droit réel immobilier, alors que nous reconnaissons généralement aux juridictions d'instruction le droit de statuer sur une cause d'extinction ou de suspension de l'action publique ?

45. — Ceci admis, nous arrivons à notre seconde question : quelle autorité faut-il attacher aux décisions des juridictions d'instruction sur les questions préjudicielles au jugement — ? Lorsque ces juridictions auront admis les exceptions préjudicielles proposées, la juridiction répressive ne sera pas saisie. Nous avons vu déjà que si, à l'expiration des délais impartis à celui qui propose l'exception préjudicielle, le tribunal civil ne s'est pas prononcé sur la question civile, le tribunal répressif passe outre et statue comme s'il n'y avait pas eu d'exception proposée, sauf à surseoir à l'exécution du jugement pour l'emprisonnement et à verser le montant des condamnations pécuniaires à la caisse des dépôts et consignations. A *fortiori* devrons-nous anéantir la poursuite lorsqu'en constatant l'existence du droit allégué par le prévenu, la juridiction d'instruction a vérifié par là même l'inexistence de l'infraction.

Les juridictions d'instruction ont-elles rejeté l'exception préjudicielle, il s'agit de savoir si cette décision aura quelque influence devant le tribunal répressif. Celle-ci pourra-t-elle de nouveau être proposée devant le juge criminel ? Une première opinion résout la question par une distinction : si la décision de rejet rendue par la juridiction n'a pris pour base que les faits et charges existant dans l'instruction, et que les débats devant le tribunal répressif vont modifier les charges et enlever à la juridiction d'instruction la base même sur laquelle elle repose, pas de doute que l'exception préjudicielle ne puisse se produire à nouveau devant le tribunal répressif. Si, au contraire, les débats ne viennent en rien modifier les faits qui ont servi de base à la décision de rejet prise par la juridiction d'instruction, le tribunal répressif ne pourra être appelé à statuer à son tour sur l'exception préjudicielle déjà proposée devant la juridiction de répression. Il y aurait, dit-on, contradiction à vouloir maintenir la décision de la juridiction d'instruction devant le tribunal répressif alors que les débats sont venus opérer la transformation ou démontrer la fausseté des faits qui ont servi de base à cette distinction.

Ainsi entendue, cette opinion doit embrasser toutes les exceptions préjudicielles, celles des art. 182 et 89 comme toutes celles fondées sur un droit réel immobilier opposé à une infraction quelconque.

46. — Une autre distinction a été admise sur cette question et forme un système mixte. On a distingué entre les arrêts de la chambre des mises en accusation et les ordonnances de la chambre du conseil, l'autorité de la chose jugée sur l'exception qui a été rejetée ne devant appartenir, dans cette opinion, qu'aux arrêts de la chambre d'accusation.

47. — Nous n'admettons pas ces opinions, et nous croyons que, quoique produites devant les juridictions d'instruction, les exceptions peuvent se produire de nouveau devant la juridiction répressive. Les décisions de la juridiction d'instruction ne peuvent lier la juridiction de jugement : elles ne sont rendues en effet que provisoirement; et si la juridiction répressive trouve l'exception invoquée par le prévenu appuyée sur des motifs sérieux, elle peut ordonner le sursis. Cette solution devra être appliquée non-seulement au cas où la juridiction d'instruction aura repoussé des moyens de droit civil relatifs au fondement et à la recevabilité de l'action publique, mais encore quand il s'agit des exceptions préjudicielles des art. 182 et 59. Le principe que nous appliquons ici est celui-ci : c'est que les décisions d'une juridiction d'instruction doivent laisser intact le droit de défense; qu'elles ne peuvent avoir un caractère définitif ni contre les tiers ni contre l'accusé; qu'elles doivent réserver tous les droits.

48. — 2° *L'exception doit être de nature à faire disparaître l'infraction.* — Le texte de l'art. 182 contient l'énonciation même de cette condition. Lorsque le prévenu aura, en opposant l'exception préjudicielle, appelé sur le fait allégué l'examen du tribunal répressif, celui-ci devra vérifier avant tout l'influence qu'elle est de nature à exercer sur l'infraction. Si, en effet, le droit invoqué ne devait produire aucun résultat ou même laisser encore subsister une infraction à punir, l'instruction devrait être poursuivie sans qu'il y ait lieu à un sursis qui serait frustratoire : « Un tribunal ne doit rien ordonner d'inutile, » dit Mangin. Aussi l'exception invoquée par l'inculpé doit-elle avoir pour objet un droit qui fasse disparaître l'infraction : « *Feci, sed jure feci,* » tel est le langage que doit tenir l'inculpé.

Si donc le fait allégué remplit cette condition, le tribunal répressif doit admettre l'exception préjudicielle; sinon il la repousse et passe outre.

49. — La jurisprudence a fait de nombreuses applications de cette seconde condition. Si donc le droit allégué par le prévenu est fondé, mais que le fait incriminé n'en soit pas une conséquence légitime, l'exception préjudicielle n'aboutira à aucun sursis. C'est ainsi que l'inculpé invoquerait en vain son droit de propriété lorsqu'il l'a exercé dans des conditions défendues par la loi. Parfois en effet le législateur, pour des motifs d'intérêt public, a restreint l'exercice même du droit de propriété. L'infraction commise par le propriétaire contre les dispositions de la loi ne disparaîtrait pas par l'exception du droit de propriété que le délinquant opposerait. Si donc un propriétaire a fait de son droit un usage prohibé par une disposition réglementaire de l'autorité compétente, son droit de propriété ne pourrait aboutir à un sursis.

50. — 3° *Le droit réel doit être propre et personnel au prévenu.* — Lorsque le prévenu invoque, pour faire disparaître l'infraction dont on l'accuse, un droit réel immobilier, c'est un droit *existant à son profit* qui seul peut faire l'objet d'une question préjudicielle; nul ne peut exciper du droit d'autrui : telle est la maxime que nous appliquons ici avec le texte des articles 182 et 59, de 1829.

La poursuite est-elle exercée à la requête du ministère public, le prévenu ne pourrait pas exciper de ce que le véritable propriétaire ne se plaint pas et de ce que le plaignant n'est pas le véritable propriétaire : l'action publique dont l'exercice est confié au ministère public ne dépend en rien de la plainte du propriétaire.

51. — La question présente plus de difficulté lorsque les poursuites ont lieu à la requête des particuliers. Le prévenu ne pourra-t-il, dans cette hypothèse, repousser l'action dirigée contre lui en excipant du défaut de qualité du plaignant et en prétendant que le fait imputé aurait eu pour objet un terrain appartenant à un autre qu'au plaignant? — Dans une première opinion, l'exception préjudicielle ne serait pas recevable, n'ayant pas pour objet, conformément à l'art. 182, un droit personnel au prévenu; quel intérêt, du reste, aurait le prévenu à soutenir que celui qui réclame les dommages-intérêts n'est pas propriétaire du terrain sur lequel le délit aurait été commis? S'il est condamné à des réparations civiles envers celui qui n'est pas le véritable propriétaire, ne sera-t-il pas libéré vis-à-vis du véritable propriétaire? — Nous rejetons cette opinion. Lorsque le

prévenu a négligé d'invoquer un moyen péremptoire pour repousser la demande du plaignant, le véritable propriétaire ne peut, pour cela, perdre le droit de demander et d'obtenir la réparation qui lui est due légitimement. Nous savons en effet que, devant toutes les autres juridictions, le défendeur est recevable à exciper, pour sa défense, du défaut de qualité du réclamant : pourquoi n'en serait-il pas ainsi devant le tribunal répressif ? Ajoutons que l'art. 1 C. Inst. crim. n'accorde l'action en réparation civile du dommage causé par un délit qu'à la partie qui a souffert de ce dommage ; aucune réparation ne peut être due aux personnes n'ayant aucun droit sur le terrain objet de l'infraction : celle-ci doit donc être déclarée non recevable. Cette exception invoquée par l'inculpé n'est pas, il est vrai, une exception proprement dite, en ce sens qu'elle ne fait pas disparaître complétement le fait incriminé ; c'est, suivant l'expression de M. Le Sellyer, « une exception préjudicielle relative : » elle constitue une fin de non-recevoir tirée de l'absence de qualité de celui qui réclame les réparations civiles. Aussi, tandis que le tribunal répressif appliquerait la preuve sur l'action publique, il statuera sur la qualité du plaignant opposée par l'inculpé ; et s'il constate son défaut de qualité, il repoussera la demande en dommages-intérêts.

82. — Disons cependant que si, tout en constatant le défaut de propriété chez le réclamant, le tribunal répressif vérifiait chez lui la qualité de possesseur légal, le tribunal devrait lui attribuer des dommages-intérêts, sans qu'il y ait lieu à aucun renvoi. Le délit en effet existe, car la possession légale est un fait qui doit être respecté à l'égal de la propriété, « de peur que les voies de fait ne prennent la place des voies de droit. »

83. — Parfois même le plaignant, quoique propriétaire et possesseur, pourrait se trouver sans qualité pour agir : si, par exemple, postérieurement au fait incriminé, il avait acquis lui-même l'objet de l'infraction en vertu d'un titre entaché de nullité contenant à son profit le droit de poursuivre la répression de l'infraction commise. L'inculpé pourra opposer la nullité de son titre pour repousser le plaignant ; mais il n'y aura pas là une exception préjudicielle aboutissant au sursis ; l'art. 182 ne pourra s'appliquer, et le tribunal répressif connaîtra du moyen de défense qui s'est produit.

84. — Sans invoquer un droit qui lui soit personnel, l'inculpé pourrait aussi opposer à la poursuite une permission ou un ordre

que lui aurait donné le propriétaire du terrain objet de l'infraction : il ne pourrait faire du droit de ce tiers un moyen préjudiciel pour repousser l'attaque dirigée contre lui ; il ne pourrait
que l'appeler en cause, sauf à celui-ci à élever alors l'exception
préjudicielle.

55. — Nous ne permettrons pas même au fermier d'opposer à
la poursuite d'une infraction le droit de propriété de son bailleur.
Ce dernier seul pourrait fonder une exception sur son droit de
propriété : le fermier n'a qu'un droit personnel, mais le bailleur pourrait prendre fait et cause pour le fermier (Cass., 29 décembre 1843 ; 25 juillet 1844 ; 8 janvier 1853).

56. — Mais nous reconnaissons à la personne qui n'est que
civilement responsable de l'infraction commise le droit d'invoquer l'exception préjudicielle, comme l'inculpé lui-même ; elle
est, en effet, aussi bien intéressée que l'inculpé à prouver l'existence du fait incriminé (Cass., 23 avril 1824). — Toutefois c'est
dans ces limites mêmes qu'il faut reconnaître ce droit à la partie
civile. De même encore, si la partie était civilement responsable
des actes commis par une personne placée sous son autorité,
elle pourrait, au nom du prévenu, élever l'exception préjudicielle ; mais il faudrait que le droit dont elle excipe existât à son
profit : l'art. 182 exige en effet que le droit invoqué soit personnel à celui qui l'invoque.

57. — Nous pouvons, par les exemples qui précèdent, déterminer la portée de notre troisième condition. En exigeant que
l'exception soit personnelle à l'inculpé, le législateur a exigé
par là que l'exception ait pour objet l'intérêt direct et actuel du
prévenu : peu importe, par conséquent, que ce soit l'inculpé ou
un tiers intervenant qui le fasse valoir dans l'instance.

Aussi refuserons-nous à la partie civile le droit d'invoquer,
comme le prévenu, l'exception préjudicielle et d'obtenir un renvoi devant la juridiction civile, parce qu'elle n'est pas intéressée
à démontrer qu'il n'y a point d'infraction.

58. — La loi du 18 juillet 1837 sur l'administration communale est venue donner une nouvelle extension aux dispositions
que nous étudions en ce moment. Avant cette époque, un habitant d'une commune ne pouvait invoquer, lorsqu'il était sous le
coup d'une poursuite, un droit appartenant à la commune : on
le repoussait, par ce motif qu'il était sans qualité pour exercer
les actions communales. Toutefois la jurisprudence avait imaginé
certains adoucissements à cette règle trop rigoureuse : elle avait

fini par reconnaître aux habitants de la commune le droit d'agir individuellement pour se faire maintenir dans l'exercice d'un droit reconnu pour être communal. Si, au contraire, le droit de la commune était contesté par l'administration municipale, elle appliquait rigoureusement la disposition de la loi du 29 vendémiaire de l'an IV n'accordant qu'aux maires, et aux adjoints à leur défaut, l'exercice des actions communales. A défaut de ces derniers, elle repoussait les habitants comme étant sans qualité pour exercer individuellement les actions communales.

59.— Pourtant, même dans cette dernière hypothèse, on avait trouvé moyen de tourner cette jurisprudence. On reconnaissait aux habitants le droit de provoquer l'intervention de la commune, représentée par le maire, et d'obtenir un délai pour faire effectuer cette intervention. Celui-ci intervenait-il, le tribunal répressif, en présence de l'exception préjudicielle soulevée au nom de la commune, devait surseoir et renvoyer la connaissance de l'exception au tribunal civil. Si le maire se bornait à se présenter dans l'instance pour y prendre vaguement le fait et cause de l'inculpé, sans conclure expressément à l'admission de l'exception et au sursis, le tribunal répressif ne pouvait accueillir l'exception : en réalité c'était le prévenu qui l'opposait, et il n'avait pas qualité pour cela.

60. — La loi du 18 juillet 1837 (art. 49, § 3) a changé cet état de choses : elle a permis au particulier habitant la commune et intéressé à exercer une action communale à faire valoir cette action moyennant l'existence des cinq conditions suivantes, exigées cumulativement : 1° que l'habitant soit contribuable ; 2° que le procès soit fait à ses risques et périls ; 3° qu'il ait reçu l'autorisation du conseil de préfecture; 4° qu'il justifie d'une délibération du conseil municipal ayant examiné la question et refusé d'exercer l'action ; 5° enfin que la commune soit mise en cause, afin qu'il y ait contre elle autorité de la chose jugée.

Remarquons toutefois que si l'inculpé invoque un droit de la commune contre la poursuite dirigée contre lui, il n'obtient pas immédiatement le renvoi à fins civiles : c'est tout d'abord un délai qu'il demande afin de provoquer l'intervention de la commune ou, à défaut, l'autorisation d'agir en son propre nom.

61.— 4° *Il faut que l'exception préjudicielle soit vraisemblable.*— Le droit reconnu à l'inculpé d'opposer à la poursuite une exception préjudicielle ne devait pas dégénérer en abus. La simple allégation d'un droit de ce genre, que rien ne justifierait, ne devait pas suffire pour entraver la marche de la procédure. Aussi, et comme garantie contre cet abus, le législateur a-t-il exigé que l'exception invoquée fût fondée sur des motifs la rendant vraisemblable.

62. — Aux termes de l'art. 182, elle est réputée vraisemblable lorsqu'elle se fonde « soit sur un titre apparent, soit sur des faits de possession équivalents, personnels au prévenu et articulés avec précision. » En exigeant un titre apparent, l'art. 182 n'a pas eu pour but de rendre plus rigoureuse au prévenu l'obligation qui lui est imposée de représenter un titre ; il a voulu, au contraire, montrer qu'il suffisait que le titre représenté rendît vraisemblable le droit dont excipait l'inculpé. Le tribunal répressif aura donc à apprécier si, eu égard aux preuves ou commencement de preuve fourni par l'inculpé, le droit dont il excipe est ou non vraisemblable; si les faits allégués lui semblent ou non fondés; si enfin les titres représentés lui paraissent de nature à faire accueillir l'exception. Dans le cas de l'affirmative, le tribunal répressif devra s'arrêter à l'exception proposée; dans le cas contraire, il passera outre au jugement de l'action publique : c'est, notamment, la conduite qu'il aurait à tenir si le titre allégué par le prévenu était contredit par des titres diamétralement opposés aux prétentions de l'inculpé ou par un jugement passé en force de chose jugée ayant déjà divisé la question civile contrairement à l'allégation de l'inculpé. La décision, du reste, rendue sur ce point par le tribunal échappe à la censure de la Cour de cassation. (Cass., 5 janv. 1855.)

63. — Il n'y a pas contradiction entre le droit accordé au tribunal répressif d'apprécier le fondement de l'exception préjudicielle et la nécessité qui lui est imposée, s'il trouve le droit vraisemblable, de renvoyer devant le tribunal civil : cette situation se justifie parfaitement. On demande au tribunal répressif de surseoir : c'est alors à lui qu'il faut attribuer le droit de connaître si les conditions du sursis existent ou non. Que s'il s'agissait d'une fin de non-recevoir, déjà proposée devant une autre juridiction, il est certain que le tribunal répressif ne pourrait en connaître, même au point de vue de la vraisemblance du droit allégué; ici, au contraire, il s'agit de savoir si le droit allégué peut ou non être produit devant la juridiction civile, afin que de la sentence qui le reconnaîtra il résulte une fin de non-recevoir contre le jugement de la chose publique. Ici, évidemment comme dans les autres hypothèses, par exemple pour décider si

une partie a ou non le droit d'interjeter appel, le tribunal répressif serait compétent. « Il serait déraisonnable, disons-nous avec Mangin, d'obliger un tribunal à arrêter le cours de la justice, sous prétexte que le prévenu se propose de faire valoir certains droits, lorsqu'il est constant ou que ces droits n'ont pas existé ou qu'il a perdu la faculté de s'en prévaloir. »

64.—Ces principes n'ont point leur origine dans la disposition de l'art. 182 C. forest. Avant même que cet article fût écrit, la jurisprudence les appliquait : c'est ainsi que la Cour de cassation avait décidé, même antérieurement à la rédaction de l'art. 182, que si un inculpé excipait d'un droit de propriété pour se faire absoudre d'un délit forestier, le tribunal ne devrait surseoir « que s'il rapportait des titres ou des faits rendant sa prétention vraisemblable ; » que les tribunaux correctionnels saisis de questions préjudicielles fondées sur des droits réels immobiliers opposés à la poursuite ne devraient les admettre qu'autant « que les droits invoqués seraient fondés sur des titres apparents ou des faits de possession équivalents. » On voit par ce qui précède que l'art. 182 ne fait que reproduire les règles déjà admises par la jurisprudence, et sanctionnait une pratique suivie déjà depuis longtemps.

65. — Aussi généraliserons-nous la disposition de l'art. 182, et devrons-nous appliquer les règles qui précèdent toutes les fois que le prévenu d'un délit quelconque, forestier ou non, excipera d'un droit réel immobilier rentrant dans la compétence exclusive de la juridiction civile.

66. — Si le droit réel invoqué par le prévenu n'était pas contesté par la partie poursuivante, le tribunal répressif pourrait *de plano* accueillir l'exception et renvoyer le prévenu des fins de la poursuite, sans prononcer de renvoi devant la juridiction civile. Nous ajouterons même, avec M. Bertauld, que si le droit réel ne semblait pas sérieusement contestable, ici encore le tribunal devrait accueillir *de plano* l'exception préjudicielle et renvoyer l'inculpé de la poursuite. Si, en effet, nous reconnaissons au tribunal répressif le droit de décider si l'exception proposée est ou non vraisemblable, il y a même raison de lui permettre, dans ces deux cas, d'accueillir directement l'exception préjudicielle.

IV. 67. — *Procédure des exceptions préjudicielles au jugement fondées sur un droit réel immobilier.*

Lorsque le prévenu a opposé à la poursuite du ministère public se produisant devant le tribunal répressif une exception fondée sur un droit réel immobilier dont l'existence justifierait sa conduite, que doit faire le tribunal répressif? Cette exception est préjudicielle au jugement, c'est-à-dire que, sans dessaisir le tribunal répressif de l'action criminelle, elle doit du moins amener une suspension de la procédure. Il doit décider si l'exception est ou non recevable d'après les principes que nous venons de développer, rechercher si l'exception se présente dans des conditions telles qu'elle doive être admise, et, en cas d'affirmative, sans avoir à apprécier le fond, il renvoie devant la juridiction civile la question préjudicielle, attendant désormais la décision de celle-ci pour statuer lui-même sur le fond. Le rôle du tribunal répressif devra donc se borner à un examen superficiel des titres produits par le prévenu et du droit qu'il invoque; sa seule mission est de rechercher s'il est vraisemblable ou non que le prévenu ait un titre qui fournisse une explication légale de sa conduite qui lui permette de dire : *Feci, sed jure feci.* Quant à statuer au fond sur la valeur du titre ou des faits allégués, il est incompétent: c'est la mission de la juridiction civile ; autrement il violerait une règle de la compétence.

Pourtant, si le titre existant entre les mains du prévenu avait été déjà repoussé par un jugement passé en force de chose jugée, le tribunal répressif pourrait décider que l'exception n'est pas recevable ; mais le moindre doute doit entraîner le sursis.

68. — Il n'est pas du reste nécessaire, lorsque le prévenu a allégué une exception préjudicielle se présentant dans des conditions suffisantes de recevabilité, qu'il conclue formellement à son renvoi devant la juridiction civile pour que le tribunal répressif prononce le sursis: il suffit que l'exception ait été proposée : l'art. 182, en effet, n'énonce aucune autre condition que celles que nous avons déterminées plus haut. C'est là, du reste, ce que décide la Cour suprême.

69. — A quel moment de l'instance doit se produire cette exception? Comme elle est de nature à faire disparaître toute infraction, en la supposant fondée, elle a donc le caractère d'exception péremptoire. Par suite, comme toutes les exceptions de cette nature, elle pourra se produire en tout état de cause, c'est-à-dire tant qu'une décision définitive n'aura pas été prononcée sur l'infraction : ainsi n'aurait-t-elle pas été opposée devant le premier degré de juridiction qu'elle pourrait l'être en appel pour la première fois.

70. — Toutefois, à l'exemple des exceptions dilatoires, avec lesquelles l'exception préjudicielle n'est pas sans analogie,

celle-ci doit donc être proposée avant le jugement sur le fond. Si, sans la proposer, l'inculpé se laisse condamner sur l'action principale, elle ne pourra plus être soumise devant le même degré de juridiction.

Ainsi proposée l'exception préjudicielle doit être admise par le tribunal répressif, sous peine de commettre un abus de pouvoir en passant outre au jugement de l'infraction.

71. — Nous savons que si le titre invoqué par le prévenu n'est l'objet d'aucune contestation, le tribunal répressif n'a pas besoin d'ordonner le renvoi et peut examiner seul, sans surseoir, si l'infraction disparaît ou non avec la constatation du droit réel allégué ou s'il la laisse subsister. Dans le premier cas, il renvoie *de plano* le prévenu des frais de la poursuite ; il connaît au contraire de l'infraction dans le second cas. Mais lorsque la partie plaignante, après avoir contesté le droit réel immobilier invoqué par l'inculpé au début de l'instance, vient ensuite à le reconnaître, le tribunal répressif doit l'acquitter sans avoir à prononcer un renvoi que la reconnaissance de la partie plaignante a rendu inutile. Mais, par cela seul que le titre invoqué par le prévenu est l'objet d'une contestation et soulève des discussions, le sursis devient obligatoire pour la juridiction répressive ; elle ne pourrait pas, même lorsqu'elle reconnaît que la contestation du droit du prévenu n'est pas fondée et que l'inculpé est réellement titulaire du droit qu'il invoque, le relever de la plainte en statuant sur le droit réel immobilier invoqué par le prévenu ; elle doit encore prononcer le sursis.

72. — Dès lors, le rôle du tribunal répressif va devenir différent, suivant qu'il a admis ou repoussé l'exception préjudicielle proposée par l'inculpé. La considère-t-il comme mal fondée, il passe outre au jugement du fond, sauf pour le prévenu son droit d'appel ; la reconnaît-il fondée, il a l'obligation de prononcer un sursis et de renvoyer devant les tribunaux civils. Passer outre et prononcer sur l'infraction, ce serait violer les règles de la compétence.

73. — A cela, du reste, se bornera la mission du tribunal répressif. Il ne pourra prescrire aucune mesure provisoire sur ce qui fait l'objet de la question préjudicielle. En prononçant le sursis pour permettre à la juridiction civile de statuer sur l'exception préjudicielle, le tribunal répressif a, par là même, reconnu qu'il ne pouvait, sans enfreindre les dispositions établies par la loi, statuer sur toutes les questions provisoires se rattachant aux

questions préjudicielles dont la connaissance lui est enlevée. C'est au juge du fond qu'il appartient de prendre les mesures, et ce serait une erreur de permettre, avec Carnot, au tribunal répressif le droit de prendre ces mesures provisoires, alors qu'on lui enlève la connaissance du fond.

74. — Bien plus, il arrive parfois que, pendant l'instance devant la juridiction criminelle, le prévenu renouvelle les actes pour lesquels il est poursuivi : il est évident qu'ici encore le tribunal répressif n'aura à prononcer aucune condamnation à raison de ces nouveaux faits ; car si l'exception préjudicielle invoquée par le prévenu se trouve justifiée, elle emporte la justification de l'inculpé, aussi bien pour les faits nouveaux que pour les actes antérieurs à la poursuite et qui l'ont motivée. Ne pouvant connaître de ces derniers, le tribunal répressif ne peut évidemment se prononcer sur les autres.

75. — Il ne faudrait pas voir des mesures provisoires dans les précautions prises par l'autorité administrative, mesures complètement indépendantes de la propriété ou de la non-propriété. C'est ainsi que, sur un chemin livré au public dont le prévenu réclame la propriété, alors qu'il est poursuivi pour l'avoir encombré, le tribunal répressif pourra ordonner provisoirement que les matériaux qui l'encombrent soient enlevés, bien qu'il renvoie la question de propriété devant la juridiction civile.

En un mot, le tribunal répressif devant lequel l'exception préjudicielle est soulevée prononce le renvoi devant la juridiction civile, lorsque cette exception, invoquée par le prévenu, réunit les conditions étudiées plus haut ; mais il ne doit pas pour cela se dessaisir complètement, ni déclarer dès à présent l'action publique non recevable ; il doit se borner à surseoir, en réservant les dépens.

76. — Lorsque le tribunal répressif a annulé l'exception préjudicielle et prononcé le renvoi devant le tribunal civil, il doit fixer un délai pendant lequel le prévenu devra saisir le tribunal compétent. Il ne fallait pas laisser indéfiniment l'action publique en suspens et interrompre trop longtemps la poursuite criminelle. Remarquons que la fixation de ce délai est une obligation pour le tribunal répressif. S'il ne le fixait pas, le ministère public aurait toujours le droit de revenir devant le tribunal répressif pour le faire déterminer. Nous savons, en effet, que l'admission de l'exception préjudicielle n'entraîne qu'un sursis, sans dessaisir complètement le tribunal répressif.

77. — Lorsqu'un premier délai a été accordé à l'inculpé et que le tribunal lui-même le reconnaît insuffisant pour obtenir une décision de la juridiction civile, il peut en accorder un nouveau ; toutefois ce second délai ne pourrait être accordé qu'autant que l'instance criminelle n'aurait pas été reprise par le ministère public, faute d'avoir, par le prévenu, justifié des diligences nécessaires dans les délais qui lui étaient accordés. On suppose, dans ce cas, que le prévenu a renoncé à l'exception préjudicielle, ou reconnu qu'elle n'était pas fondée. (Cass. 11 fév. 1837.)

78. — Lorsque le tribunal répressif a prononcé le renvoi sans déterminer de délai au prévenu pour faire ses diligences devant la juridiction civile, cette omission ne peut entraîner pour l'inculpé la déchéance de son droit. On ne peut, en effet, lui reprocher ici de n'avoir pas obéi au jugement le renvoyant devant la juridiction civile ; il ne peut être présumé avoir renoncé à son exception ou l'avoir reconnue mal fondée ; aussi déciderons-nous avec un arrêt que la question de droit réel invoquée par le prévenu est toujours nécessaire, et que, dans ce cas, la condamnation ne peut avoir de base légale. (Cass. 10 août 1821.)

79. — Envisagé au point de vue de sa validité, le jugement rendu par le tribunal répressif, omettant de fixer un délai, devra être cassé, puisqu'il viole une loi positive. M. Mangin n'admet cette solution que dans les hypothèses de délit forestier (art. 182) et délit de pêche fluviale (art. 59). En dehors de ces deux hypothèses, il n'admet la cassation que dans le cas où le tribunal répressif aurait refusé de déterminer un délai ; mais s'il avait simplement omis de le fixer, il n'y aurait qu'à revenir devant le tribunal répressif pour réparer cette omission, le tribunal répressif ne devant déterminer de délai que quand il en est requis.

80. — Nous repoussons cette distinction, et, généralisant les art. 182 et 59, nous en appliquons les dispositions à tous les cas ; toutefois nous admettons que si, avant tout pourvoi du ministère public, en quelque matière que ce soit, un nouveau jugement avait fixé un délai, la nullité du premier serait couverte, personne n'étant plus intéressé à le demander.

81. — Après le jugement rendu par le tribunal répressif renvoyant l'exception préjudicielle devant la juridiction compétente, c'est au prévenu qu'il appartient de saisir cette juridiction. L'art. 182 du Code forestier dit en effet : « Dans le cas de renvoi à fins civiles, le jugement fixera un bref délai dans lequel la partie qui aura élevé la question préjudicielle devra saisir les juges compétents de la connaissance du litige et justifier de ses diligences; sinon il sera passé outre. » Le texte est donc formel; autrement, en restant inactif, l'inculpé aurait pu paralyser à son gré l'action publique intentée par le ministère public. Devenu demandeur pour l'exception préjudicielle, c'est au prévenu qu'il appartient de saisir la juridiction civile et de justifier son exception. Il est vrai que c'est à la partie poursuivante qu'il appartient d'établir la preuve du fait incriminé, et la solution que nous donnons avec le texte de l'art. 182 paraît le contraire de ce principe : il semblerait que c'est au ministère public, puisque c'est lui qui poursuit, à prouver que l'inculpé n'est pas propriétaire du terrain objet de l'infraction donnant lieu à la poursuite. Mais, outre qu'il serait difficile d'imposer au ministère public la preuve de ce fait négatif, il ne faut pas oublier non plus que le ministère public est sans qualité pour poursuivre les actions civiles; qu'il ne peut faire assigner l'inculpé devant le tribunal civil pour faire statuer sur le droit réel invoqué par celui-ci.

82.— Cette solution, admise généralement lorsque l'infraction a été poursuivie d'office par le ministère public, est, au contraire, très-controversée lorsque l'action publique a été mise en mouvement par la plainte de la partie lésée, surtout en dehors des deux cas prévus par les art. 182 et 59 : délits forestiers et délits de pêche fluviale. M. de Molènes surtout s'est montré l'adversaire convaincu du système qui imposerait au prévenu l'obligation de prouver l'existence du droit réel dont il excipe : « Voilà donc, dit-il, un prévenu contre lequel la partie poursuivante devrait tout prouver, suivant les règles ordinaires du droit criminel, qui est obligé de prouver son innocence en établissant à grands frais qu'il est propriétaire ou possesseur du terrain sur lequel on lui impute d'avoir commis un délit : le texte de la loi est positif. Qu'on doive l'appliquer aux matières forestières pour lesquelles il est fait, aucun doute ne peut s'élever; mais a-t-il ici encore force de loi générale ? » M. de Molènes se décide pour la négative: « Le principe qui sert de base à l'instruction criminelle, parce que la sécurité individuelle y est attachée, c'est que c'est à l'accusation à fournir la preuve de tout ce qu'elle avance. Le prévenu ne doit rien avoir à faire pour se justifier, si sa culpabilité n'est pas démontrée par le ministère public. On le poursuit, il allègue son droit ; si l'allégation est sans fondement, on doit passer outre ; mais si cette allégation est assez sérieuse pour faire naître le doute, c'est au ministère public à prendre les mesures nécessaires pour lever les doutes dans le sens de la culpabilité, et non pas au prévenu à produire à ses frais la preuve que le doute doit être levé dans le sens de l'innocence ; car le seul doute doit amener un acquittement, et le prévenu n'a plus rien à demander. — Voyez, poursuit-il, comme il est contraire à l'équité de mettre à la charge du prévenu l'obligation d'intenter une action civile pour se justifier : s'il succombe au civil, il aura travaillé à sa perte en donnant contre lui-même à la juridiction correctionnelle un élément de condamnation qu'elle n'avait pas. La justice peut-elle rien exiger de tel ? S'il gagne son affaire au civil, il sera démontré par là que la poursuite correctionnelle dirigée contre lui est injuste ; et on lui aura fait subir toutes les lenteurs, tous les frais et faux frais, toutes les inquiétudes qui sont le cortége des procès, pour parvenir à rentrer dans un état de repos qui n'aurait pas dû être troublé. Y a-t-il là quelque chose d'équitable ?

» Et quelle singulière action on le force à intenter ! une action dans laquelle il n'a rien autre chose à demander sinon que le droit qu'il a allégué en police correctionnelle soit déclaré lui appartenir !

» Loin qu'il en doive être ainsi, je crois que ce sont des considérations toutes différentes qui doivent être adoptées. Le fait qui donne lieu à la poursuite correctionnelle est ou un délit ou un acte de possession ; le but du procès-verbal est sinon détruit entièrement, du moins paralysé, et les juges sont dans l'incertitude sur le véritable caractère du fait.

» Dans cet état de choses, que faire ? faut-il appliquer la règle : *reus excipiendo fit actor ?* Mais quand le prévenu est parvenu à faire naître le doute dans l'esprit des juges, il n'est plus *reus* dans le sens de la loi criminelle ; il n'a rien à prouver. Il dit : « L'acte que vous me reprochez est lui-même la preuve de ma possession : *possideo quia possideo.* Votre procès-verbal prouve un fait que je ne conteste pas, et il ne prouve pas (dans l'espèce) pour la commune la possession que je lui conteste. Si la commune soutient que c'est elle qui possède et que je l'ai troublée, qu'elle forme contre moi une action possessoire ; qu'elle fasse la preuve sur tous les points : *onus probandi incumbit ei qui dicit.* Je fais devant le tribunal correctionnel toutes les productions et assertions qui peuvent l'éclairer; m'astreindre en outre à obtenir un jugement civil pour en justifier comme d'un titre serait un renversement de principes (1). »

83. — Si séduisants que soient les arguments exposés par M. de Molènes, nous ne pouvons nous rattacher à son opinion, contredite du reste par la presque unanimité des auteurs, et nous maintenons à la charge du prévenu de faire les diligences devant le tribunal civil, d'y fournir les preuves du droit réel immobilier dont il excipe, et cela soit que le ministère public ait poursuivi d'office ou sur la plainte de la partie lésée ; qu'il s'agisse de délits forestiers, de pêche fluviale ou de toute autre infraction : c'est que, devenu demandeur devant la juridiction civile dans une exception, c'est évidemment à lui, conformément aux principes, qu'il appartient d'établir l'exception invoquée : *reus excipiendo fit actor*. Le fait incriminé est prouvé par le ministère public, l'acte délictueux est établi ; au prévenu donc à démontrer qu'il avait un droit lui permettant d'agir ainsi : qu'il se défende. — Nous savons, du reste, que les dispositions des art. 182 et 59 de la loi de 1829 ne doivent pas être spécialement restreintes aux délits de pêche fluviale et forestiers ; leurs dispositions doivent être généralisées : c'est un point acquis. Il serait donc difficile d'admettre que des dispositions présentant ordinairement une application générale dussent, spécialement pour ce qui concerne la preuve à fournir par le prévenu du droit réel qu'il invoque, être restreintes aux délits forestiers et de pêche fluviale. (Cass., 13 septembre 1845 ; 10 mai 1853.)

84. — Il ne faudrait pas exagérer la portée de l'art. 182 et en tirer cette conséquence que le prévenu, obligé de saisir la juridiction compétente, doit nécessairement agir au pétitoire. Loin de là : lorsque le prévenu a seulement une possession annale utile, il peut très-bien se pourvoir au possessoire et se faire maintenir dans sa possession légale, sans soulever la question de propriété. Si le prévenu s'est contenté d'agir au possessoire, le jugement qu'il aura obtenu le fera considérer comme propriétaire et lui permettra de repousser l'action intentée contre lui.

Quant à la personne qui se sera portée partie civile, elle pourra agir au pétitoire pour faire reconnaître son droit de propriété ; mais la décision rendue au possessoire en faveur du prévenu sera suffisante pour empêcher la prononciation d'une peine

(1) M. de Molènes, *Fonct. du proc. du roi*, t. II, p. 261 et suiv.

contre lui. Il a, en effet, tant que la décision intervenant au pétitoire et l'évinçant n'a pas été rendue, tous les droits d'un propriétaire. Son titre de possesseur légal est suffisant pour enlever
à l'acte tout caractère délictueux ; le fait civil reste, et avec lui
une action en restitution de fruits et en dommages-intérêts, qui
est essentiellement de la compétence du tribunal civil et dont le
tribunal répressif ne pouvait connaître.

85. — Lorsque les délais déterminés par le tribunal répressif
sont expirés, c'est au prévenu à justifier de ses diligences. Ce
que le tribunal répressif veut, c'est s'assurer que l'exception invoquée par le prévenu est sérieuse et qu'il ne l'a pas soulevée
dans le but unique d'apporter des entraves aux poursuites du
ministère public. Aussi une simple citation devant le juge
compétent serait-elle insuffisante pour établir les diligences: il
faut qu'il prouve qu'il met de l'activité dans les poursuites. Toutefois le tribunal répressif ne peut exiger qu'il rapporte un jugement du tribunal civil dans un délai déterminé : il ne lui appartient pas de hâter l'expédition des affaires civiles. Ce serait au
tribunal répressif à apprécier si, oui ou non, le prévenu a fait les
diligences nécessaires ; il y a là une question abandonnée à la
sagesse du tribunal : que le prévenu justifie qu'il a fait toutes les
diligences qui étaient en son pouvoir, et cela suffira.

86. — Si le prévenu ne justifie pas de ses diligences dans les
délais fixés, il sera passé outre, dit l'art. 182, et alors il sera statué
immédiatement sur le fait incriminé. Remarquons que le tribunal répressif ne deviendra pas pour cela compétent pour juger
l'exception ; mais il statuera absolument comme si le prévenu
ne l'avait pas proposée. On verra dans l'inaction du prévenu soit
une reconnaissance du droit de son adversaire, soit une renon-
ciation seule à son exception : *exceptionem remittere videtur.*

87. — C'est qu'en effet, en prononçant le renvoi, le tribunal
répressif n'avait pas cessé d'être saisi de la plainte ; seul il a conservé le droit de connaître de la prévention, et son incompétence
pour la question préjudicielle soulevée ne peut être pour lui l'occasion de se dessaisir de la poursuite criminelle.

88. — Loin de là : lorsqu'il ordonne le renvoi devant la juridiction civile, il doit d'autant moins se dessaisir que parfois la
vérification même du fait allégué par le prévenu dans l'exception préjudicielle peut laisser subsister un délit. Aussi est-ce
avec raison que la Cour de cassation a décidé qu'un tribunal
correctionnel, tout en faisant droit à la question préjudicielle

soulevée devant lui, devait se réserver le droit de prononcer ultérieurement s'il pensait que la décision du tribunal civil n'excluait pas la possibilité d'un délit. (Cass., 14 octobre 1824.)

89. — Mais, quoique saisi, tant que les délais ne sont pas expirés, le tribunal répressif ne peut statuer sur l'exception. Toutefois la seule expiration des délais n'entraîne pas fatalement pour le prévenu la déchéance de son exception préjudicielle : il faut que les poursuites aient été reprises et qu'au préalable il ait été de nouveau cité devant le tribunal criminel ou la partie plaignante, pour de nouveau justifier de ses diligences.

90. — Il peut arriver cependant que, même après l'expiration des délais, le droit invoqué par le prévenu ait été judiciairement reconnu. En faisant cette constatation avant le jugement de l'infraction, celle-ci eût été anéantie. Faite après la sentence, l'exécution de celle-ci doit être suspendue : « Toutefois, dit l'art. 182, en cas de condamnation, il sera sursis à l'exécution du jugement sous le rapport de l'emprisonnement, s'il était prononcé, et le montant des amendes, restitutions et dommages-intérêts sera versé à la caisse des dépôts et consignations, pour être remis à qui il sera ordonné par le tribunal, qui statuera sur le fond du droit. » Le législateur a omis à tort d'indiquer pendant combien de temps devait durer cette suspension de l'exécution. Faut-il admettre que le prévenu est libre à faire statuer quand il le voudra sur l'exception préjudicielle, et de suspendre ainsi indéfiniment le jugement sur la poursuite criminelle en s'abstenant d'obtenir la décision de la juridiction civile ? Lorsqu'il y a dans l'instance une partie civile, celle-ci pourra saisir la juridiction compétente et donner force exécutoire au jugement rendu par le tribunal répressif, en obtenant de la juridiction civile, en sa faveur, une décision sur l'exception préjudicielle. Mais voudra-t-elle toujours se charger d'un procès, y jouer le rôle de demanderesse, pour obtenir des dommages-intérêts ? Si elle n'agit pas, ou si le prévenu n'a pour adversaire que le ministère public, à quel moment la décision du tribunal répressif pourra-t-elle recevoir son exécution ? Il y a là une sérieuse difficulté. Nous ne pouvons reconnaître, en effet, au ministère public le droit de faire juger par la juridiction civile la question préjudicielle. D'un autre côté, on ne peut suspendre indéfiniment le jugement de la juridiction répressive. Trouverons-nous dans les art. 197, 376 C. inst. crim., permettant au ministère public d'assurer l'exécution des jugements criminels,

le pouvoir de passer outre et de faire exécuter la décision, ou bien appartiendra-t-il aux tribunaux répressifs qui ont prononcé la condamnation d'assurer l'exécution de la sentence? car on leur reconnaît le droit d'assurer l'exécution de leurs jugements en ce qui concerne l'emprisonnement. C'est à cette dernière opinion que nous nous rangeons. Nous croyons qu'il appartient au ministère public de saisir le tribunal répressif qui a rendu le jugement et de faire décider par ce tribunal que, à défaut, de la part du prévenu, de diligence pour faire statuer sur la question préjudicielle, il sera passé outre à l'exécution de la sentence.

91. — Que cette suspension de l'exécution du jugement rendu par le tribunal répressif s'applique pour les délits forestiers ou de pêche fluviale, cela n'est pas douteux en présence des deux textes des art. 59 et 182. Mais étendrons-nous cette disposition à toutes les autres infractions? D'après Mangin, cette disposition doit être appliquée à ces deux hypothèses exclusivement. Le caractère exceptionnel qu'elle revêt ne permet pas de l'étendre d'un cas à un autre... Nous ne croyons pas devoir partager cet avis. Si les art. 59 et 182 forment désormais le droit commun pour toute exception fondée sur un droit réel immobilier invoqué par un inculpé incidemment à une poursuite devant un tribunal répressif, nous ne voyons pas comment, généralisant les premières dispositions de nos textes, il faudrait au contraire en restreindre l'application de la dernière disposition; il y a, du reste, pour tous les cas, même raison de décider: *ubi eadem ratio, ibi idem jus.*

92. — Lorsque l'inculpé ne représente pas une décision du tribunal civil sur l'exception préjudicielle, le tribunal répressif pourra renvoyer l'inculpé, s'il ne trouve pas l'infraction fondée ni l'existence des conditions exigées pour l'application de la loi pénale. L'inculpé pourra du reste se défendre et démontrer soit l'inexistence de l'infraction, soit que la loi pénale ne peut l'atteindre, étant données les conditions du fait incriminé, soit enfin que le fait accompli ne peut lui être imputé. Ce moyen de défense pourra se produire en tout état de cause, car, l'exception étant péremptoire du fond, il ne peut jamais y avoir de forclusion.

93. — Il nous reste, pour terminer ce qui concerne les exceptions préjudicielles relatives à un droit réel immobilier, à déterminer quels sont les effets attribués à la décision du tribunal

civil, et quel degré d'autorité doit lui être attribué. — Une double hypothèse peut se présenter : en comparaissant de nouveau devant la juridiction répressive, l'inculpé peut produire un jugement du tribunal civil reconnaissant à son profit le droit réel dont il a excipé, ou au contraire le rejetant de sa prétention.

S'il produit une décision qui lui soit favorable, le tribunal répressif doit l'absoudre et renvoyer l'inculpé des fins de la poursuite. « *Feci, sed jure feci,* » disait-il en proposant son exception. La vérification qui en a été faite par le tribunal civil justifie pleinement son allégation.

94. — Toutefois remarquons que ce résultat ne serait obtenu qu'autant que la vérification de l'exception préjudicielle ne laisserait subsister aucune infraction. Si donc, même dans l'hypothèse où le droit réclamé invoqué par le prévenu serait reconnu fondé, il existait encore un fait délictueux contre l'inculpé, la décision du tribunal civil n'entraînerait pas nécessairement le renvoi de l'inculpé des fins de non-recevoir de la poursuite. Du reste, en prononçant le sursis, le tribunal répressif n'aurait pas besoin de se réserver expressément le droit de se prononcer ultérieurement, s'il présumait que l'infraction subsisterait encore contre l'inculpé après la vérification du droit réel par le tribunal civil; la prononciation du sursis ne le dessaisira pas de suite : il pourra se prononcer encore après la représentation de la décision civile, avec une entière indépendance.

95. — Si la décision civile avait, au contraire, refusé au prévenu le droit allégué, le tribunal répressif aurait à apprécier souverainement l'infraction dont il est saisi, d'après les éléments qui lui auront été fournis par l'instruction et les conditions de la loi pénale. Il décidera comme si l'exception n'avait pas été proposée, condamnant ou acquittant le prévenu, suivant qu'il se trouve coupable ou non, sans avoir à tenir compte de la décision rendue par la juridiction civile.

96. — Si, pendant l'instance devant le tribunal civil, il était intervenu entre la partie civile et l'inculpé une transaction sur la question soumise au tribunal, cette convention ferait-elle, comme un jugement rendu en faveur de l'inculpé, tomber l'action du ministère public, si la partie plaignante reconnaissait le droit de l'inculpé ? La transaction consentie par la partie plaignante aura, à notre avis, le même effet qu'un jugement ayant donné gain de cause au prévenu, pourvu, bien entendu, que la

reconnaissance du droit fasse ici encore disparaître toute infraction. Si le plaignant reconnaissait lui-même devant le tribunal
répressif le droit dont exciperait l'inculpé, il ne serait pas douteux que cette reconnaissance n'emporte renvoi de l'inculpé des
fins de la poursuite. Nous ne voyons pas de motifs sérieux pour
adopter une solution différente, lorsque cette reconnaissance est
l'objet d'une transaction intervenant en dehors de l'instance.

97. — Une dernière question, qui s'est présentée devant la Cour
de Poitiers en 1855, se rattache à cette matière. La juridiction
civile, après avoir déclaré fondée l'exception invoquée par l'inculpé, pourra-t-elle condamner le plaignant partie civile à des
dommages-intérêts pour avoir occasionné à l'inculpé une poursuite répressive injuste ou vexatoire, par la plainte qu'il a
adressée aux autorités judiciaires, ou par l'action directe qu'il
lui a intentée comme partie civile? Un arrêt du 2 janvier 1855,
de la Cour de Poitiers, a adopté l'affirmative; mais la Cour de cassation semble avoir repoussé le principe adopté d'une manière
absolue par la Cour de Poitiers. Il nous semble, en effet, que c'est
à la juridiction saisie d'un procès qu'il appartient exclusivement
d'apprécier le caractère et les conséquences préjudicielles de ce
procès (Dall., P., 56, 1, 88).

SECTION II.

QUESTIONS PRÉJUDICIELLES DIVERSES.

SOMMAIRE.

98. — L'état d'époux peut servir de fondement à un certain nombre de questions préjudicielles au jugement dont nous devons présenter l'examen en traitant de questions préjudicielles de natures diverses que nous ne pouvions réunir sous un même titre. Ces questions se présenteront surtout dans les cas de bigamie, d'adultère, de rapt. Le crime de bigamie suppose, en effet, un premier mariage valable au mépris duquel une seconde union a été contractée; l'adultère n'existe que s'il y a mariage entre la personne qui se plaint de l'acte délictueux et celle qui l'a accompli.

I. 99. *Bigamie.* Lorsqu'un individu est accusé de bigamie, et qu'il se prévaut en justice de la nullité du premier ou du second mariage, cette exception suspend-elle l'exercice de l'action publique, et entraîne-t-elle un renvoi devant la juridiction civile? La nullité soit du premier mariage au mépris duquel une seconde union a été contractée, soit de la seconde union, met obstacle au crime de bigamie, dont l'existence suppose nécessairement un mariage valable. Lorsque l'accusé se prévaut de la nullité du premier mariage, par exemple, le tribunal répressif peut-il connaître de cette exception, ou doit-il renvoyer devant la juridiction civile? Cette question divise profondément la doctrine, et a reçu de la jurisprudence différentes interprétations.

100. — Dans un premier système, le tribunal répressif sera compétent pour connaître de la nullité du mariage invoqué par l'accusé. Traduit devant la Cour d'assises pour le crime de bigamie (C. pén., art. 340), l'accusé, en invoquant la nullité de son premier mariage, obtiendra l'acquittement si cette nullité est vérifiée. Peu importe, du reste, la nature de cette nullité : relative ou absolue, qu'il s'agisse du second ou du premier mariage, il suffit qu'il puisse l'invoquer; par suite, s'il s'agissait d'une nullité simplement relative n'étant pas encore couverte, l'acquittement s'ensuivrait. Or cette vérification ne doit pas entraîner nécessairement le renvoi devant la juridiction civile, sauf au

tribunal répressif à statuer d'après les règles et suivant les formes du droit civil.

101. — Sur quoi, en effet, se fonderait l'incompétence du tribunal répressif? où trouverait-on un texte le déclarant incompétent pour statuer incidemment à une poursuite criminelle sur une question de mariage? Au contraire, le Code civil nous offre une preuve évidente de sa compétence : l'art. 198 nous montre, en effet, la preuve du mariage pouvant résulter d'une procédure criminelle. Les dispositions des art. 181 et 59 de la loi de 1829 ne sauraient non plus offrir aucune analogie avec notre hypothèse. Dans ces derniers articles, il ne s'agit que de questions ayant trait exclusivement à des intérêts privés; ici, au contraire, l'intérêt social ne serait-il pas gravement compromis par cette incompétence du tribunal répressif, si l'on subordonnait la continuation de la poursuite d'un bigame à la décision du tribunal civil? ne serait-ce pas contraire au principe d'indépendance de l'action publique, aux règles mêmes qui admettent sa supériorité sur l'action civile?

102. — Il faut pourtant reconnaître que l'art. 189 C. civ. semble contredire cette opinion. Mais, en le rapprochant de l'article qui le précède, on parvient à en préciser le sens et à démontrer qu'il n'infirme en rien ce système. Que disent en effet les art. 188, 189? « L'époux au préjudice duquel il a été contracté un deuxième mariage peut en demander la nullité du vivant même de l'époux qui était engagé avec lui. » — « Si les nouveaux époux opposent la nullité du premier mariage, la validité ou la nullité du mariage doit être jugée préalablement. » Ces dispositions, bien comprises, n'offrent aucun cas de renvoi devant la juridiction civile. Lorsqu'en effet un époux revendique son titre de conjoint, rien de plus naturel que de vérifier préalablement son titre : « la validité ou la nullité du mariage doit être jugée préalablement; » l'art. 189 règle ici la marche de la procédure. Mais, lorsque c'est le ministère public qui poursuit, nous n'avons plus besoin de vérifier le titre du poursuivant : sa qualité n'est plus en cause. Faire statuer sur le crime de bigamie, voilà son rôle; or que suppose ce crime? un premier mariage valable, dont le second ne serait que la violation. Comment séparer l'examen de ces deux faits, comment en attribuer la connaissance à deux juridictions différentes? ne serait-ce pas donner à l'art. 189 une extension qu'il ne comporte pas, l'appliquer à une hypothèse pour laquelle il n'a pas été fait, comme

le prouve du reste son rapport avec l'art. 188, que de vouloir l'appliquer toutes les fois que la nullité du mariage sera mise en question? Mais, encore une fois, la validité ou la nullité du premier mariage est une question inséparable de la connaissance du crime de bigamie : il doit y avoir pour ce fait un juge unique devant connaître de tous les éléments du crime, afin de pouvoir de la sorte apprécier équitablement la culpabilité.

Du reste, lorsque le législateur a écrit l'art. 189, il ne pouvait songer à formuler une disposition qui fût applicable au ministère public comme aux particuliers; en 1801, il réglait les questions civiles exclusivement. Or aucun texte, dans la législation criminelle, ne contient une règle semblable.

103. — Aussi est-ce au jury, juge du fait, que nous attribuons l'appréciation de validité du premier mariage. Question difficile, délicate, sur laquelle il aura à se prononcer, mais qui ne présente pas plus de difficultés que celles que soulève parfois la tentative ou le faux, et dont on n'hésite pas à lui attribuer la connaissance. Juge souverain du fait incriminé, c'est à lui que doit appartenir la connaissance de tous les éléments qui s'y rattachent, dussent-ils soulever des questions de droit (1)!

104. — Un second système contient une solution moins absolue : il faudrait établir une distinction entre la nullité du premier et la nullité du second mariage. Compétent pour connaître de la nullité de celui-ci, le tribunal répressif serait au contraire incompétent pour statuer sur la nullité *du premier*, et devrait renvoyer devant les tribunaux civils.

105. — Toutefois les auteurs qui ont admis ce second système se taisent complètement quant aux moyens par lesquels ils essaient de la justifier. Selon Merlin, cette distinction entre le premier et le second mariage serait la conséquence logique des principes de compétence applicables à la juridiction civile et à la juridiction criminelle. Lorsque, dans une accusation de bigamie, l'accusé oppose la nullité du *second* mariage, le tribunal répressif doit en connaître, parce que c'est le second mariage qui constitue le crime. Or, en matière de crimes et de délits, le tribunal répressif a une compétence illimitée; aucune borne ne la circonscrit, aucune réserve ne la modifie, aucune exception ne la limite. Qu'un crime ou qu'un délit soit articulé, les juges

(1) Bertauld, n° 86. — Demol., V, 251. — Bonnier, I, 231. — Duvergier, IX, 162.

criminels peuvent et doivent le rechercher, le poursuivre, le juger dans tous les éléments qui en forment la substance ; et si, parmi ces éléments, il se trouve une question de droit civil, ils peuvent, ils doivent la juger ni plus ni moins que si c'était une question de fait. Donc nul doute que le juge criminel à qui l'on dénonce un second mariage comme ayant le caractère de bigamie ne puisse juger tout à la fois si le deuxième mariage a été réellement contracté, ou s'il l'a été de manière à être valable, si l'existence du premier ne faisait pas obstacle à sa validité.

S'agit-il au contraire d'une exception fondée sur la nullité du *premier* mariage, le juge criminel est incompétent : il doit renvoyer devant les tribunaux civils. C'est qu'en effet le crime ne consiste ici que dans le second mariage, en supposant le premier valable ; l'accusé invoquant la nullité de ce premier mariage, le tribunal répressif se trouve donc incompétent, puisque le second mariage seul pourrait constituer le crime. Que le tribunal civil décide donc la question de validité ou de nullité du premier mariage, et alors, le second mariage constituant le crime, le tribunal répressif pourra trancher la question criminelle.

106. — Mangin, tout en admettant la même solution, la justifie par d'autres motifs. C'est, à son avis, l'art. 189 qui doit servir à établir ce système. Le législateur de 1804, prévoyant le cas de bigamie, donne, dans l'art. 188, au conjoint au préjudice duquel le second mariage aura été contracté, le droit d'en demander la nullité ; mais il soumet cette demande à la justification préalable de la validité de sa propre union lorsque l'accusé en oppose la nullité à l'action publique produite par le crime de bigamie. Or M. Portalis expliquait cette double disposition en disant : « Dans le concours de deux mariages, si l'époux délaissé peut attaquer le second comme nul, ceux qui ont traité ce second mariage peuvent également arguer le premier de nullité : ce qui est nul ne produit aucun effet. Un mariage non valablement contracté ne peut donc légalement motiver la cassation d'un nouveau mariage valable ; conséquemment, la question élevée sur la validité du premier mariage suspend nécessairement le sort du second. Cette question est un préalable qu'il faut vider avant tout. » Or, dit Mangin, ce serait là une preuve évidente que l'art. 189 consacre non pas seulement une exception dont le tribunal répressif pourrait connaître, mais bien une exception préjudicielle principale devant entraîner un renvoi devant la

juridiction civile, donnant naissance à une instance séparée, et dont le jugement doit nécessairement précéder la décision criminelle; par suite il doit en être de même devant le tribunal répressif lorsque la question de nullité du premier mariage s'élève incidemment à l'action criminelle pour le crime de bigamie. Mais aucune disposition semblable n'a trait à la nullité du second mariage.

Or, si tels sont les droits et les limites de la compétence du tribunal civil saisi d'une action civile en nullité, comment le tribunal criminel aurait-il des droits plus étendus? Le crime de bigamie engendre, il est vrai, comme tout crime, une action civile et une action publique; mais toutes deux n'ont-elles pas une base identique : l'existence d'un premier mariage valablement contracté? Pourquoi donc devrait-elle faire l'objet d'une vérification préalable, suspendre l'action civile des intéressés lorsque celle-ci se produit seule, et ne donnerait-elle lieu à aucun renvoi lorsque c'est la poursuite du ministère public devant le tribunal répressif qui met en cause la bigamie? n'y aurait-il pas là une atteinte aux principes? Lorsqu'en effet nous reconnaissons aux tribunaux criminels le droit de connaître des questions de droit civil, n'est-ce pas sous les mêmes conditions que la juridiction civile elle-même? Or celle-ci doit, aux termes de l'article 189, surseoir à l'action civile en nullité, et en faire l'objet d'une demande principale : le tribunal répressif doit être soumis aux mêmes règles et procéder au renvoi.

107. — Par suite, la nullité du premier mariage ne pouvait être que l'objet d'une demande principale, et, la juridiction criminelle n'étant compétente pour connaître des questions de droit civil que d'une manière incidente, cette question échappe à sa compétence et rentre dans le domaine des tribunaux civils; elle doit surseoir et renvoyer devant la juridiction civile.

108. — Enfin l'art. 357 C. pén. fournit un dernier argument. Lorsqu'un ravisseur poursuivi sur la plainte des parents de la fille enlevée oppose son mariage à la poursuite criminelle, mais que les parents en invoquent la nullité, le ravisseur ne peut être condamné qu'après que le mariage aura été déclaré nul. Ici encore la nullité du mariage devient l'objet d'une question préjudicielle devant être jugée séparément de l'action publique et par la juridiction civile.

109. — Ce second système, toutefois, est complexe. La plupart des auteurs, reconnaissant cette distinction entre la nullité du

premier mariage et celle du second, se divisent sur le point de savoir si toute espèce de nullité du premier mariage est de nature à engendrer une exception préjudicielle, et tandis que les uns (c'est le plus grand nombre) ne font aucune distinction entre les nullités absolues et les nullités relatives, les autres, au contraire, n'admettent l'exception préjudicielle que pour le cas où l'accusé se prévaudrait d'une nullité *absolue*.

110. — Cette distinction entre les nullités absolues et les nullités relatives, aujourd'hui abandonnée, mérite cependant un examen particulier. Soutenue par deux auteurs, MM. Carnot et Bourguignon, elle avait trouvé dans la Cour de cassation un appui considérable, mais qui devait bientôt lui échapper. Consignée dans la note de 1813, cette opinion fut combattue par l'un des signataires mêmes de cette note, par Merlin.

111. — Dans le n° 8, la note de 1813 établit cette distinction de la manière suivante : « Si un individu accusé de bigamie propose pour moyen de défense la nullité de son premier mariage, la chambre d'accusation ou la Cour d'assises devront-elles surseoir à la mise en accusation, ou aux débats, ou à la condamnation, et renvoyer devant les tribunaux civils pour y être préalablement statué sur la validité de l'acte du premier mariage ? Cette question se décide par une distinction : ou bien il s'agit d'une *nullité absolue*, c'est-à-dire d'une de ces nullités à raison desquelles le ministère public peut et doit demander la nullité du mariage, ainsi qu'il lui est prescrit par l'art. 190 du Code civil, et qui sont rappelées dans l'art. 184 du même Code, sous la modification portée dans l'art. 185; et, dans ce cas, il y a lieu à surseoir et à renvoyer devant les tribunaux civils. La nullité absolue n'opère pas, en effet, une simple résolution ou dissolution du mariage ; elle fait que ce lien n'a jamais existé, et, d'après l'article 340 du Code pénal, il n'y a crime de bigamie que dans un second mariage contracté par celui qui est engagé dans les liens d'un premier mariage. Ce genre de nullité, qui exclut, quand la nullité existe, le fait de la prévention ou de l'accusation, ne peut être jugé par les tribunaux criminels, parce que l'état civil du prévenu dépend du jugement qui doit être porté, et que les tribunaux civils, d'après l'art. 326 du Code civil, sont seuls compétents pour statuer sur les questions d'état.—Ou bien la nullité proposée par le prévenu de bigamie contre son premier mariage n'est que *relative*, c'est-à-dire qu'elle ne rentre pas dans les art. 144, 147, 161, 162 et 163 du Code civil, ledit art. 144 ap-

pliqué avec la modification de l'art. 185 ; et, dans ce cas, il n'y a lieu ni à sursis ni à renvoi. L'exception de cette espèce de nullité, fût-elle prouvée, ne détruirait point l'accusation, parce que si le mariage pouvait être dissous par un jugement sur cette nullité, il n'en était pas moins valable jusqu'à ce que cette dissolution fût prononcée par les tribunaux. Le prévenu était donc, jusqu'alors, engagé dans les liens d'un premier mariage ; son second mariage l'a donc rendu coupable du crime de bigamie, tel qu'il est caractérisé par l'art. 340 du Code pénal. La chambre d'accusation ou la cour d'assises ont, sans difficulté, caractère pour décider dans quels articles du Code civil rentre la nullité proposée par le prévenu et, conséquemment, pour rejeter l'exception si elle ne leur parait porter que sur une nullité relative. »

112. — Cette distinction est inadmissible. Lorsque le prévenu invoque une cause de nullité reconnue comme telle par la loi, qu'il l'oppose alors qu'il est encore recevable à la faire valoir, qu'elle soit relative ou absolue, aucune distinction ne doit être faite. C'est qu'en effet la distinction entre ces deux espèces de nullités, importante au point de vue des personnes pouvant s'en prévaloir, du délai pendant lequel elles peuvent être invoquées, des fins de non-recevoir qui peuvent être opposées, de la ratification dont elles sont susceptibles, ne produit au contraire aucune différence au point de vue des résultats : absolue ou relative, une fois vérifiée par le tribunal, la nullité produit toujours le même effet : elle anéantit le mariage. Sur quoi, en effet, pourrait-on établir une différence et voudrait-on voir un lien dans le mariage atteint d'une nullité relative, absence de lien au contraire dans l'union frappée d'une nullité absolue ? sur quel texte pourrait-on appuyer cette distinction ? En la supposant fondée, n'amènerait-elle pas à dire que, malgré la constatation de la nullité relative du premier mariage, l'accusé devrait être considéré comme bigame, puisque le mariage produirait un lien ? Puis n'est-ce pas une pure subtilité que cette distinction entre le lien produit par le mariage nul relativement, et l'absence de lien dans le cas d'une nullité absolue ? La théorie des nullités de mariage, si difficile dans ses détails, présente au moins des principes incontestables que nous pouvons appliquer sans hésitation. Lorsqu'il y a une union entre deux personnes de sexe différent ayant les apparences d'un mariage, quel que soit le vice qui attaque cette union elle n'est pas nulle de droit ; il y a là une question à

décider, une appréciation à faire que le tribunal doit connaître : jusqu'à ce que cette décision se produise, le mariage existe. Or, que le mariage soit, à la suite d'une décision judiciaire, annulé pour une cause de nullité absolue ou relative, cette constatation produit-elle des effets différents ? Non , car dans les deux cas le juge constate un vice susceptible d'annuler le mariage : la nullité prononcée est toujours la même, quelle que soit la cause qui l'ait engendrée.

113. — Aussi Merlin réfute-t-il cette opinion. Après avoir invoqué l'ancien droit ne faisant aucune distinction entre les différentes sortes de nullités, il ajoute : « Les lois nouvelles ont-elles dérogé à cette jurisprudence ? Non, et, au contraire, elles l'ont confirmée de la manière la moins équivoque. Toute personne engagée dans les liens du mariage qui en contractera un second avant la dissolution du premier sera punie de douze années de fer. Ainsi s'exprimait le Code pénal du 25 septembre 1791. Quiconque, étant engagé dans les liens du mariage, en aura contracté un autre avant la dissolution du précédent sera puni de la peine des travaux forcés à temps. Ce sont les termes de l'art. 340 du Code pénal de 1810. Vous sentez, Messieurs, combien sont précieux, combien sont décisifs ces mots *liens* et *dissolution*. D'une part, le mariage ne lie que ceux qui le contractent valablement ; un mariage nul n'impose aucun lien à ceux qui le contractent. De l'autre, la dissolution d'un mariage en suppose nécessairement la validité. Le divorce, la mort dissolvent un mariage qui a été contracté valablement. Serait-ce parce qu'il est présumé former un lien légal tant que l'annulation n'en est pas prononcée ? mais des présomptions ne peuvent jamais empêcher l'effet de la vérité lorsqu'elle vient à se manifester ; elles ne peuvent conséquemment pas empêcher qu'un mariage reconnu pour nul par un jugement ne soit déclaré tel, non-seulement à compter du jour de son annulation, mais même dès son principe, dès l'instant qu'il a été contracté, et, par une conséquence ultérieure, elles ne peuvent pas autoriser les juges à condamner aux peines de la bigamie un homme qui, s'étant marié avant l'annulation d'un mariage précédemment contracté, prouve et fait juger que le mariage qu'il avait contracté précédemment était nul.

114. — Peut-on condamner un accusé avant que la preuve du crime qui lui est imputé soit acquise d'une manière irréfragable ? non sans doute. Peut-on le condamner sans avoir la

certitude que l'action qui constitue son crime prétendu ne perdra pas, par un événement qui peut survenir, le caractère de crime ? non encore. Peut-on le condamner provisoirement ? pas davantage.

115. — Cependant qu'arriverait-il si le condamné pour crime de bigamie faisait ensuite déclarer son premier mariage nul ? qu'arriverait-il si , après sa condamnation, son premier époux se pourvoyait en nullité de son mariage et obtenait un jugement qui le déclarât non valablement contracté, car, assurément , la condamnation du prétendu bigame n'éteindrait ni son action ni celle de son premier époux en nullité du premier mariage?

Certainement alors on serait forcé de reconnaître que le prétendu bigame a été condamné comme tel avant que son crime fût constaté, qu'il a été condamné avant que l'action qui lui serait imputée à crime fût irrévocablement jugée criminelle , en un mot qu'il a été condamné provisoirement.

116. — Mais, tout en reconnaissant ces tristes vérités, quel remède aurait-on pour faire cesser une condamnation qui , par l'événement, se trouverait sans base? La loi n'en a indiqué aucun, et les juges seraient sans pouvoir pour suppléer à son silence : ainsi le condamné subirait la peine de la bigamie même après la preuve solennellement proclamée qu'il n'est point bigame ! Disons-le franchement, un système qui conduit à des résultats aussi absurdes ne peut pas être plus d'accord avec la loi qu'il ne l'est avec la raison et l'humanité.

117. — Objectera-t-on que , dans les cas hypothétiques dont nous venons de parler, l'accusé serait censé avoir été condamné non comme bigame, mais comme ayant négligé de faire annuler son premier mariage ? La réponse est facile. La loi aurait sans doute pu établir des peines correctionnelles contre l'homme qui, avant de contracter un mariage, n'aurait pas fait déclarer nul celui qu'il avait eu précédemment l'air de contracter ; mais elle ne l'a point fait; et de ce qu'elle a omis de s'expliquer sur cette négligence , répréhensible sans doute, il ne s'ensuit sûrement pas que l'on doit appliquer à cette négligence la peine qu'elle a infligée à un crime avec lequel cette négligence n'a rien de commun ; il ne s'ensuit sûrement pas que ne point faire prononcer avant de se marier l'annulation d'un mariage nul en soi, et se marier au mépris d'un mariage valable, ce soit absolument la même chose (1). » Ajoutons encore avec Merlin, dont

(1) Merlin, v° *Bigamie*, n° 2.

nous analysons les développements, que si le premier conjoint du bigame demandait l'annulation du second mariage par une action civile exercée avant toute poursuite criminelle, le bigame aurait incontestablement de son côté le droit de se prévaloir de la nullité du premier mariage, exception qui, aux termes de l'art. 189, devrait recevoir une solution préalablement à l'action en nullité du second mariage. Or, si, au lieu de se pourvoir au civil, l'époux se portait partie civile à la poursuite dirigée par le ministère public, est-ce que le bigame n'aurait pas le droit d'invoquer ici encore la nullité de sa première union ? Et cette exception n'aboutirait-elle pas ici encore à un sursis de la part du tribunal répressif et à un renvoi devant la juridiction civile ? Pourquoi donc la solution serait-elle différente lorsque c'est au ministère public agissant seul que l'accusé oppose, à titre d'exception, la nullité du premier mariage? pourquoi sa situation deviendait-elle plus défavorable, par ce seul motif qu'il n'a à combattre qu'un seul adversaire au lieu de deux ? « Il est donc bien clair que la nullité de l'un des deux mariages contractés par un prévenu de bigamie forme pour lui une exception préjudicielle et que, par conséquent, elle doit être jugée avant qu'on puisse le déclarer bigame. » C'est là, il faut l'avouer, une réfutation péremptoire de la distinction admise par la Cour suprême entre les nullités absolues et les nullités relatives.

118. — Même ainsi entendu, ce n'est pas encore à ce second système que nous croyons devoir nous rattacher ; et, repoussant la distinction admise par le second système, rejetant aussi la théorie absolue du premier, nous adoptons l'opinion diamétralement opposée à la première, à savoir que toute question de nullité du mariage, qu'il s'agisse du premier ou du second, est essentiellement préjudicielle au jugement de l'action publique, et doit donner lieu à un renvoi devant la juridiction civile.

M. Carnot, qui a adopté ce système, s'est contenté de le justifier en ces termes : « Le renvoi est nécessaire, car c'est aux tribunaux civils seuls qu'il appartient de connaître de la validité du mariage, et, dans aucun cas, les Cours criminelles ne sont compétentes pour connaître de ces questions, même accessoirement aux préventions des crimes dont elles sont saisies. »

119. — Toutefois nous ne croyons pas que ce système puisse se passer de démonstration. Nous accorderons volontiers aux adversaires du second système que les textes n'offrent aucun point

d'appui solide pour établir l'incompétence du tribunal répressif. Nous croyons cependant que la preuve en est fournie implicitement par certains textes, et surtout par l'organisation même des juridictions répressives.

120. — Nous repoussons, en effet, l'argument tiré de l'art. 198 C. civ., destiné à établir la compétence du tribunal répressif sur les questions de nullité de mariage. Il y a là une extension singulièrement exagérée de la portée de cette disposition. Que dit en effet cet article? que, « lorsque la preuve de la célébration légale d'un mariage se trouve acquise par le résultat d'une procédure criminelle, l'inscription du jugement sur les registres de l'état civil assure au mariage, à compter du jour de sa célébration, tous les effets civils, tant à l'égard des époux qu'à l'égard des enfants issus de ce mariage. » Quel est le sens de cet article? Il veut seulement indiquer que, dans le cas d'altération ou de destruction d'un acte de célébration, moyen unique, en principe, de prouver la célébration du mariage, le procès criminel exercé pour ce fait aboutira à établir et à remplacer l'acte de célébration lorsque la poursuite criminelle aura établi que le mariage avait été célébré; mais conclure de là que le tribunal répressif pourra apprécier les questions de nullité du mariage, rien ne peut autoriser cette extension. L'art. 198 vient compléter l'art. 194 pour un cas spécial, et voilà tout. Du reste, il s'agit là d'un fait à vérifier, sur lequel le tribunal répressif peut parfaitement se prononcer par une simple affirmation : le mariage a-t-il été célébré, oui ou non? Les questions de nullité de mariage sont autrement compliquées et présentent des difficultés bien plus sérieuses.

121. — L'art. 189 C. civ., conformément à l'avis de M. Bertauld, ne nous semble contenir aucune règle impliquant l'incompétence du tribunal répressif. Son texte n'a pour but que de régler l'ordre d'une procédure dans un cas spécial; mais il nous permettra du moins de trouver l'intention du législateur pour les questions de nullité de mariage. Ne semblerait-il pas dès lors que le tribunal répressif dût connaître de la question de nullité de mariage opposée par l'accusé, conformément au principe que le juge de l'action est juge de l'exception ?

122. — Nous repoussons cette première opinion comme la seconde, et nous pensons que le tribunal répressif est incompétent pour connaître de cette question. Nous en trouvons la preuve, à défaut d'un texte, dans les principes généraux du

droit et dans l'organisation même des tribunaux répressifs.

Étant donnée, en effet, l'organisation de la juridiction répressive, il est impossible d'admettre sa compétence sur les questions de nullité de mariage. Qu'un accusé de bigamie fasse valoir la nullité de son premier mariage, par exemple, et admettons pour un instant la compétence du tribunal répressif, qui aura l'obligation (nous avons démontré ce point de statuer conformément aux règles du droit civil), qui de la Cour d'assises ou du jury devra statuer?

123. — La Cour, dira-t-on. Soit; nous reconnaissons volontiers qu'elle pourra statuer conformément au droit civil, elle pourra motiver son arrêt. Mais que fait-on, dans cette opinion, des garanties auxquelles l'accusé pouvait prétendre de la part de la juridiction civile? là, en effet, il aurait eu deux degrés de juridiction; ici la Cour juge en dernier ressort. Devant la juridiction civile, il aurait eu une audience solennelle; trois magistrats seulement vont décider dans la Cour d'assises. Ajoutons enfin que l'on reconnaît généralement que le jugement criminel a un effet absolu et lui confirmera dans notre espèce le caractère de bigame d'une manière indélébile.

124. — Puis nous devons admettre que la Cour aura l'obligation de statuer conformément aux règles de notre droit civil; comment pourra-t-elle les appliquer? Supposons que l'instruction de l'affaire exige plusieurs enquêtes, de longues recherches : fera-t-on rester le jury en permanence jusqu'à ce que les recherches soient terminées, que les enquêtes aient reçu une fin? c'est évidemment impraticable. Renvoyer l'affaire à une autre session, ce serait augmenter inutilement la prison préventive de l'accusé, ce que tout magistrat consciencieux doit éviter autant que possible. La nouvelle session arrivant, en supposant un renvoi, voici que l'accusé se trouve en face d'une nouvelle Cour d'assises, nouvelle et quant aux jurés et quant aux magistrats, qui, par suite, n'auront jamais connu de l'affaire. Toute cette organisation ne repousse-t-elle pas cette extension de compétence pour le tribunal répressif?

125. — Attribuera-t-on au jury la connaissance de l'exception préjudicielle, ce qui, il faut le reconnaître, serait plus logique et plus conforme aux règles ordinaires, puisqu'il est l'appréciateur de la culpabilité, et que le premier mariage forme un des éléments de l'infraction? Selon M. Bertauld, c'est au jury qu'il faudrait attribuer cette compétence : n'est-il pas, en effet, appelé à

décider des questions aussi délicates que celles des nullités de
mariage, lorsqu'il est appelé à statuer sur des questions de faux,
de tentative, etc.?

C'est vrai. Mais remarquons tout d'abord qu'en général les
questions de cette nature qui lui sont soumises, malgré les difficultés d'appréciation qu'elles présentent, se réduisent toujours à
l'unique appréciation d'un fait que le jury peut trancher par une
simple affirmation ou par une négation : oui ou non. Lorsqu'il
s'agit, au contraire, de se prononcer sur une nullité de mariage,
la question est plus complexe.

126. — Mais c'est surtout dans l'organisation même du jury
que nous trouvons l'impossibilité de lui accorder le droit de statuer sur la nullité du mariage opposée par l'accusé ; c'est là le
motif principal qui justifie à nos yeux la dérogation que nous
apportons au principe que le juge de l'action est le juge de
l'exception.

127. — Comment, en effet, pourra-t-on soumettre au jury la
question de nullité du mariage et appliquer devant lui les règles
du droit civil? Si éclairé qu'on le suppose, peut-on admettre
que tout le jury aura une connaissance du droit suffisante
pour trancher une question de nullité de mariage? ne serait-ce
pas le sortir de son rôle? Apprécier le fait, voilà sa mission, et
cependant c'est une question de droit qui lui serait soumise.
Vous voulez qu'il applique en statuant les règles du droit civil,
vous lui en faites une obligation? soit; mais comment saurez-
vous qu'il les a observées? quel moyen aurez-vous de contrôler
sa décision? de quel droit irez-vous rechercher comment il s'est
décidé, et quels sont les motifs de son verdict, puisque rien ne
l'oblige à motiver sa décision!

128. — Enfin l'art. 189 lui-même ne nous prouve-t-il pas,
sinon directement, au moins indirectement, l'impossibilité de
soumettre au jury une pareille question? Cet article veut, en effet,
que la question de nullité devienne l'objet d'une question préalable lorsque le premier mariage est argué de nullité par celui
des deux époux poursuivi par son conjoint parce qu'il a contracté un second mariage. Il est vrai que l'art. 189 ne parle que
de la nullité du premier mariage ; mais faudrait-il, avec le second
système, voir là une disposition limitative? évidemment non.
L'art. 189, en ne traitant que du premier mariage, se plaçait dans
l'hypothèse de l'art. 188, qu'il complète. En exigeant que la nullité du *premier* mariage fasse l'objet d'une question préalable, le

législateur n'a voulu en rien indiquer que les questions de nullité relatives au second mariage devraient nécessairement être
tranchées par le tribunal répressif.

129. — L'art. 357 du Code pénal nous fournit un argument.
Nous verrons, en effet, que dans le cas de rapt, lorsque l'inculpé
oppose à la poursuite son mariage avec la fille enlevée, et que cette
union est arguée de nullité par les parents, il y a là une question
qui doit être, de l'avis de tous, tranchée par les tribunaux civils
exclusivement.

130. — Enfin, qu'on ne nous oppose pas que le second mariage
seul constitue le crime de bigamie ; que, par suite, ce sont les
causes de nullité du premier qui seules doivent donner lieu à
un renvoi, le tribunal répressif devant rester compétent pour
connaître des nullités qui atteignent le second. Le crime de
bigamie se compose de deux éléments : d'un premier mariage
au préjudice duquel une seconde union a été contractée (art. 340
C. pén). Pourquoi donc, si ce crime se compose de deux éléments, à savoir deux mariages contractés suivant les formes
légales, et si le second mariage n'est incriminé qu'à cause de
l'existence du premier, pourquoi donc les juges compétents
pour décider de la validité du second ne le seraient-ils pas pour
décider de la validité du premier (Mangin)? Il n'y a là aucune
distinction à faire et aucune place pour un système intermédiaire ; il faut ou admettre l'incompétence du tribunal répressif
pour les nullités des deux mariages, ou le repousser dans les
deux cas.

131. — Les nullités qui peuvent vicier le mariage d'un accusé
de bigamie peuvent-elles donner lieu à un renvoi *prononcé d'office* par le tribunal répressif? Quelle que soit la nature de la nullité qui vicie le mariage, elle n'opère jamais de plein droit,
Tant que le tribunal compétent n'a pas prononcé sur cette nullité, saisi de cette question par ceux qui peuvent l'invoquer, le
mariage est réputé valable, Aussi le tribunal répressif, alors
même qu'il serait évident pour lui que le mariage qui constitue
le crime de bigamie est précédé ou suivi d'une union entachée
d'un vice susceptible d'entraîner la nullité, il ne peut le prononcer d'office; c'est à l'accusé qu'il appartient de l'invoquer.

132. — Nous n'avons, du reste, à faire ici aucune distinction
entre les nullités absolues et les nullités relatives. De même que
si le premier mariage était vicié soit par une nullité absolue,
soit par une nullité relative, il ferait obstacle à l'existence du

crime de bigamie, de même, relative ou absolue, la nullité ne peut être constatée d'office par la juridiction répressive.

133. — Toutefois la différence entre ces deux espèces de nullités peut amener une différence dans les résultats. La nullité absolue, ne pouvant le couvrir, pourra toujours fournir à l'accusé un moyen de défense péremptoire, à quelque époque que l'accusation de bigamie se produise contre lui. Les nullités relatives, au contraire, peuvent se couvrir; si elles se trouvent couvertes au moment où la poursuite criminelle est dirigée contre le prétendu bigame, celui-ci ne sera plus admis à s'en prévaloir. Mais tant qu'elles ne sont pas couvertes, aucune différence ne peut être admise entre les deux espèces de nullités.

134. — Lorsque l'accusé aura opposé à l'accusation de bigamie la nullité du premier mariage, et que la juridiction civile aura vérifié l'existence de cette nullité après le renvoi par la juridiction criminelle, cette exception sera *péremptoire* et anéantira complétement l'accusation de bigamie.

135. — Aussi l'accusé pourra-t-il l'invoquer en tout état de cause. Si donc il avait négligé de s'en prévaloir devant la chambre des mises en accusation, il pourra l'invoquer pour la première fois devant la Cour d'assises; il pourrait même l'invoquer devant la Cour d'assises lorsque la chambre d'accusation devant laquelle il l'aurait proposée l'aurait rejetée, la décision de cette chambre n'ayant pas force de chose jugée devant la juridiction de jugement.

136. — Jusqu'à la décision du tribunal civil, la juridiction répressive restera saisie, cette exception n'étant que préjudicielle au jugement. Le premier mariage étant présumé subsistant jusqu'à ce que la nullité en ait été prononcée, l'accusation de bigamie pèse toujours sur l'inculpé; aussi reste-t-il sous le poids des mandats lancés contre lui : sa prison préventive ne peut cesser par le seul fait qu'il a opposé la nullité de son mariage.

137. — Du reste, le tribunal répressif devant lequel l'exception de nullité du mariage aura été invoquée sera compétent pour apprécier si l'exception est ou non vraisemblable. Il évitera, par cet examen préalable, que ce moyen de défense ne soit entre les mains de l'accusé qu'un procédé employé pour entraver le cours de la justice et pour retarder, sans motif sérieux, l'application de la peine qu'il a méritée. C'est ainsi notamment que, dans le cas où la nullité invoquée par l'accusé étant relative, il appartiendra au tribunal répressif d'apprécier si elle est ou non

couverte, de même qu'il aura l'obligation de prononcer le sursis toutes les fois que l'inculpé excipera d'une nullité absolue, étant fondée, en apparence du moins, et vraisemblable.

138. — Ici encore, c'est à l'accusé qu'il appartiendra, en principe du moins, de saisir la juridiction civile de l'action en nullité qu'il a invoquée contre la poursuite dirigée contre lui, et de faire toutes les diligences nécessaires pour obtenir une sentence. Il devra en justifier devant le tribunal répressif.

II. 139. — *Adultère.* La question de validité ou de nullité d'un mariage peut encore donner lieu à une question préjudicielle au jugement en matière d'adultère. — L'adultère suppose nécessairement un mariage : que l'union soit annulée, et avec cette annulation disparaît l'infraction. Lors donc que l'un des époux poursuit son conjoint pour adultère et que celui-ci oppose à la poursuite la nullité du mariage, cette nullité vérifiée entraîne l'absolution du prévenu : c'est qu'en effet la validité du mariage est une condition essentielle du délit d'adultère : c'est la violation de la foi conjugale.

Ici encore, nous n'aurons aucune distinction à établir entre les nullités absolues et les nullités relatives. Les unes et les autres, lorsqu'elles se trouvent vérifiées, font disparaître l'infraction. Nous avons établi incidemment, en traitant la question de bigamie, que les nullités, quelle que soit leur nature, une fois constatées par le tribunal compétent, produisent des effets identiques.

140. — Toutefois nous avons un tempérament à apporter à notre solution, commandé par les dispositions des art. 201 et 202 C. civ. La poursuite en adultère devra aboutir à une condamnation lorsque le plaignant a contracté de bonne foi le mariage dont son conjoint invoque la nullité. Le devoir de fidélité est un des effets civils du mariage, qui, par suite, doit être respecté lorsque le mariage est putatif à l'égard du poursuivant.

C'est ainsi qu'une femme ne pourrait se faire renvoyer de la poursuite en adultère si, s'étant mariée en l'absence de son premier mari, le second mari, le croyant mort, l'avait poursuivie pour adultère. — La Cour de cassation, dans un arrêt du 13 avril 1867, confirma sur ces points la solution que nous adoptons.

141. — En matière d'adultère, nous pouvons trouver aussi une autre exception préjudicielle fondée sur les art. 336 et 339 du Code pénal; mais, à la différence de celle qui précède, elle est jugée par la juridiction compétente pour statuer sur le fond, quoique

14

suspendant la poursuite criminelle. — Lorsqu'un mari a entre-
tenu une concubine dans la maison conjugale, il perd le droit
de dénoncer l'adultère de sa femme (C. pén., art. 336, 339): « *Per-
iniquum enim videtur esse ut pudicitiam vix ab uxore exiget quam
ipse non exhibeat.* » L'ancien droit lui-même avait admis cette
exception. De nos deux articles il résulte que la poursuite dirigée par le mari contre sa femme ne peut être paralysée qu'autant qu'il est reconnu que lui-même a commis le délit d'adultère dans les conditions prévues par l'art. 339. Il faut donc
qu'une décision soit obtenue *préalablement* sur cette infraction.
Par suite, il y a là une véritable question préjudicielle au jugement aboutissant à faire surseoir à la poursuite dirigée contre
la femme. Mais ici, c'est le tribunal appelé à connaître du fond
qui aura à statuer sur le délit reproché au mari : « On ne pourrait, dit Mangin, joindre les deux plaintes pour y statuer par
un seul et même jugement; la fin de non-recevoir invoquée par
la femme ne pouvant reposer que sur la condamnation du mari,
il faut bien qu'il intervienne d'abord une décision sur la plainte
portée contre lui. »

III. 142. — Le crime de *rapt* nous offre un nouvel exemple
de question préjudicielle au jugement. « Lorsque le ravisseur a
épousé la fille enlevée, il ne peut être poursuivi que sur la plainte
des personnes qui, d'après le Code civil, ont le droit de demander la nullité du mariage, *ni condamné qu'après que la nullité du
mariage aura été prononcée.* » Telle est la fin de non-recevoir de
la poursuite pour crime de rapt écrite dans l'art. 357 du Code
pénal. Cette nullité du mariage, invoquée par les personnes qui
ont le droit de la demander, est une exception préjudicielle au
jugement. Celles-ci ne peuvent la poursuivre et n'aboutissent à
obtenir une condamnation contre l'accusé qu'à la condition de
faire établir préalablement la nullité du mariage dont excipe le
ravisseur. Le tribunal répressif doit ici encore renvoyer devant
la juridiction civile la connaissance de cette question. Elle donne
lieu en effet à un renvoi et fait l'objet d'une demande principale
devant la juridiction civile.

143. — Cette interprétation est loin d'avoir obtenu l'assenti-
ment de tous les auteurs. Le plus grand nombre reconnaît, au
contraire, dans l'hypothèse de l'art. 357 du Code pénal non pas
seulement une question préjudicielle au jugement, mais bien
une question préjudicielle à l'action. Pourtant l'art. 357 nous
semble, par son texte, établir le contraire d'une manière précise:

« Dans le cas où le ravisseur aurait épousé la fille qu'il a enlevée, il ne pourra être poursuivi que sur la plainte des personnes
qui, d'après le Code civil, ont le droit de demander la nullité du
mariage, ni condamné qu'après que la nullité du mariage aura
été prononcée; » c'est-à-dire que la poursuite, étant intentée par
ceux qui peuvent faire annuler le mariage, ne peut aboutir à
une solution avant qu'il soit intervenu une décision sur la validité ou la nullité du mariage : tel est le sens de l'art. 357, à moins
d'admettre un pléonasme dans sa rédaction; car, si la poursuite
ne pouvait être commencée avant le jugement déclarant la nullité, il serait superflu de dire que l'inculpé ne peut être condamné pour rapt avant ce jugement. Il ne s'agit donc ici que
d'un simple sursis.

Par suite, lorsque le ministère public, après avoir poursuivi
le ravisseur, découvre l'existence d'un mariage entre ce dernier
et la personne enlevée, si aucune des parties ayant qualité pour
en demander la nullité n'attaque cette union, il devra immédiatement cesser ses poursuites. M. Faure disait en effet : « Si
enfin le ravisseur a épousé la femme qu'il avait enlevée, le sort
du coupable dépendra du parti que prendront ceux qui ont droit
de demander la nullité du mariage; s'ils ne la demandent point,
la poursuite ne peut avoir lieu; autrement la peine qui serait
prononcée contre le coupable rejaillirait sur la personne dont il
a abusé, et qui, victime innocente de la faute de son époux, serait réduite à partager sa honte. »

141. — De même, le ministère public ne pourra poursuivre
d'office le ravisseur, puisque la loi subordonne ici le jugement
sur l'action publique à la plainte des personnes intéressées à demander la nullité du mariage. — Enfin, tant que la nullité du
mariage ne sera pas demandée, on ne pourra attaquer ni les
complices ni les coauteurs du rapt. Il est vrai que certaines paroles de M. Faure au Corps législatif semblent infirmer l'interprétation que nous donnons à l'art. 357 : « Il ne suffit pas même,
disait-il, pour que l'époux puisse être poursuivi criminellement, que la nullité du mariage ait été demandée : il faut encore
qu'en effet le mariage soit déclaré nul; car il serait possible qu'à
l'époque où l'action en nullité serait intentée, il existât une fin
de non-recevoir contre les parents; soit parce qu'ils auraient expressément ou tacitement approuvé le mariage, soit parce qu'il
se serait écoulé une année sans réclamation de leur part depuis
qu'ils ont eu connaissance du mariage. Ces fins de non-recevoir

sont établies par le Code civil, en ce cas, dès que le mariage ne pourra plus être attaqué. Les considérations que je viens d'exposer ne permettraient pas que la conduite de l'époux fût recherchée ; et si l'intérêt de la société est qu'aucun crime ne reste impuni, son plus grand intérêt, en cette occasion, est de se montrer indulgente et de ne pas sacrifier à une vengeance tardive le bonheur d'une famille entière (1). » Mais remarquons que cette interprétation est démentie par le texte même de l'article 357. Du reste, une discussion au conseil d'État sur notre article, entre Cambacérès, Treilhart et Berlier, prouve l'interprétation que nous donnons à l'art. 357 (2). Ces derniers ont surtout mis en avant cette idée que le ministère public n'aura à arrêter ses poursuites que dès qu'il aura su qu'un mariage existait entre le ravisseur et la personne enlevée ; qu'il ne doit pas pour cela abandonner complétement la poursuite, mais attendre la décision du tribunal civil sur la nullité du mariage, si elle est invoquée par les intéressés ; que, du reste, le rapt lui-même n'en reste pas moins un fait délictueux après le mariage entre le ravisseur et la femme enlevée, mais que cet événement le rend « rémissible » (Berlier), ne faisant pas par conséquent obstacle à la poursuite ; mais celle-ci ne peut aboutir si la nullité du mariage n'est pas prononcée : cette nullité n'est donc que préjudicielle au jugement et non à la poursuite.

145. — Il est vrai que l'existence du mariage entre le ravisseur et la personne victime de l'enlèvement met le rapt à l'abri de l'application de la loi pénale ; il semblerait donc que l'action publique ne peut être intentée tant que la nullité du mariage ne peut être prononcée : ce serait encore exagérer la portée de l'article 357. Lorsqu'il y a eu enlèvement, il y a là un fait présumé, punissable jusqu'à preuve contraire ; le ministère public pourrait poursuivre, sauf à s'arrêter dès qu'il aurait acquis la certitude qu'il existe un mariage ; que si les intéressés invoquent la nullité du mariage, l'exercice de l'action publique est suspendue : c'est seulement après le jugement déclarant la nullité que le tribunal répressif pourra statuer sur le rapt.

146. — Du reste, conformément à ce qui précède, il s'ensuit que le tribunal répressif ne devra pas déclarer non recevable l'action du ministère public ; s'il découvre l'existence du ma-

---

(1) Locré, XV, p. 442.
(2) Id., XV, p. 398.

riage, la poursuite intentée est régulière et légitime ; seulement il ne pourra condamner que si la nullité du mariage est obtenue. Si donc le mariage n'était pas attaqué, ou si la nullité, après avoir été demandée, est abandonnée par les intéressés, le mariage est considéré comme valable, et l'inculpé est renvoyé de la poursuite, le mariage faisant obstacle à l'application de la peine au ravisseur. Toutefois la nature de cette question préjudicielle entraîne ici des conséquences particulières, et rend inapplicables les règles que nous avons établies pour les autres questions préjudicielles au jugement. Le tribunal répressif n'aura pas à constater si l'exception préjudicielle est ou non fondée, si la nullité du mariage qui en fait l'objet est ou non vraisemblable, si les fins de non-recevoir opposées par l'inculpé à la demande en nullité sont ou non sérieuses ; il n'aura pas, enfin, à fixer de délai.

147.—La question préjudicielle de l'art. 357 trouvera son application non pas seulement dans les hypothèses d'enlèvement prévues par l'art. 356, mais encore pour tous les autres cas d'enlèvement. Cette extension n'est pas reconnue par tous les auteurs : quelques-uns limitent en effet la disposition de l'art. 357 aux cas prévus par l'art. 356. Nous croyons que l'art. 357 doit être appliqué d'une manière générale. Le désir d'écarter des familles le trouble et de leur épargner de scandaleuses révélations, tel est le but du législateur dans l'art. 357. Ces motifs nous semblent confirmer une interprétation qui s'accorde, du reste, avec le texte général de notre article.

IV. 148. — Lorsqu'il s'élève des questions de parenté ou de filiation incidemment à une poursuite criminelle, comme circonstance aggravante de ces poursuites, elles ne constituent pas des questions préjudicielles à l'action publique. Nous avons vu en effet, en étudiant ces questions, que l'art. 327 du Code civil n'était applicable qu'à certaines questions d'état. Mais ces questions d'état incidentes ne constituent-elles pas au moins des questions préjudicielles au jugement aboutissant à un sursis et à un renvoi devant les tribunaux civils par la juridiction répressive saisie de la poursuite criminelle ? La jurisprudence et la presque unanimité des auteurs admettent la négative. Seul M. Trébutien a soutenu l'affirmative et voit dans ces questions des exceptions préjudicielles au jugement de l'action publique.

149. — Dans le premier système, c'est au jury qu'il appartiendrait, en matière criminelle, de trancher ces questions d'état.

Dans la note de 1813, la Cour de cassation s'est prononcée dans
le même sens pour un cas spécial : « La Cour d'assises aura
caractère pour instruire et statuer sur les faits de la possession de
l'état de fils adoptif que peut avoir eue l'accusé ; et si ces faits
de possession d'état se rattachent à un acte d'adoption, ils doivent
suffire, quelle que puisse être la validité de cet acte, pour donner
à l'homicide l'atrocité qui constitue le parricide, et, conséquemment, pour entraîner l'application des art. 299 et 302 du Code
pénal. En faisant cette application, la Cour d'assises ne juge pas
une question d'état ; elle ne juge qu'une question de fait, une
circonstance aggravante du crime de l'accusation. » On a fait
remarquer, dans ce système, que la question d'état formait elle-
même un élément du fait incriminé, sur lequel, par conséquent,
le juge du fait était appelé à se prononcer, et cela d'autant
mieux que, compétent en principe pour statuer sur le fait principal, il devait l'être pour statuer sur une question incidente
qu'aucun texte n'était venu soustraire à sa compétence ; qu'en
réalité, en appréciant ici l'état de la personne, le tribunal répressif ne statue pas sur une question d'état, mais seulement sur
une circonstance du fait incriminé.

150. — Nous ne pouvons nous ranger à cette doctrine, et nous
croyons avec M. Trébutien que ces questions d'état forment des
exceptions préjudicielles au jugement de l'action publique. Nous
invoquerons contre ce système et l'organisation même du jury,
qui nous semble incompatible avec le droit de connaître des
questions de paternité et de filiation, et les règles qui régissent la
chose jugée au criminel. On ne peut reconnaître en effet un
caractère purement provisoire à la décision du tribunal répressif et à la question d'état, et prétendre qu'en statuant il n'a pas
décidé la question d'état. Du reste, l'art. 326 lui-même ne démon-
tre-t-il pas que toute action en contestation d'état est essentiellement de la compétence des tribunaux civils, comme la réclamation
d'état ? Or ici que fait l'accusé, si ce n'est de contester l'état qu'on
veut lui attribuer ? Aussi nous rangeons-nous, pour ces motifs, à
l'avis de M. Trébutien.

151. — Toutefois nous ne verrons pas des questions préjudicielles au jugement lorsque, devant un tribunal répressif, un
témoin est reproché pour cause de parenté et que cette parenté
lui est contestée. Il y a là une question qui doit recevoir une solution préalable, mais doit l'obtenir du tribunal répressif, tout le
monde le reconnaît. Ici il n'y a pas à craindre les effets de la

chose jugée au criminel. « La Cour d'assises, dit M. Bertauld, a statué sur l'incident *summatim*. Il s'agissait pour elle de donner une satisfaction au besoin impérieux d'assurer le cours du débat ; cette décision, rendue d'urgence et sans instruction préalable sur une difficulté qui n'est ni un des éléments ni une des conditions de l'incrimination, ne saurait être étendue au-delà de son véritable, de son unique objet. »

V. 152. — *Exception d'extranéité*. Lorsque l'auteur d'un crime a commis à l'étranger contre un Français un crime autre que l'un de ceux énoncés dans l'art. 7 C. inst. crim., est arrêté et poursuivi devant les tribunaux français, invoquant sa qualité d'étranger, la vérification de ce titre aboutit à le faire absoudre : la pénalité de la loi française ne lui est pas applicable. Qui décidera de la qualité de national ou d'étranger ? le tribunal répressif devra-t-il en connaître ou renvoyer devant la juridiction civile ? C'est au tribunal répressif qu'il appartiendra de statuer sur cette question.

153. — Cette solution ne peut faire aucun doute lorsque c'est le ministère public qui, d'office, a poursuivi le coupable, sans que la partie lésée se soit constituée partie civile, ou si elle s'est contentée de dénoncer les faits sans réclamer de dommages-intérêts. N'ayant pour contradicteur que le ministère public, l'inculpé n'a pas à assigner d'autres personnes devant la juridiction civile pour faire statuer s'il est étranger ou non. Devant la juridiction répressive, du reste, il appartiendra au ministère public de fournir la preuve et du fait punissable et de la qualité de Français si l'inculpé la dénie ; c'est à lui, en effet, qu'il appartient d'établir toutes les conditions sans lesquelles le fait ne serait pas punissable. Ici la condition de Français est une condition essentielle pour l'application de la loi française, et non un élément de l'incrimination. Aussi n'est-ce pas au jury, mais à la Cour qu'il appartient de juger cette question d'état. C'est qu'en effet un acte peut échapper à la pénalité française soit à raison du temps, soit à raison du lieu où il s'est accompli. A raison du temps, lorsque l'inculpé invoque la prescription de la chose publique : dans cette hypothèse, c'est évidemment à la Cour qu'il appartiendra d'apprécier s'il y a ou non extinction de la chose publique. Il en sera de même lorsque l'inculpé prétendra que l'action publique est irrecevable à raison du lieu où l'infraction a été commise et de la qualité de l'agent : la vérification d'une telle exception conduit à l'absolution de l'accusé ;

c'est une exception extrinsèque à l'acte poursuivi : c'est donc à la Cour qu'il appartient d'en connaître.

VI. 151. — *Identité du condamné.* Lorsqu'un condamné s'évade, est repris, puis vient nier son identité avec le prisonnier évadé, quel tribunal doit connaître de cette exception? Pour la Cour d'assises, la question a été tranchée par les art. 518, 519 du Code d'instruction criminelle : c'est à la Cour ayant prononcé la condamnation qu'il appartiendra de décider s'il y a identité entre l'individu arrêté et l'individu évadé.

La jurisprudence n'a pas hésité à étendre la même solution aux tribunaux correctionnels. Elle a déclaré, en effet, dans un arrêt du 11 juillet 1831, « qu'il y avait parité de motifs pour régler la compétence à l'égard des condamnés en matière correctionnelle, comme à l'égard des condamnés au grand criminel; que cette attribution spéciale est en quelque sorte commandée par la nature du délit d'évasion, puisque c'est là où a été prononcée la condamnation que se trouvent tous les éléments de preuves propres à établir l'identité ou la non-identité de l'individu condamné, évadé et repris. »

VII. 155. — Il s'élève parfois devant les tribunaux répressifs des exceptions préjudicielles donnant lieu à un renvoi non pas devant une juridiction d'un ordre différent, mais devant des juges participant à l'administration de la justice criminelle : la *dénonciation calomnieuse* et la *diffamation* nous en offrent deux exemples.

Dénonciation calomnieuse. — Lorsqu'un prévenu de dénonciation calomnieuse oppose à la poursuite la véracité des faits allégués par lui, il est sursis à la poursuite et au jugement du délit de dénonciation (art. 373 C. pén.).

La dénonciation n'est calomnieuse qu'à la condition de réunir les caractères suivants : fausseté des faits allégués, mauvaise foi, intention de nuire chez le dénonciateur. Donc, pour savoir si la dénonciation est ou non calomnieuse, il faut nécessairement rechercher si les faits allégués sont vrais ou faux.

156. — Si nous ne consultons que les principes ordinaires, ce serait au tribunal répressif saisi de l'infraction qu'il appartiendrait de statuer sur la véracité des faits allégués, puisque la fausseté des faits dénoncés est précisément un élément même de la dénonciation calomnieuse sur laquelle il doit se prononcer. Les apparences, ici, viennent confirmer l'application de ce principe : comment admettre, en effet, un jugement décla-

rant qu'un individu dénoncé a été calomnié, sans qu'il décide en même temps la fausseté des faits qui avaient fait l'objet de la dénonciation ?

157. — Cette solution, pourtant, doit être rejetée, et son application présenterait ici les plus sérieuses difficultés : c'est à l'autorité saisie de la dénonciation, et non à la juridiction devant laquelle on poursuit la dénonciation, qu'il appartient de vérifier les faits allégués.

158. — Lorsque les faits dénoncés seront des actes susceptibles d'entraîner seulement une répression administrative, il est évident que le tribunal saisi de la plainte en dénonciation calomnieuse ne pourra connaître de leur véracité ou de leur fausseté ; autrement ce serait violer le principe de la séparation des autorités administrative et judiciaire. Celle-là est seule compétente pour apprécier ces actes, et la jurisprudence a toujours reconnu ce point, qui nous semble à l'abri de toute contestation sérieuse.

159. — Mais lorsque les actes dénoncés n'ont pas un caractère aussi tranché que dans l'hypothèse précédente, la difficulté devient plus sérieuse. Aux termes de l'art. 373 C. pén., il s'agit ici d'une dénonciation faite, contre un ou plusieurs individus, aux officiers de justice ou de police administrative ou judiciaire, ayant pour objet des faits passibles par leur nature d'une répression soit administrative, soit judiciaire, actes qui ont été reconnus faux, et pour lesquels la personne dénoncée a été acquittée. Or une seule autorité aura le droit de déclarer irréprochable des faits allégués la personne dénoncée : ce sera *celle qui aura été saisie de la dénonciation*, et cela nécessairement. Mangin justifie cette opinion de la manière suivante : « Je suppose, dit-il, qu'un individu en dénonce un autre à un officier de police judiciaire, et lui impute de s'être rendu coupable d'un délit ou d'un crime : aux termes des art. 29, 30, 31 et 47 C. inst. crimin., cette dénonciation doit être transmise au juge d'instruction par le procureur du roi ; le juge d'instruction doit informer, et la chambre du conseil statuer sur la mise en prévention. Mais, avant qu'une décision soit intervenue, l'inculpé porte plainte en dénonciation calomnieuse. Si le tribunal correctionnel a le droit de prononcer sur l'existence ou sur la non-existence du délit ou du crime qui fait la matière de la dénonciation, il faut qu'il ait en même temps le droit de procéder à une information, de décerner des mandats, de faire

subir un interrogatoire; il faut l'investir des attributions dévolues au juge d'instruction et à la chambre du conseil; il faut admettre contre la décision qu'il rendra toutes les voies de réformation que la loi a ouvertes contre les ordonnances des chambres du conseil. Or une pareille procédure est tout à fait en dehors des règles établies par le Code d'instruction : elle est illégale, impraticable. »

160. — La difficulté est plus grave encore s'il s'agit d'une dénonciation faite à l'autorité administrative contre un de ses agents, relativement à des actes de ses fonctions. Quels moyens aura le tribunal pour apprécier les faits dénoncés et prendre connaissance des pièces ? où trouvera-t-il le principe de sa compétence pour statuer sur des actes administratifs ? « Si la dénonciation porte sur des faits qui constituent des fautes de discipline imputées à un fonctionnaire public ou à un magistrat, le tribunal pourra-t-il s'arroger un droit d'examen que la loi n'attribue qu'à des ministres, qu'à une Cour royale, qu'à des fonctionnaires supérieurs dans l'ordre administratif ?...

» Ces réflexions conduisent nécessairement à reconnaître que toute plainte en dénonciation calomnieuse présente la question préjudicielle de savoir si les faits dénoncés sont vrais ou faux; que cette question préjudicielle est de la compétence exclusive de l'autorité saisie de la connaissance de ces faits par la dénonciation ; que ce n'est qu'après qu'il a été statué sur l'existence des faits que la dénonciation renferme, qu'après que ces imputations ont été reconnues fausses ou non prouvées par cette autorité, que le tribunal correctionnel peut prononcer sur le caractère de calomnie que la personne dénoncée ou le ministère public attribue à la dénonciation. »

161. — On voit par là que, toutes les fois qu'une plainte en dénonciation calomnieuse sera portée devant un tribunal, cette affaire soulèvera la question préjudicielle de savoir si les faits allégués sont vrais ou faux, leur fausseté étant la condition essentielle du délit de dénonciation calomnieuse. Or c'est à l'autorité saisie de la dénonciation qu'il appartiendra de déclarer la véracité ou la fausseté des faits allégués. Une fois cette déclaration faite, le tribunal répressif saisi de la plainte en dénonciation calomnieuse aura à apprécier le caractère de la dénonciation, en prenant pour base la décision préalablement obtenue sur la fausseté ou la véracité des faits allégués.

162. — Il s'ensuit qu'il y a suspension de l'action publique,

pour la poursuite du délit en dénonciation calomnieuse, jusqu'à ce que l'autorité compétente pour statuer sur la dénonciation se soit prononcée sur les faits dénoncés. Le jugement sur l'action publique ne pourra intervenir qu'après cette décision préalable : il y là une question préjudicielle au jugement.

VIII. 163. — *Diffamation.* « Toute allégation ou imputation d'un fait qui porte atteinte à l'honneur ou à la considération de la personne ou du corps auquel le fait est imputé est une diffamation » (art. 13, loi du 17 mai 1819). — « Lorsque les faits imputés seront punissables selon la loi, et qu'il y aura des poursuites commencées à la requête du ministère public, ou que l'auteur de l'imputation aura dénoncé les faits, il sera, durant l'instruction, sursis à la poursuite et au jugement du délit de diffamation » (art. 25, loi du 26 mai 1819). — La combinaison de ces deux dispositions nous présente un nouvel exemple d'exception préjudicielle, et nous indique les conditions suivant lesquelles elle peut avoir lieu.

164. — Lorsque le délit de diffamation a eu lieu, le jugement en est subordonné à la sentence qui doit être prononcée sur la dénonciation faite par le prévenu. Si donc les faits dénoncés sont reconnus pour vrais, la diffamation n'existe plus : « Si l'auteur de l'imputation, disait M. Faure, dénonce les faits, les juges doivent surseoir au jugement du délit de calomnie, jusqu'à ce qu'il soit décidé si la personne à qui ces faits sont imputés est réellement coupable; car si elle était condamnée, on ne pourrait raisonnablement condamner le dénonciateur. S'il est décidé, ajoutait l'orateur du gouvernement, que la personne dont l'honneur a été attaqué n'est pas coupable, soit parce que les faits ne sont point prouvés, soit parce qu'ils ne sont point défendus par la loi, l'auteur de l'imputation doit être déclaré convaincu du délit de calomnie, et puni des peines portées par la loi contre les calomniateurs. »

165. — Le sursis est subordonné à plusieurs conditions : 1° il faut, en premier lieu, que les faits imputés soient punissables selon la loi, c'est-à-dire qu'ils constituent des crimes, délits ou contraventions punissables actuellement. Si donc il s'agit d'imputations échappant à la loi pénale pour quelque motif que ce soit, par exemple parce que la prescription est accomplie ou qu'il y a eu amnistie, cette première condition fait défaut.

166. — Quant aux faits ne pouvant donner lieu qu'à des peines disciplinaires, nous ne les considérons pas comme punissables;

dans le sens de nos dispositions. « Il est à considérer que le pouvoir disciplinaire s'étend à des actes que la loi n'a ni définis ni qualifiés ; en telle sorte que, pour déclarer le fait punissable, le juge n'aurait presque jamais de texte positif à mettre en regard de l'imputation qui donne lieu à la plainte en diffamation, pour vérifier si le fait est réellement punissable. De plus, les décisions du pouvoir disciplinaire, en général, ne sont point destinées à la publicité, et le sursis amènerait nécessairement à rendre ultérieurement publique la condamnation prononcée disciplinairement contre le plaignant en diffamation. » (Dalloz, *Diffam.*, 1339.)

Si l'imputation portait à la fois sur des faits punissables et sur des faits qui ne le seraient pas, le sursis devrait porter sur le tout.

167. — 2° En second lieu, le ministère public doit avoir commencé les poursuites, où le prévenu de diffamation dénoncé les faits par lui imputés. — Entre ces deux hypothèses, toutefois, il faut établir une différence. Lorsque les faits imputés par le prévenu sont dénoncés par lui, il appartient au tribunal saisi de l'action en diffamation d'examiner si ces faits tombent ou non sous le coup de la loi pénale, et si la dénonciation faite peut amener à en établir la véracité ou la fausseté. — Si c'est, au contraire, le ministère public qui a agi d'office, ou s'il a poursuivi sur la dénonciation, le tribunal ne peut pas refuser le sursis, sous prétexte que les faits ne sont pas punissables ; il ne peut ainsi se constituer appréciateur d'un acte qui ne lui est pas soumis ; il n'a pas à décider du mérite de l'action intentée par le ministère public (art. 23, loi du 26 mai 1819).

La dénonciation doit avoir pour résultat d'établir la preuve légale de l'exactitude des faits imputés ; un jugement ayant autorité en France pourra seul l'établir légalement. Si donc le prévenu de diffamation avait dénoncé les faits à un tribunal étranger, cette dénonciation ne pourrait servir de motif au sursis de l'action en diffamation.

De même, c'est à l'autorité judiciaire seule qu'il appartient de recevoir la dénonciation des faits allégués, c'est-à-dire au ministère public ou au juge d'instruction, la preuve des faits diffamatoires ne pouvant être faite que devant le tribunal compétent pour les punir.

168. — Quant aux faits dénoncés, ils doivent être identiquement les mêmes que ceux qui ont été imputés à la partie qui se

prétend diffamée, et qui motivent sa plainte. A défaut de cette identité, le sursis n'aurait plus d'objet.

169. — Lorsque le prévenu abandonne la dénonciation, ou que le ministère public n'y donne aucune suite, il n'y a plus lieu à prononcer un sursis, puisque la dénonciation avait pour objet d'obtenir la preuve des faits imputés.

170. — Nous n'aurons pas à distinguer non plus les cas où la calomnie a précédé la dénonciation et ceux où elle l'a suivie. Dans les deux cas, il s'agit de savoir si les faits existent ou non. Si leur existence est vérifiée, on ne pourra raisonnablement condamner le dénonciateur, alors même que la diffamation a précédé la dénonciation. Certains auteurs ont voulu justifier cette distinction : le texte précis de l'art. 23 de la loi du 26 mai 1819 repousse complétement cette distinction, rejetée également par la jurisprudence.

171. — Lorsque les faits punissables ont été imputés publiquement à un fonctionnaire de l'ordre administratif ou judiciaire soit dans l'exercice de ses fonctions, soit à l'occasion de cet exercice, celui qui les allègue peut-il en fournir la preuve en les dénonçant au tribunal compétent, et le juge saisi de la plainte en diffamation doit-il surseoir, conformément à l'art. 23, jusqu'à ce que la décision sur les faits imputés soit intervenue? Aucun texte du Code pénal n'avait statué sur cette question ; la Cour de cassation la résolvait par une distinction : elle distinguait, en effet, entre les outrages par paroles et les outrages par écrit dirigés contre les fonctionnaires publics, ordonnant le sursis pour les seconds, le prohibant pour les premiers. (Arrêt du 27 juin 1844.)

172. — Cette doctrine a été abandonnée avec l'abrogation des articles du Code pénal. L'art. 23 de la loi du 26 mai 1819 est incompatible avec cette distinction. Il sera donc permis à celui qui aura été accusé de diffamation par un fonctionnaire public de dénoncer les faits punissables et d'en fournir la preuve. Elle pourra être établie par tous moyens.

POSITIONS.

DROIT ROMAIN.

I. Sous la procédure formulaire, les questions préjudicielles (*formulæ præjudiciales*) doivent être classées parmi les actions *in rem*.

II. L'effet d'une sentence rendue sur une question préjudicielle n'est point absolu ; il est néanmoins plus étendu que celui qui est accordé à la chose jugée d'après les principes ordinaires.

III. Le *præjudicium* d'une *causa major* sur une *causa minor* est prévenu par deux moyens employés (dans des circonstances différentes) : la *cognitio prætoria* et l'*exceptio præjudicialis*.

IV. L'*exceptio præjudicialis* aboutit à l'absolution du défendeur.

DROIT FRANÇAIS.

DROIT CIVIL.

I. Les règles relatives aux preuves établies dans les art. 1341 et suivants s'appliquent devant toutes les juridictions.

II. Les dispositions des art. 326 et 327 sont applicables à la filiation naturelle.

III. Les art. 326 et 327 ne sont pas applicables aux questions relatives à l'état d'époux.

DROIT ADMINISTRATIF.

I. Les cours d'eau ni navigables ni flottables sont choses *nullius*.

II. Le pouvoir judiciaire n'est qu'une branche du pouvoir exécutif.

III. Le jugement d'expropriation pour cause d'utilité publique ne crée pas la domanialité publique.

DROIT COMMERCIAL.

I. Le vendeur dont le titre n'a été ni transcrit ni inscrit peut encore exercer l'action résolutoire contre la masse des créanciers de son acheteur failli, nonobstant l'extinction de son privilége (C. com. 448).

II. On ne peut valablement insérer dans un contrat de société la *clause compromissoire* par laquelle on s'engagerait à soumettre à des arbitres qu'on nommerait plus tard le jugement des contestations qui naîtraient à l'occasion de la société.

III. La question de faillite est préjudicielle à l'action, dans les poursuites pour banqueroute.

PROCÉDURE CIVILE.

I. L'incompétence des tribunaux civils pour les affaires commerciales est une incompétence *ratione materiæ*.

II. Le débiteur en état de déconfiture encourt la déchéance prononcée par l'art. 128 C. proc. civ.

DROIT CRIMINEL.

Le juge de l'action est juge de l'exception.

Vu par le président de l'acte public,
THÉZARD.

Vu par le doyen,
LEPETIT, ✻.

Permis d'imprimer :
le recteur de l'Académie,
A. CHERUEL, (O. ✻).

Les visas exigés par les règlements sont une garantie des principes et des opinions relatives à la religion, à l'ordre public et aux bonnes mœurs (statut du 9 avril 1825, art. 41), mais non des opinions purement juridiques, dont la responsabilité est laissée au candidat.
Le candidat répondra en outre aux questions qui lui seront faites sur les autres matières de l'enseignement.

Poitiers. — Imp. de A. Dupré.

Contraste insuffisant

NF Z 43-120-14

www.ingramcontent.com/pod-product-compliance
Lightning Source LLC
Chambersburg PA
CBHW071655200326
41519CB00012BA/2515